KAI PSOTTA

# MYTHOS
# REAL
# MADRID

PLASSEN
VERLAG

Copyright 2017:
© Börsenmedien AG, Kulmbach

Gestaltung Cover: Holger Schiffelholz
Coverhintergrundbild: Shutterstock
Gestaltung und Satz: Sabrina Slopek
Herstellung: Daniela Freitag
Lektorat: Claus Rosenkranz
Korrektorat: Egbert Neumüller
Druck: GGP Media GmbH, Pößneck

ISBN 978-3-86470-432-1

Bibliografische Information der Deutschen Nationalbibliothek:
Die Deutsche Nationalbibliothek verzeichnet diese Publikation in der
Deutschen Nationalbibliografie; detaillierte bibliografische Daten
sind im Internet über <http://dnb.d-nb.de> abrufbar.

Postfach 1449 • 95305 Kulmbach
Tel: +49 9221 9051-0 • Fax: +49 9221 9051-4444
E-Mail: buecher@boersenmedien.de
www.plassen.de
www.facebook.com/plassenverlag

### MEIN LIEBER JONAS EMILIAN!

*Ich weiß, dass es noch einige Jahre dauern wird,*
*bis Du tatsächlich in diesem Buch lesen wirst.*
*Wahrscheinlich wäre es sinnvoller gewesen,*
*Dir erst einmal ein Bilderbuch zu widmen.*
*Aber ich kann leider überhaupt nicht malen.*
*Daher ist dieses Buch für Dich!*
*Du musst auch kein Madrid-Fan werden,*
*das entscheidest Du ganz allein. Hauptsache, Du weißt:*
*Deine Mama und ich freuen uns wie verrückt,*
*dass Du da bist und unser Leben so viel bunter, lebendiger,*
*lustiger und schöner machst.*
*Wir lieben Dich sehr!*

# INHALT

# EIN SELFIE MIT
## CRISTIANO RONALDO

ie letzten Zeilen werden hektisch in den Computer gehackt und pünktlich mit dem Abpfiff in die Redaktion geschickt. „Der Bayern-Untergang" lautet die Überschrift, der Text beginnt mit den Worten „Fiasko statt Finale".

Eigentlich wollte der FC Bayern München an diesem 29. April 2014 Real Madrid zum Teufel jagen und trotz der 0:1-Pleite im Hinspiel noch das Champions-League-Endspiel in Lissabon klarmachen. Doch stattdessen fügten Sergio Ramos und Cristiano Ronaldo, die jeweils zwei Tore erzielten, den Münchnern die höchste Europapokal-Heimpleite ihrer Geschichte zu.

Schwungvoll klappe ich meinen Laptop zu, stopfe ihn in meine Tasche. Die enttäuschten FCB-Fans trotten mir schwerfällig entgegen, stampfen paralysiert Richtung Arena-Ausgang. Sie wollen nur noch weg. Ich kämpfe mich in die entgegengesetzte Richtung, zu einer Tür, durch die ich in die Katakomben der Arena abtauchen kann. Eine steile Treppe hinunter, rechts an den Ordnern vorbei, die mir heute Nacht nur niedergeschlagen und mit hängenden Mundwinkeln zunicken. Durch den Pressekonferenzraum, dann noch einen Gang entlang, bis ich in der Mixed Zone ankomme. Hier dürfen wir Journalisten die Spieler interviewen, wenn sie nach dem Duschen durch eine Milchglastür treten und sich unseren Fragen stellen.

Viele Spieler, das verrät die jahrelange Berufserfahrung, werden nach einem 0:4 im Champions-League-Halbfinale nicht zum Gespräch stehen bleiben. Trotzdem: Hier muss man hellwach sein. Jede Geste, jede Handbewegung, jede Sorgenfalte, jeder Halbsatz kann jetzt wichtig sein. Wir Journalisten müssen uns Fragen überlegen, die Reihenfolge, in der wir sie stellen, auch genauestens bedenken, in welchem Tonfall wir fragen. Eine gewisse Schärfe ist nach der Heftigkeit der Niederlage angebracht. Allerdings dürfen wir die Gesprächspartner nicht so attackieren, dass sie beim ersten Frageversuch gleich angefressen das Weite suchen.

Die Mixed Zone, zumindest die in der Münchner Allianz Arena, ist in zwei Hälften aufgeteilt. Die Bayern-Spieler gehen aus ihrer Sicht links heraus, die Spieler der Gästemannschaft rechts. Das ist immer so, nach jedem Spiel.

Seit ich über Bayern berichte, sauge ich jede Bewegung und vor allem jedes Wort auf, das auf der linken Seite gesprochen wird. Das ist mein Job als Bayern-Reporter. Mal lausche ich Thomas Müller, mal Franck Ribéry. Heute, nach der Schmach, sagt Sportvorstand Matthias Sammer: „Wir haben uns wie Champions zu verhalten und müssen Real gratulieren. Wir sind traurig, dass wir ausgeschieden sind." Der Vorstandsvorsitzende Karl-Heinz Rummenigge spricht von einer „ziemlichen Packung", gibt zu: „Der Gegner hat uns klar beherrscht. Das war ein Debakel, das wir erlebt haben. Die Niederlage tut weh."

Die linke Seite, die Seite des FC Bayern, interessiert mich, hat mich zu interessieren. Alles, was sich rechts abspielt, aufseiten der Gästemannschaft, geht mich eigentlich nichts an. Dafür bin ich nicht zuständig. Nach Bundesliga- oder DFB-Pokal-Spielen stehen dort Kollegen, die sich um die entsprechenden Mannschaften kümmern. Sie sind mit den Gästeteams extra nach München gekommen.

Schnell gebe ich die Statements von Rummenigge und Sammer in die Redaktion durch, lasse den Text aktualisieren. Dann sollte ich mich eigentlich wieder den nächsten Bayern-Spielern, die die Kabine verlassen, widmen.

Doch dieses Mal, dieses eine Mal, interessiere ich mich plötzlich mehr dafür, was auf der rechten Seite, da, wo die Madrid-Spieler durch die Mixed-Zone stolzieren, passiert. Irgendwie ziehen mich diese Personen magisch an.

Sie wirken in diesem Moment so viel größer, glänzender und präsenter als die Bayern-Spieler. Luka Modrić, der Vorlagengeber zum 1:0. Pepe, der den Ball zum 2:0 zu Ramos schlug. Natürlich Garath Bale. Natürlich Isco. Natürlich Ángel Di María. Aufmerksam beobachte ich, wie sie den spanischen Reporterkollegen stolz von ihren gerade vollführten Heldentaten berichten.

Soll ich kurz mal rüber? Einmal zuhören? Den Klang ihrer Stimmen aufsaugen? Ihnen mal ganz aus der Nähe ins Gesicht schauen?

Links, auf der Bayern-Seite, schiebt sich gerade David Alaba durch die Milchglastür. Er quetscht sich lediglich durch einen winzigen Spalt. Es scheint beinahe so, als fehle ihm die Kraft, die Tür richtig aufzudrücken. Alaba trägt dicke Kopfhörer. Zusätzlich hält er sich ein Handy ans Ohr. Eine doppelte Absicherung, die den wartenden Reportern nur eines signalisieren soll: Sprecht mich auf gar keinen Fall an! Zwecklos!

Ich verlasse meinen Platz auf der Bayern-Seite. Bei Alaba brauche ich heute nun wirklich keinen Versuch zu unternehmen, ein Statement zur Niederlage zu bekommen.

Langsam, beinahe so, als wenn ich mich anschleiche, schiebe ich mich näher und näher an die Madrider Spieler heran. Zu den Männern des ruhmreichsten Fußballklubs der Welt, die gerade ihre eigene Größe eindrucksvoll unter Beweis gestellt haben. „Gewinnen allein reicht nicht aus. Der Sieg muss auf eine bestimmte Art und Weise eingefahren werden", hatte einmal Emilio Butragueño, die königliche Stürmer-Legende, gesagt.

Heute, in dieser magischen Nacht des 29. April, hat Madrid diese Forderung vollends erfüllt. „Für die Spanier kommt erst der König – und dann Real", so beschrieb Christoph Metzelder, der auch einmal dort unter Vertrag stand, den Stellenwert des Vereins. Ex-Trainer José Mourinho bekannte während seines Engagements: „Real zu trainieren ist wie den Mond zu erreichen." Und für seinen Nachfolger Carlo Ancelotti ist Real Madrid „mehr als ein Verein. Real Madrid ist eine weltweite Religion."

Ein paar Bayern-Spieler verschwinden, das bekomme ich von meinen Kollegen via SMS mitgeteilt, durch ihnen bekannte Hinterausgänge und drücken sich davor, sich den Reportern zu stellen. Ich kann sie verstehen und begebe mich nun ganz ans Ende der Mixed Zone, wo es hinaus zu den Bussen geht, an die Tür. Jetzt müssen die Real-Stars direkt an mir vorbeigehen. Wie Karim Benzema, den ich anfassen könnte. Ich himmle ihn an, strahle wie ein Honigkuchenpferd, während ich ihm so lange nachschaue, bis er im Bus, der die Spieler noch in dieser Nacht zum Flughafen fährt, verschwindet. Irgendwie peinlich.

Ich komme mir albern vor, so wie ein pubertierendes Mädchen, das gerade Justin Bieber begegnet ist. Dabei bin ich überhaupt kein Madrid-Fan. Bislang hatte ich nicht einmal große Berührungspunkte mit dem Verein. Als kleiner Junge, ich war fünf Jahre alt, hat mich Karl-Heinz Riedle einmal an die Hand genommen und mich bis zum Trainingsplatz mitgenommen. Trotzdem kreische ich heute nicht, wenn Werder Bremen gewinnt oder verliert. Mein Puls fängt nicht an zu rasen, wenn es eine Fehlentscheidung gegen Bremen gibt.

Doch irgendetwas hat dieses Real in dieser Nacht mit mir gemacht. Ich muss an Manolo denken, einen alten Mann, den ich wenige Wochen zuvor auf Mallorca kennen gelernt habe. Er hat ein Restaurant in Ses Salines im Osten der Insel. Die Köche dort tragen Real-Madrid-Trikots. Hunderte Bilder zieren sein Lokal. Sie zeigen besondere Gäste, die schon bei ihm waren, darunter Spieler, Präsidenten und Trainer von Real Madrid. Dabei ist die „Casa Manolo" kein Luxusschuppen. Jamón-Ibérico-Keulen hängen von der Decke. Das Schneiden des luftgetrockneten Schinkens ist Chefsache: Nur Manolo greift zum Messer, obwohl er, wenn man sich die Dicke seiner Brillengläser anschaut, blind sein muss wie ein Maulwurf.

Als ich ihm damals erzählt hatte, dass ich Sportjournalist bin und kurz nach meinem Urlaub das Hinspiel im Santiago Bernabéu seines Real gegen Bayern sehen würde, ließ er seinen Schinken Schinken sein, schob einen Stuhl an unseren Tisch und blieb dort für die nächste Stunde. Als ich ihn fragte, woher seine Liebe zu Real Madrid komme, guckte er mich entsetzt an: „Wenn du diesen Verein kennst, musst du ihn lieben." Wir tauschten Handynummern aus, schließlich war Manolo auch beim Spiel – im VIP-Bereich, auf Einladung von Präsident Florentino Pérez.

Plötzlich verändert sich die Stimmung in der Mixed Zone. Es wird mehr getuschelt. Noch mehr Hälse von Münchner Journalistenkollegen drehen sich, um auf die Madrider Seite zu schauen, auf der ER gerade auftaucht. Cristiano Ronaldo. „Unmöglich, dass in den nächsten 500

Jahren ein ähnlicher Spieler zu finden sein wird. Wenn sich seine Karriere dem Ende nähert, werden die Leute sagen, dass niemand anders mit ihm verglichen werden kann", prophezeite Jorge Mendes, sein Berater, natürlich nicht unparteiisch, einmal.

Ronaldo bleibt bei der ersten Gruppe Journalisten stehen, die ihm sofort ihre Handys und Mikrofone zur Aufnahme seiner Worte entgegenstrecken, und spricht. Auch bei einer zweiten. Gleich wird er an mir vorbei in Richtung Bus gehen, ähnlich nahe wie zuvor Benzema, sodass ich ihn berühren, sogar ansprechen könnte. Ich könnte ihn sogar bitten, ein Foto mit mir zu machen. Ein Selfie. Das hätte schon was. Ronaldo und ich auf einem Bild.

Unweigerlich muss ich an Knut Teske denken, den ehemaligen Leiter der Axel Springer Journalistenschule. Den Mann, der mich zwei Jahre lang ausgebildet hat. Der Probetexte zerknüllte, weil ihn sprachliche Ungenauigkeiten gestört haben. Der es gehasst hat, wenn man den Unterschied zwischen „scheinbar" und „anscheinend" nicht kannte. Der uns beigebracht hat, wie man Texteinstiege so schreibt, dass der Leser nicht einschläft beziehungsweise sofort zum nächsten Text weiterblättert. Der uns vor allem aber auch die Weisheit von Hanns Joachim Friedrichs eingebläut hat: dass man einen guten Journalisten „daran erkennt, dass er sich nicht gemein macht mit einer Sache, auch nicht mit einer guten".

Würde ich mich mit einem Selfie nun tatsächlich der Gefahr aussetzen, meine Objektivität zu verlieren, wenn ich künftig über Real Madrid und Cristiano Ronaldo schreiben muss? Streng genommen wohl nicht, aber nur eine Woche zuvor habe ich mich heftig über einen Kollegen lustig gemacht, der sich beim Hinspiel in Madrid mit dem Portugiesen hat fotografieren lassen. Wir sind schließlich keine Fans, die sich mit solchen Bildern rühmen, sondern Berichterstatter, deren Job es ist, neutral und unaufgeregt mit Cristiano Ronaldo und Co Interviews zu führen.

Ich schalte mein iPhone auf Flugmodus. Nicht auszudenken, wenn genau in diesem kurzen Moment, wo sich die Möglichkeit ergibt, ein Anruf aus der Redaktion kommt und alles versaut. Mit einem Taschentuch reinige ich das Objektiv und stelle den Blitz auf automatisch.

Ich habe die beiden Tennisgiganten Roger Federer und Rafael Nadal zu ausführlichen Einzelgesprächen getroffen und habe nicht einen solchen

Zirkus veranstaltet. Auch bei Andrés Iniesta, dem spanischen Fußballweltmeister, der mit Barcelona alles gewonnen hat, was es zu gewinnen gibt, gab es keinen Selfie-Wahnsinn. Doch nun kann ich nicht anders.

Da kommt Cristiano Ronaldo. Er trägt einen schwarzen Slim-Fit-Anzug, sehr eng geschnitten. Darunter ein weißes Hemd, das weißer nicht glänzen könnte. Der Krawattenknoten sitzt perfekt, seine Haare sowieso. Ich stehe direkt vor dem Mann, der sich ganz offensichtlich die Augenbrauen zupft. Der Heldenfußball spielt und dem man nachsagt, sich mit einer perfekt einstudierten Pfauenhaltung zu bewegen. Neben und hinter ihm gehen Mitarbeiter von Real Madrid. Sie schirmen ihn ab. Wahrscheinlich kennen sie das Spielchen schon. Ohne seine Aufpasser müsste er vermutlich in jedem Stadion der Welt Dutzende von Fotowünschen über sich ergehen lassen. Aber ich will meines! Ich will es jetzt!

In bestem Schulspanisch spreche ich ihn an. Nur zwei Sätze. Ich sage „bitte". Und „es wäre freundlich". Ronaldo guckt mich an und bleibt stehen. Dem Aufpasser neben mir sehe ich deutlich an, dass ihm diese Bitte nicht gefällt. Er lässt mich kaum an Ronaldo heran. Mit seinem Columbo-Trenchcoat weicht er ihm nicht von der Seite. Ich muss um ihn herumgehen. Doch Ronaldo ist geduldig, nimmt sich sogar mein Handy, weil der Winkel so besser ist, und drückt ab. Ich hab's! Ich würde gerne kontrollieren, ob das Foto auch scharf geworden ist. Ob wir auch beide vernünftig gucken. Vielleicht noch ein zweites zur Sicherheit machen. Keine Chance! Der Trenchcoat-Träger schiebt seinen Arm zwischen Ronaldo und mich und zerrt an ihm. Keine weiteren Fotos mehr!

Später, es ist zwei oder drei Uhr nachts, liege ich im Bett und schaue mir das Foto noch einmal in Ruhe an. Es ist scharf. Man erkennt Ronaldo und mich ganz deutlich, wobei ich ein wenig wie ein kleiner Schuljunge neben ihm wirke. Egal. Immerhin hat er gerade in München seine Champions-League-Saisontore Nummer 15 und 16 erzielt. Ich habe nur darüber berichtet.

Allerdings frage ich mich schon, warum es mir so wichtig war, mich mit einem Königlichen zu fotografieren. Warum wollte ich dieses Bild unbedingt haben? Was hat dieser Mann? Was hat dieser Verein?

93 Millionen Menschen gefällt Cristiano Ronaldo zu dieser Zeit bei Facebook. Er hat damit mehr begeisterte Anhänger als die Popstars Lady

Gaga und Justin Bieber, als die Schauspieler Will Smith, Megan Fox und Adam Sandler oder als US-Präsident Barack Obama. Auch Barcelonas Lionel Messi hat fast 26 Millionen Likes weniger.

Für das *Time Magazine* zählt Ronaldo zu den 100 einflussreichsten Persönlichkeiten der Welt. Das *Forbes Magazine* hat ausgerechnet, dass Ronaldo zwischen Juni 2013 und Juni 2014 circa 60 Millionen Euro verdient hat. Laut den Angaben seines Managements verdiente Ronaldo 2015 dann sogar mehr als 227 Millionen Euro – also über 600.000 Euro am Tag. 23,5 Millionen davon waren Gehaltszahlungen von Real.

*Forbes* schrieb auch, dass Madrid sowohl 2013 als auch 2014 der wertvollste Fußballklub der Welt war. Mit einem Wert von 2,53 beziehungsweise 2,46 Milliarden Euro sei, so liest es sich jedenfalls in dem US-Magazin, Real beinahe doppelt so wertvoll wie Bayern München, das auf 1,32 Milliarden kam. Auch 2015 und 2016 führten die Königlichen die Liste an.

Ist es dieser Gigantismus, der mich so angezogen hat? Sind es die klangvollen Namen der Fangemeinde, zu der Sylvester Stallone, Russell Crowe, Chuck Norris, Rafael Nadal und Robert De Niro zählen, um nur ein paar zu nennen? Jennifer Lopez wurde dabei gesichtet, wie sie im Real-Trikot einkaufen ging. Und selbst Shakira hüllte sich, ehe sie mit Barcelonas Gerard Piqué zusammenkam, ins königliche Gewand und posierte 2005 sichtlich stolz neben Zinédine Zidane.

Für die Bayern war dieser Abend einer der frustrierendsten der Vereinsgeschichte. Carlo Ancelotti, der Trainer der Spanier, hatte Pep Guardiola durchschaut. Er hatte den Mann, der zuvor bis zum Gewinn der Deutschen Meisterschaft mit Lob überschüttet und in überirdische Sphären gehoben worden war, wieder auf menschliche Größe geschrumpft.

Und dies war ihm durch einen an sich relativ einfachen Trick gelungen, den Ancelotti bereits im Hinspiel angewandt hatte. „Als wir uns darauf vorbereiteten, war jeder bei Real Madrid in Sorge wegen des Ballbesitzfußballs der Bayern", gab Ancelotti in seinem sehr empfehlenswerten Buch „Quiet Leadership – Wie man Menschen und Spiele gewinnt" zu Protokoll. „In den Besprechungen vor der Partie konzentrierte ich mich darauf, meine Spieler davon zu überzeugen, dass der Ballbesitz unserer Gegner in Wirklichkeit der Schlüssel für uns sei, um das Spiel zu gewinnen." Es sei eine Tatsache, die man akzeptieren müsse, so der Italiener, dass man mit einem Team von Pep Guardiola in Sachen Ballbesitz nicht konkurrieren könne. Das sei aber überhaupt kein Problem, erklärte er, weil man, wenn man nicht in Ballbesitz sei, weniger Probleme zu lösen habe. Ein Spiel aufzubauen sei „komplizierter, als ein Spiel zu zerstören. Beim Zerstören geht es um Organisation und Disziplin und die kann man jedem beibringen. Kreativität ist schwieriger zu vermitteln."

In den ersten 20 Minuten der ersten Begegnung berührte Real Madrid tatsächlich kaum den Ball, ging aber trotzdem durch Karim Benzema in Führung. Ancelotti hatte seinen Spielern zunächst die Furcht genommen – und Bayern im Rückspiel dann selbst das Fürchten gelehrt.

Für Guardiola war dieses 0:4 die härteste Niederlage seines Trainerlebens, die höchste Pflichtspielpleite. Nach Schalke (Achtelfinale) und Dortmund (Viertelfinale) hatte Real Madrid nun auch Bayern München ausgeschaltet: Fiasko statt Finale für die Deutschen.

Für die Spanier, zumindest die Leser der *Marca*, ist es, so das Ergebnis einer Umfrage, Reals beste Leistung der vergangenen 25 Jahre. Wenig später folgt sogar die Erlösung, als Real im Finale von Lissabon den Stadtrivalen Atlético besiegt und damit den so lang ersehnten zehnten Champions-League-Sieg holt. Ewigkeiten lagen zwischen dem neunten und dem zehnten Erfolg in der Königsklasse, zwölf quälend lange Jahre, ehe der Traum von „La Décima" Wirklichkeit wurde.

„Real ist eine eigene Galaxie", hat Fußballlegende Paul Breitner einmal gesagt, der Mann, der sowohl für Madrid als auch für Bayern gespielt hat. Die Liste der Superlative über die Königlichen ist lang, sehr lang. Sie waren das weiße Ballett, „Galaktische" wurden sie eine Zeit lang genannt. Aber was genau macht eigentlich den Mythos Madrid aus? Warum haben sie mich in dieser Nacht so plötzlich und unerwartet in ihren Bann geschlagen?

Ich muss an Raimund Hinko denken. Eine Reporterlegende. Ein Wortakrobat und Meister der Sprache. Ein Mann mit panischer Flugangst. Nachdem Steffi Graf 1987 im Finale von Wimbledon gegen Martina Navratilova verloren hatte, fand sie ihr Lachen wieder, als sie Hinko in ihrem Privatflieger auf dem Rückflug erlebte, wie er bei der kleinsten Turbulenz panisch quiekte. Lothar Matthäus bot dem langjährigen *SPORT BILD*-Autor einmal 2.000 Euro für einen Hubschrauberflug über die

Skyline von New York. Hinko lehnte ab. „Jeder Flug kostet mich unendlich Überwindung. Nur wenn ich zu Real Madrid fliegen darf, fällt es mir ein ganz kleines bisschen leichter, in ein verdammtes Flugzeug zu steigen", verriet er mir einmal beiläufig, als wir uns über die Königlichen unterhielten. Wie kann es sein, dass Real Madrid so faszinierend ist, dass es selbst ängstliche Menschen leichter in die Luft gehen lässt?

„Wenn du diesen Verein kennst, musst du ihn lieben." Ob Manolo, der Wirt, mit seiner Behauptung recht hat?

Ich beschließe in dieser Nacht, mich auf eine Spurensuche zu begeben, um den Mythos Real Madrid umfassend zu erforschen. Ich will diesen Verein verstehen lernen. Diese Faszination, die er auf Menschen auf der ganzen Welt ausstrahlt, greifen können. Ich will kapieren, was diesen Verein größer, glänzender und gigantischer macht als alle anderen.

# KAPITEL 1

# DIE FESTUNG
## REAL MADRID

ie Journalistin Anna Kemper hat einen beeindruckenden, sehr lesenswerten Report für das Magazin *11 Freunde* über die Königlichen geschrieben. Darin kommt sie zu der Erkenntnis: „Die Festung Real Madrid ist nicht zu erobern. Man kann sich nur von außen nähern, versuchen, über ihre Zinnen zu lugen. Und mit Leuten reden, die sie von innen gesehen haben."

Eine beängstigende Feststellung, denn mein Ziel ist es ja, tief in das Wesen dieses Klubs mit all seinen vermeintlichen Supermännern einzudringen. Ich will den Verein, der mit normalen Maßstäben nicht mehr zu messen ist und bei dessen Beschreibung selbst die sprachbegabtesten und wortgewandtesten Fußballreporter kapitulieren, atmen, schmecken und erspüren.

Wenn man so will, um am Bild von Anna Kemper festzuhalten, will ich die Mauern der königlichen Festung einreißen. Ich will mit Menschen sprechen, die bei Real Madrid gespielt haben, die besondere Begegnungen mit Real Madrid hatten, die den Klub aus erster Hand kennen. Mit denjenigen, die das Trikot getragen haben oder auf beeindruckende Begegnungen mit den Königlichen zurückblicken können. Ich will Reals Geheimnis ergründen, wohl wissend, dass Madrids Legende Alfredo Di Stéfano einmal süffisant lächelnd behauptete: „Real ist das bestgehütete Geheimnis der Welt."

Einfach ist es nicht, dieses Vorhaben umzusetzen. Die Pressestelle von Real Madrid bekommt Tausende Anfragen pro Jahr von Journalisten aus aller Welt, von denen nur die allerwenigsten positiv beschieden werden. Mehr noch: Sie beantwortet nicht einmal alle. Ich habe auf Englisch und auf Spanisch geschrieben, mich und mein Projekt vorgestellt. Immer und immer wieder habe ich meine Anfragen geschickt, mal leicht verändert, mal stumpf immer die gleiche. Eine Antwort habe ich in den ersten zehn Monaten meiner Recherche nicht bekommen, obwohl ich sicher weiß, dass die E-Mail-Adresse richtig ist. Nicht mal eine Absage. Die Pressesprecher von Real Madrid sind wie knallharte Disco-Türsteher, die nur ganz wenigen den Zutritt zum elitären Klub ermöglichen. Erst viel viel später haben sie sich, offenbar genervt von der Vielzahl von Anfragen, die sie letztlich über die unterschiedlichsten Kanäle erreichten, erbarmt, mir zu antworten.

Aufgeben kam in dieser Anfangsphase, zu der Zeit der völligen Ignoranz, natürlich trotzdem nicht infrage, nur weil die Pressestelle einem zunächst nicht helfen wollte. Wofür kennt man schließlich Leute, die jemanden kennen, der wiederum jemanden kennt, der … Sie wissen schon, worauf ich hinauswill.

Ich schicke SMS und E-Mails, Liebeserklärungen gleich, durch die Welt: an den Kumpel eines Freundes, von dem ich weiß, dass er mit Zinédine Zidane Tennis spielt. An Djuro Ivanisevic, einen befreundeten Berater, der Carlo Ancelotti sehr gut kennt. „Wenn Du irgendwie ein ausführliches Treffen hinkriegst, sitze ich morgen im Flieger", schreibe ich ihm. Ivanisevic verspricht, ihn anzurufen. Im November 2014 sprechen wir das erste Mal über einen Termin mit Ancelotti. Die Zeit vergeht. Madrid spielt englische Wochen, tritt dienstags oder mittwochs in der Champions League an, am Wochenende dann in der Liga. Keine Zeit also für einen Termin, der noch nicht drängt. Im Februar, wir sitzen bei einem Döner zusammen, ruft Ivanisevic den Italiener auf dem Handy an, um endlich einen konkreten Termin abzusprechen. Ancelotti sagt, ich solle ihm eine E-Mail an seine persönliche Adresse schicken, dann würden wir den Termin vereinbaren. Mitte März wird Real von der Tabellenspitze verdrängt, verliert dann auch noch gegen Barcelona. Am 25. Mai wird Ancelotti gefeuert. Ich schreibe eine WhatsApp mit „Fuck" und vielen

Ausrufezeichen an Ivanisevic. Und schicke noch ein „Nein!!!!!" hinterher. Er versucht mich zu beruhigen, meint, Ancelotti habe damit gerechnet und jetzt Zeit für unser Interview. Dann wird er am Nacken operiert, wegen einer Entzündung, die ihm Schmerzen bereitet hatte, die bis in den rechten Arm ausstrahlten. Mal ist Ancelotti in Madrid, mal in Vancouver, er fliegt zum Lachsangeln nach Alaska, dann ist er in Italien, weil er Großvater wird. Nur ich bin auch im Juli 2015 noch nicht bei ihm gewesen. Wir simsen, verabreden uns für ein Telefonat und verpassen uns bei unseren Anrufversuchen gegenseitig.

Dabei lasse ich mein Handy inzwischen kaum noch aus den Augen. Ich renne mit einem Zusatzakku rum, damit meinem Smartphone nie der Saft ausgeht. Inzwischen parke ich aus Angst, einen wichtigen Anruf zu verpassen, lieber im Halteverbot, als in die Tiefgarage zu fahren, in der ich keinen Handyempfang habe. Im August bekomme ich dann endlich mein Interview mit Ancelotti.

So geht es bei der Recherche. Ich scrolle mich durch mein Telefonbuch und male auf, wer wen kennt und wie helfen kann. Unter M finde ich einen Bekannten, der mir vor Jahren unkompliziert und auf dem kurzen Dienstweg ein Interview mit Ángel Di María vermittelt hat. Es war kurz vor der Fußballweltmeisterschaft 2010 in Südafrika, als ich ihn in Lissabon getroffen habe. Es war wenige Tage, bevor sein Wechsel von Benfica Lissabon zu Real Madrid offiziell bekannt wurde. 33 Millionen Euro zahlten die Königlichen für ihn, damals noch eine stolze Summe auf dem Transfermarkt.

Ich weiß noch, dass Di Marías Handy, noch ehe ich ihm meine erste Frage stellen konnte, dreimal klingelte. „Es tut mir sehr leid, aber zurzeit wollen mir alle meine Freunde noch schnell Glück wünschen. Oder sie sagen mir, was sie von uns bei der WM erwarten", entschuldigte sich Di María. Wir sprachen über seinen damaligen Trainer Maradona, seinen argentinischen Mitspieler Lionel Messi und ich fragte ihn, ob sein Vorname Ángel, der ins Deutsche übersetzt „Engel" bedeutet, immer zutreffend sei. „Nein. Keine Sorge", sagte er lachend, „auf dem Platz kann ich auch der Teufel sein."

Di María wäre ein erfrischender Gesprächspartner. Er war damals so locker, so geduldig, so offen. Aber dieses Mal habe ich Pech. Inzwischen wird Di María nicht mehr vom Freund meines Bekannten betreut, sondern von Jorge Mendes, dem mächtigsten Spielerberater der Welt, der neben Ronaldo auch José Mourinho vertritt, daher könne er mir dieses Mal leider nicht helfen. Ob er sonst niemanden kenne, der mit mir über Real sprechen könne? „Lass mich ein paar Anrufe machen. Ich melde mich", schreibt er. Wenig später bekomme ich die E-Mail-Adresse von Jorge Valdano.

„Er fliegt nächste Woche nach Mexiko, bleibt dort sechs Wochen. Entweder schickst du ihm deine Fragen per E-Mail oder du kannst ihn anschließend in Madrid treffen", schreibt mein Bekannter. Ich beschließe, ihm zu mailen, um keine Zeit zu verlieren – ein Fehler, wie sich herausstellen wird.

Valdano war schon so ziemlich alles bei Real Madrid. Von 1984 bis 1988 hat der Argentinier für die Königlichen gestürmt. Nach dem Ende seiner Karriere wurde er Jugendtrainer bei den Madrilenen, Mitte der Neunziger dann Trainer der Profis. 2000 wurde er schließlich Sportdirektor. Während dieser Zeit wurden Luís Figo, Zinédine Zidane, Ronaldo und David Beckham verpflichtet. Valdano gilt als Entdecker von Raúl. Er schrieb mehrere Bücher, war Unternehmensberater.

Mal hat Valdano Real als „Gelddruckmaschine" bezeichnet, mal als „Konsumprodukt erster Güte". „Wenn Real Madrid spielt, passieren in 90 Minuten Dinge, die es anderswo kaum zu sehen gibt", sagt er.

Es gibt so viel, worüber ich mit Valdano sprechen könnte. Gerade er mit seiner reflektierten Art wäre eine Bereicherung. Seine Ansichten sind durchdacht und tiefgründig. Er traut sich, so vermute ich, auch einmal kritische Dinge zu sagen. Gleichzeitig hat er nie die Demut vor der geleisteten Arbeit aller, die Real Madrid zu dem gemacht haben, was es ist, verloren. „Es gibt zwei Impressionen, an die ich mich nicht gewöhne", sagt Valdano ehrfürchtig. „Wenn ich unsere Europapokale zusammen sehe. Und wenn ich das Bernabéu-Stadion betrete. Das hat auf mich eine Wirkung, wie sie das Meer hervorruft. Mir kommt es nie klein vor, immer monumental. Beide Orte atmen Größe."

Am selben Abend geht die E-Mail mit meinen Fragen an ihn raus. Ich möchte mit ihm über die fehlende Geduld sprechen, die ich bei meinen Recherchen bei einer Vielzahl der Verantwortlichen von Real Madrid ausgemacht habe. Frage, ob Geduld nur noch eine Wunschtugend bei den Königlichen ist oder ob er bei Personalentscheidungen, die bei Real getroffen werden, eine Überhitzung feststelle. Zehn Fragen dieser Art, nicht nur Real-verherrlichend, bekommt Valdano von mir gemailt. Nach neun Stunden habe ich seine Antwort. „Hallo Kai, es tut mir sehr leid, aber es ist nicht der Moment, um auf dieses Interview zu antworten. Ich war eine hohe Führungskraft in Madrid und ich denke, wenn ich ehrlich bin, verletzte ich die professionelle Ethik, und wenn ich nicht ehrlich bin, verletzte ich meine Ethik. Danke für Dein Interesse. Ich hoffe, dass Du mich verstehst, Jorge."

Verstehen ja, akzeptieren nein. Das schreibe ich ihm auch – weil mich seine Antwort noch mehr davon überzeugt hat, dass er Wichtiges zu sagen hat. Doch selbst mein Vorschlag, er könne ihm unliebsame Fragen streichen, stimmt ihn nicht um.

Ich höre nie wieder etwas von ihm. Auch SMS, die ich ihm schicke, ignoriert er. Aber zum Glück hat Valdano in der Vergangenheit mehrere Interviews gegeben, in denen er Ansichten geäußert hat, auf die ich zurückgreifen kann.

Wer Madrid richtig und tiefgründig kennenlernen will, muss hartnäckig sein. Und geduldig. Und darf sich nicht davon entmutigen lassen, Körbe, und zwar viele, zu bekommen.

# KAPITEL 2

# IN DER FESTUNG
## VON REAL MADRID

So sammele ich etliche Telefonnummern und E-Mail-Adressen. Als ich endlich die von José Mourinho habe, wird er bei Chelsea London entlassen – und sein elektronisches Postfach vom Verein deaktiviert. Immerhin simse ich mit Aitor Karanka, seinem früheren Assistenztrainer und Vertrauten bei Real Madrid. So betreibe ich weiter königliches Klinkenputzen, kassiere weitere Körbe und bekomme Termine. Mesut Özil erzählt mir seine Madrid-Geschichte in einem türkischen Restaurant in London. Im Sommer 2015 sitze ich an dem Ort, an dem Raúls Wechsel von den Blancos zu Schalke perfekt gemacht worden ist. Toni Kroos erzählt mir auf einer Taxifahrt von seinen königlichen Erfahrungen, während der Fahrer immer größere Ohren bekommt. Bevor ich schließlich in die Festung Madrid eindringen darf, muss ich am Eingang der „Oficinas Presidencia y Dirección General" meinen Personalausweis vorzeigen, meine Tasche wie am Flughafen durchleuchten lassen und einen Fingerabdruck abgeben, ehe ich meine Tagesakkreditierung erhalte, die mir den Weg zu meinem Treffen mit einem der mächtigsten Männer Madrids ermöglicht.

Mit dem Aufzug geht es hinauf in den zweiten Stock, wo ich bei einem zweiten Empfang vorstellig werden muss. Dort bittet man mich um ein wenig Geduld. Das Wartezimmer, in dem ich platziert werde, ist komfortabel. An der Wand hängt ein für den Klub bedeutendes Bild: eine Schwarz-Weiß-Aufnahme aus dem Dezember 2000, als Madrid zum besten Klub des 20. Jahrhunderts gekürt wurde. Natürlich ist darauf Florentino Pérez zu sehen, auch Alfredo Di Stéfano und in ihrer Mitte Sepp Blatter, der damals die Auszeichnung überreichte.

Mit 42,35 Prozent aller Stimmen wurde Madrid gewählt, vor Manchester United mit 9,69 Prozent der Stimmen und vor Bayern München mit 9,18 Prozent. Barcelona erhielt lediglich 5,1 Prozent.

Während ich warte, frage ich mich, was wohl Blatter über Madrid denkt?

Angesichts seiner Vergabemethoden für die Fußballweltmeisterschaften 2018 nach Russland und 2022 nach Katar ist er ein fragwürdiger Mensch, irgendetwas zwischen Pate und dunkler Fürst des Fußballs. Der Mann mit dem kahlen Kopf und dem ballrunden Gesicht ist als Quelle immer mit Vorsicht zu genießen. Doch um sich dem Mythos, der Real Madrid umgibt, zu nähern, sollte man wohl auch zwingend mit ihm sprechen, immerhin war er über 15 Jahre als FIFA-Präsident in der Welt des Fußballs unterwegs, kennt alle Größen persönlich und hängt, so war es zumindest im Sommer 2015, im Wartebereich von Real Madrid.

An jenem Dezemberabend 2000, den das Bild festhält, verkündete Präsident Florentino Pérez ein ambitioniertes Vorhaben: „Das Ziel von Real Madrid ist es, der beste Klub des 21. Jahrhunderts zu sein." Auch Blatter lächelte damals.

Es gibt also genügend Themen, über die es sich zweifelsohne mit dem zweifelhaften Sepp Blatter zu sprechen lohnt. Zu einem persönlichen Gespräch wird es am Ende nach unzähligen Verhandlungen nicht kommen, die von mir per E-Mail formulierten Fragen werden nicht beantwortet. Dafür schreibt Blatter persönlich einen Text, wie er die Königlichen erlebt hat und wie er sie sieht:

„Real Madrid war für mich in meiner Jugend einer der wichtigsten Gründe meiner großen Leidenschaft für den Fußball. In den 1950er-Jahren – als Informationen aus dem internationalen Fußball nur spärlich zu kriegen waren – symbolisierte das weiße Ballett aus Madrid das Nonplusultra des Fußballs. Zu meiner Studienzeit in Lausanne trafen wir uns am Mittwochnachmittag jeweils im Tea Room des ehemaligen Schweizer

Nationaltorhüters Frankie Séchehaye, um die Europacup-Spiele von Real im TV anzuschauen. Wir saßen wie gebannt vor dem Fernsehgerät und erlebten quasi eine neue Dimension des Fußballs. Weil ich damals als Sportjournalist arbeitete, verwertete ich diese Eindrücke auch beruflich und schrieb im *Walliser Boten* über die Partien.

Real war mehr als ein Klub. Die vom legendären Präsidenten Santiago Bernabéu mit großem Geschick zusammengestellte Weltauswahl setzte im internationalen Fußball neue Maßstäbe. Besonders der geniale Mittelstürmer und Spielmacher Alfredo Di Stéfano fasziniert mich bis heute. Einen ähnlich eleganten, kreativen und produktiven Spieler hat die Welt vorher und nachher kaum einmal gesehen. Dazu kamen die Vertreter der ungarischen Wundergeneration Ferenc Puskás und Raymond Kopa, der Spanier Francisco Gento sowie der Argentinier Héctor Rial. Meine Bewunderung für Real Madrid war so groß, dass ich 1965 als Trainer meinen Schweizer Stammverein Visp neu einkleiden und (anstatt im traditionellen Rot) in königlichem Weiß spielen ließ. Am 21. November 2006 wurde ich von Real Madrid zum ‚Socio de Honor‘ ernannt. Es war eine große Ehre für mich, dass ich die entsprechende Urkunde aus den Händen von Alfredo di Stéfano erhalten habe.

Bis heute hat Real Madrid nichts von seiner Faszination verloren. Praktisch in jeder Epoche zog der Klub die stärksten (und vor allem technisch begabtesten) Spieler an: Netzer, Zidane, Laudrup, Hagi, Robben – Ronaldo, Ronaldo. Die Liste ließe sich fast beliebig verlängern. Dass die FIFA Real Madrid als besten Klub des 20. Jahrhunderts auszeichnete, war die logische Folge – und eine ganz persönliche Freude für mich. Denn Real Madrid hat auf ewig einen Platz in meinem Herzen.“

Mittlerweile habe ich gefühlte Ewigkeiten auf der Geschäftsstelle von Real Madrid gewartet, mir auch die anderen Schwarz-Weiß-Bilder aus der frühesten Geschichte des Vereins an den dunklen, holzvertäfelten Wänden angeschaut. Die Schüssel mit den Colageschmack-Bonbons, die in Papier mit dem Madrider Logo gewickelt sind, ist fast leer, als endlich ein Mitarbeiter der Pressestelle kommt und mich ein wenig umherführt. Er zeigt mir den wichtigsten Raum, einen riesigen Konferenzsaal, von dem aus man direkt ins Stadion blicken kann. An der einen Seite hängen Porträts aller bisherigen Präsidenten. Auf der gegenüberliegenden Seite stehen Duplikate der zehn Champions-League-Trophäen aufgereiht, die Madrid gewonnen hat. Auch der Pokal für den besten Klub des 20. Jahrhunderts, ein goldener Fußball, ist hier ausgestellt. In der Mitte des Raumes sind Tische im Kreis angeordnet, jeder mit Lederunterlage und eigenem Mikro. Hier werden die Verträge mit neuen Spielern unterschrieben. Mesut Özil zum Beispiel hat 2010 hier mit strahlenden Augen gestanden und es fast nicht wahrhaben wollen, dass er an diesem magischen Ort steht und beim größten Verein der Welt unterschreibt.

Hier werden richtungsweisende Entscheidungen getroffen. Ein Foto, das beweist, dass ich tatsächlich in diesem geschichtsträchtigen Raum stand, darf ich nicht machen.

Ohnehin hätte ich es mir schenken können, meine Fotoausrüstung mit nach Madrid zu nehmen. Nachdem ich abgeholt und zu meinem Gesprächspartner gebracht werde, fällt dessen erster Blick auf meinen Fotoapparat. „Wir müssen zwei Spielregeln vereinbaren", sagt er. „Du darfst mir jede Frage stellen. Ich werde sie alle beantworten. Ich werde dir helfen, dass du verstehst, wie wir Real Madrid verstehen. Aber ich darf niemals öffentlich auftauchen. Es landet kein Foto von uns in deinem Buch und auch mein Name wird nicht genannt. Das ist der Deal. Nur unter diesen Voraussetzungen sprechen wir." Ich stimme zähneknirschend zu, nehme Platz und schalte mein Diktiergerät ein, mit dem seine vertraulichen Ausführungen aufgezeichnet werden. Immerhin das lässt er zu.

Wir sitzen keine 20 Sekunden, da klingelt das Handy meines Gegenübers. Weil es auf dem Tisch liegt, sehe ich, wer anruft: Jorge Mendes, der bereits erwähnte Spielerberater.

Mendes spricht nur mit den wichtigen Menschen des internationalen Fußballs. Seine Handynummer besitzt nur ein sehr elitärer Kreis. Mendes ist der König der Berater. Einst als Fußballer gescheitert, wird er heute bei den „Globe Soccer Awards" als bester Berater prämiert und gefeiert. Das *Wall Street Journal* würdigte einmal seinen Einfluss mit einem Porträt über ihn unter der Überschrift „Wie man ein Team besitzen kann, ohne es zu kaufen". Rund eine halbe Milliarde Euro beträgt der Marktwert aller Spieler, die in seiner Agentur Gestifute unter Vertrag stehen – aufgrund marktbedingter Schwankungen mal ein paar Milliönchen mehr, mal weniger.

„Ehrlichkeit, Aufrichtigkeit, Professionalität – das sind die Eigenschaften von Jorge Mendes. Keiner arbeitet mehr als er. Er ist der Beste. Er ist zweifellos die Nummer 1", sagte Cristiano Ronaldo, seit Jugendtagen einer von Mendes' Schützlingen. José Mourinho schwärmt: „Er berät uns gut, damit wir auch nach dem Fußball weiterhin ein gutes Leben führen können."

Und Alex Ferguson lobte, obwohl er heftigen Transferärger mit Mendes wegen Cristiano Ronaldo hatte: „Mendes war zweifellos der beste Agent, mit dem ich es je zu tun hatte. Er kümmerte sich unglaublich intensiv um seine Spieler und war sehr fair gegenüber den Klubs."

Mendes weiß, wo das Geld sitzt. Er erkennt Märkte und Gelegenheiten – und nutzt sie gnadenlos aus. Mendes ist überzeugend. Wenn er etwas will, bekommt er es. Sein Einfluss, seine Macht und sein Netzwerk sind gewaltig. Er hat den Aufstieg vom Tellerwäscher zum Multimillionär geschafft. Ramón Calderón, von 2006 bis 2009 Real-Präsident, äußerte sich einmal zu dessen Einfluss: „Der wahre Präsident dieses Klubs heißt Jorge Mendes. Mendes wurde nicht von den Fans gewählt, trifft aber die Entscheidungen."

Doch trotz seines großen Einflusses und seines unglaublichen Spielerportfolios ist er nun gerade einmal nicht wichtig. Mein Gegenüber drückt Mendes einfach weg. 20 Minuten später wiederholt sich das Spielchen. Und als wir nach einer Stunde noch immer nicht mit unserem Gespräch am Ende sind, ruft er sogar seiner Sekretärin zu, sie solle den Termin mit Mendes, mit dem er zum Mittagessen verabredet ist, nach hinten verschieben.

Der königliche Big Boss malt viel. Er hat Zettel vor sich ausgebreitet, um seine Antworten auf meine Fragen mit Strichen, Kreuzen und selbst gezeichneten Grafiken zu unterfüttern. Er kritzelt Jahreszahlen aufs Papier. Hier ein „A", da ein „B". Am Ende darf ich die Zeichnungen wenigstens mitnehmen, als königliches Andenken sozusagen. Natürlich habe ich so auch den Beweis, dass ich tatsächlich hier saß.

Zudem ringe ich ihm nach unserem eineinhalbstündigen Gespräch dann doch noch ein Foto ab, ausschließlich für mich persönlich. Der königliche Big Boss und ich zusammen. „Das ist nur für dich. Nicht fürs Marketing deines Buchs. Nicht für Facebook. Verstanden?", wiederholt er, als wir sein Büro verlassen, noch einmal eindringlich. Verstanden!

Dann fahren wir zusammen mit dem Fahrstuhl hinab und die Festung Real Madrid spuckt mich wieder aus. Mein Gastgeber fährt direkt weiter in die Tiefgarage, zu seinem Wagen. Er springt rein und düst davon, zu Jorge Mendes.

Clever haben sie es gemacht, die Königlichen, denke ich. Nach all meinen Anfragen haben sie mir ein Leckerli hingeworfen – ein sehr schmackhaftes, das allerdings den faden Beigeschmack hat, dass ich niemand namentlich zitieren kann. Einen ganz großen Termin haben sie mir gewährt, dem Autor aus Deutschland, für sein Buch über ihren Verein. Damit ich nicht einfach schreibe, was ich will? Um mich ein bisschen und indirekt zu steuern? Denkbar wäre es bei den Marketingprofis von Madrid.

Jede weitere Anfrage, die ich an Angestellte des Vereins richte, wird jedenfalls abschlägig beschieden. Ich dachte, jetzt, wo mich auch die Pressesprecher einmal persönlich gesehen haben, sei es leichter, weitere Termine zu machen. Von wegen! Bei meinen Interviewanfragen an Zidane und Emilio Butragueño verweisen sie darauf, dass ich doch schon einen Termin von ihnen bekommen hätte. „Das ist viel mehr, als viele andere je bekommen. Sei nicht maßlos. Mehr können wir nicht für dich tun." Erst haben sie mich angefüttert, nun halten sie mich wieder auf Distanz. Dieses Prinzip ist Teil ihrer Selbstvermarktung. Auch bei ihren Fans und den spanischen Medien wenden sie es an.

Auf der einen Seite will Real Madrid wahrgenommen werden, bewundert werden. Sie sehen sich selbst als Unterhaltungskonzern. Sie inszenieren sich. Bereits seit 1999 haben sie einen eigenen TV-Sender, der Bilder für die Anhängerschaft um den ganzen Globus schickt: Trainingseindrücke, Ball-Jonglagen, Interviews ohne journalistischen Hintergrund, oftmals mit ausschließlich belanglosen Aussagen. Zu Weihnachten gibt es Grüße der königlichen Superstars, auf Real Madrid TV ebenso wie auf dem eigenen Twitter-Kanal. Auch hier sind natürlich ausschließlich unkritische und gefilterte Beiträge zu bewundern. Real zeigt sich von seiner besten Seite. Jubel, Trubel, Heiterkeit wird täglich an die Fanschaft gesendet. Streng genommen sind es Nichtigkeiten, mit denen sie ihre Anhänger bei Laune halten.

Gleichzeitig schottet sich der Verein ab. Das Trainingsgelände Valdebebas ist wie Fort Knox, das angeblich sicherste Gebäude der Welt. Kein

Schritt von Nicht-Königlichen, wenn sie es überhaupt einmal betreten dürfen, findet unbeobachtet statt. Sicherheitspersonal informiert sich per Funk, wenn man an ihm vorbeigefahren ist, und warnt den Kollegen am nächsten Checkpoint vor.

Trainingseindrücke zu erhaschen ist nahezu unmöglich. Für die Fans gibt es die Real-Stars eigentlich außer bei Spielen immer nur für Sekundenbruchteile in ihren Autos hinter abgedunkelten Scheiben zu erhaschen, wenn sie auf das Trainingsgelände fahren und kurz an der Einfahrt warten müssen. Oder bei ihrer Ankunft an Flughäfen in aller Welt, wo sich jedes Mal Tausende Fans gegenseitig gegen die Absperrgitter quetschen, um ihren Helden noch näher zu sein. Vor Auswärtsspielen werden meist zwei Spieler abgestellt, die am Vorabend eine Autogrammstunde geben. Mehr gibt es nicht.

Vor dem Champions-League-Finale 2016 in Mailand wohnten die Spieler von Real Madrid im Radisson Blu. Bereits einen Tag vor dem Endspiel herrschte in der Via Villapizzone, in der das Hotel liegt, Verkehrschaos. Tausende Real-Anhänger belagerten das Hotel, in das kein Reinkommen war, rund um die Uhr. Vor dem Eingangsbereich patrouillierten mindestens zehn italienische Polizisten, zudem vereinseigene Sicherheitsleute.

Als die Mannschaft um kurz nach 18 Uhr aus dem Hotel kam, um zum Training ins San Siro zu fahren, brach ein Kreischalarm aus, wie ihn sonst heute nur Justin Bieber bei pubertierenden Teenie-Mädchen auslöst. Höhepunkt der Spieler-verlassen-ein-Hotel-und-steigen-in-einen-Bus-Show war natürlich – nicht anders zu erwarten –, als Cristiano Ronaldo ins Freie trat. Er machte exakt 14 Schritte, ehe er nach acht Sekunden, von denen er fünf den Fans zugewinkt hatte, in den Bus stieg und wieder aus der Öffentlichkeit verschwand.

Ganze acht Minuten hatte es gedauert, bis alle Spieler aus dem Hotel in den Bus, in den man wegen der Folie vor den Fenstern von außen natürlich keinen Blick werfen konnte, gestiegen waren. Isco hatte zwei Selfies mit Fans gemacht, James Rodríguez eines, ehe er im Bus verschwand. Toni Kroos kam dem Wunsch eines Vaters nach, ein Bild mit dessen Baby zu machen, er ließ sich mit einem behinderten Jungen fotografieren und erfüllte einem weiteren kleinen Fan dessen Selfie-Traum. Nachdem sich noch Luka Modrić 17 Sekunden für Fotowünsche genommen hatte, war es das.

Teilweise bis zu fünf Stunden hatten die Fans gewartet, um einen Platz ganz vorne am Absperrgitter zu erkämpfen. Und sie waren wie beseelt vom kurzen Glücksmoment, der ihnen durch den Anblick der galaktischen Starspieler bereitet worden war. Mehr und näher geht es meist nicht.

Die meisten der Königlichen wohnen zudem privat in gesicherten Wohngebieten, zum Beispiel in „La Finca". Eine Schranke versperrt die Zufahrt zum elitären Viertel im Nordwesten Madrids. Nur Bewohnern und von ihnen angemeldeten Personen gestattet das Securitypersonal die Weiterfahrt ins Areal. In den Büschen blinken Überwachungskameras. An den Außenzäunen patrouillieren Wachleute, ganz selten müssen sie Paparazzi verscheuchen. Nichts von dem, was in dieser begrünten Festung passiert, soll nach außen dringen. In München, der Heimat der Helden des FC Bayern, kann man Franck Ribéry oder Xabi Alonso durch Grünwald schlendern sehen, ihnen theoretisch in der Reinigung oder beim Bäcker begegnen. Joshua Kimmich wohnt am Gärtnerplatz, geht dort mit Freunden ganz normal einen Kaffee trinken, ohne dass er einen Massenauflauf erzeugt.

Diese Reduzierung auf ein Minimum führt zu völlig hysterischem Verhalten der Fans. „Wenn ich in München auf die Straße gegangen bin, wurde ich zwar auch erkannt, die Leute haben mich aber nur wahrgenommen und meist in Ruhe gelassen", sagt Toni Kroos, der frühere Bayern-Star, der nach der Weltmeisterschaft 2014 nach Madrid wechselte. „Da war ein gewisser Abstand da. Hier flippen sie aus, wenn sie einen Spieler von Madrid sehen. Das ist für sie das Größte. Sie wollen ihre einmalige Chance nutzen, sich einmal mit einem Real-Spieler fotografieren zu lassen."

Als die Königlichen 2015 auf Sommertournee gegangen sind, haben sich in Asien Fans ins Mannschaftshotel eingebucht und sind – kein Witz – rund um die Uhr mit dem Fahrstuhl hoch und runter gefahren, immer in der Hoffnung, dass ein Spieler der Blancos, die auf zwei komplett gemieteten und bewachten Etagen wohnten, zusteigt und einem Selfie zustimmt.

Selbst die Medien werden von Madrid nach diesem Prinzip der Reduzierung auf ein Minimum behandelt. „Am Freitag vor dem Spiel bekommen wir 15 Minuten die Chance, das Training zu beobachten", berichtet Tomás Roncero, einer der wichtigsten Sportjournalisten Madrids. „In der Zeit machen wir unsere Fotos. Das war's. Das ist sehr, sehr wenig für uns Sportjournalisten."

Er hat von den Olympischen Spielen 1992 in Barcelona berichtet, war auch vier Jahre später in Atlanta vor Ort. Roncero war dabei, als Predrag Mijatović 1998 das Siegtor im Champions-League-Finale gegen Juventus Turin erzielte. Er saß im Stadion Soccer City in Johannesburg, als zunächst Iker Casillas mit seiner rechten Fußspitze Arjen Robbens Großchance vereitelte und später dann Andrés Iniesta mit seinem Tor Spanien zum Fußballweltmeister machte. Seit 2001 arbeitet Roncero für die *AS*, ist verantwortlich für die Berichterstattung über Real Madrid.

Rund 214.000 Exemplare seiner Zeitung werden jeden Tag verkauft und von knapp einer Million Menschen gelesen. Acht fest angestellte Redakteure füllen täglich acht bis zehn Seiten über Real Madrid, nicht immer zur Freude des Vereins.

„Die Zeitung *AS* ist eine der wenigen mutigen, die dem Präsidenten Florentino Pérez die Stirn bieten", sagt Roncero. „Das hat zur Folge, dass wir keine Exklusivinterviews von Real bekommen. *Marca* bekommt wenige, aber immerhin bekommen sie überhaupt welche. Wir gar keine, weil sie uns beschuldigen, zu kritisch mit dem Präsidenten zu sein." Daher müsse man sich andere Wege suchen, um an Informationen zu kommen und um Reportagen zu produzieren. Roncero verrät: „Wenn die Spieler bei ihren Nationalmannschaften sind, unterliegen sie nicht mehr der Kontrolle des Vereins und es ist einfacher, Interviewtermine zu bekommen. Wir müssen einfach kreativer sein als die anderen, weil wir vom Klub nichts zu erwarten haben."

Real bestimmt – soweit es geht – die Geschichtsschreibung. Sie wollen grenzenlose Bewunderung, andauernden Applaus, Verehrung – so wie es früher einmal war.

# KAPITEL 3

# DIE KUNST DER
# MAXIMALEN ENTFALTUNG

Arsène Wenger warf Real Madrid in einem Interview mit *L'Équipe* 2015 vor, „süchtig nach Schlagzeilen" zu sein. Treffender als der Trainer von Arsenal London hätte man es nicht auf den Punkt bringen können. Die Königlichen sind tatsächlich süchtig – nicht nur, aber auch nach Schlagzeilen. Insbesondere seit Florentino Pérez an der Macht ist, mittlerweile zwei Amtszeiten, hegt der Verein den Wunsch, immer neue Heldensagen zu schreiben. Die Königlichen haben sich dem Hollywood-Prinzip verschrieben.

José Angel Sánchez, der Vorstandsvorsitzende von Madrid, ein blitzgescheiter Mann, hat daraus nie ein Geheimnis gemacht. Wie so viele bei Real Madrid spricht auch er so gut wie nie öffentlich. Es sind aber Gespräche überliefert, in denen er Real Madrid mit Hollywood vergleicht. Der Verein, so erklärte er einmal, funktioniere nach dem gleichen Prinzip wie ein Videospiel, ein Kinofilm oder Musikvideos. „Jemand produziert ein Kunstwerk und lässt es sich maximal entfalten."

Sánchez studierte einst Philosophie. Dabei entdeckte er seine Bewunderung für Friedrich Nietzsche. Seine Studienrichtung sei die „beste Businessschule" überhaupt gewesen, behauptet er, obwohl er keine Wirtschaftsseminare besucht hatte. Stattdessen habe er Rhetorik gelernt, logische, kritische und abstrakte Denkweisen seien ihm eingeimpft worden.

Er habe sich stetig damit auseinandergesetzt, „wie man Dinge verbessern kann, verhindert, selbstzufrieden zu werden".

Sánchez begann seine berufliche Laufbahn beim japanischen Computerspiel-Giganten Sega. Mit nur 27 Jahren war er bereits Geschäftsführer, stieg innerhalb kürzester Zeit zum Südeuropa-Chef auf und machte die ihm unterstehende Einheit zur profitabelsten des Konzerns. Er ist ein Marketing-Genie, das die Überzeugung in sich trägt: „Du wechselst vielleicht die Freundin, aber nicht den Verein." Einmal Real, immer Real. Und damit sich daran nichts ändert, nicht mit anderen Vereinen fremdgeflirtet wird, betrachtet es Sánchez auch als seine Aufgabe, Real immer wieder umzustylen, so attraktiv wie möglich zu machen und so viel Attraktion und Attraktivität wie möglich aufs Spielfeld zu bringen, um das Interesse der Menschen noch mehr zu steigern. Er nutzt dazu Mechanismen aus der Unterhaltungsindustrie.

„Wenn ‚Mission Impossible' in die Kinos kommt", so eines seiner Beispiele, „wird auf dem Weg vom Kino bis zur Free-TV-Übertragung am Ende alles zu Geld gemacht, was sich zu Geld machen lässt. Zunächst kauft man sich Tom Cruise als Hauptdarsteller, weil mit ihm viel mehr Tickets verkauft werden als mit irgendeinem unbekannten Schauspieler."

Der Film sei mit Tom Cruise der gleiche wie mit einem Unbekannten. „Aber der Kartenverkauf nicht. Das Interesse, die Aufmerksamkeit, ist mit einem Tom Cruise viel höher. Erst werden seinetwegen Tickets verkauft, später dann Pistolen und Sonnenbrillen. Genauso verhält es sich mit Cristiano Ronaldo. Er kann selbst ein 1:1 faszinierend machen."

Stephan Schröder, ein unabhängiger Marketing-Experte, der genau weiß, warum sich Sponsoren zu bestimmten Vereinen hingezogen fühlen oder was Fanherzen höherschlagen lässt, stimmt Sánchez zu. Als Managing Director von Nielsen Sports analysiert Schröder Fanverhalten und die Außenwirkung, die Vereine vermitteln. Er führt aus: „Real Madrid ist mehr Unterhaltungsindustrie als Sportverein. Es ist der einzige Klub auf der Welt, bei dem es nicht schlimm ist, wenn das Spektakel überwiegt. Es ist ein Verein, der nie, auch nicht einen einzigen Tag im Jahr, langweilig wird. Wäre Real Madrid nicht echt, sondern ein mehrteiliger Hollywoodfilm, müsste es Jahr für Jahr den Oscar für den besten Regisseur abräumen. Real Madrid spielt auf der größten, am besten ausgeleuchteten

Bühne der Welt. Sie sind Meister der Inszenierung, die immer neue Maßstäbe setzen."

Selbst in der Zeit der Galaktischen, in der es sportlich nicht wie erhofft lief, habe Madrid vorgemacht, dass man trotzdem für Hunderte Millionen Fans interessant sein könne. Schröder bleibt bei seinem plakativen Bild und der hundertprozentigen Zustimmung zu José Angel Sánchez' Strategie: „Das Drehbuch war schwach, der Film war schwach. Aber weil fünf absolute Hollywoodstars mitwirkten, waren die Fans trotzdem neugierig und fasziniert. Die Akteure haben einen Vollflop verhindert."

Madrid sei, da gibt es für Schröder keinen Zweifel, ein „hypersensibles Gebilde", in dem „es ständig zu extremen Schwankungen kommt. Man kann bei Real höher aufsteigen als bei jedem anderen Klub der Welt. Nach Erfolgen wird man, um es bewusst überspitzt zu sagen, in den Götterstand erhoben. Gleichzeitig muss man sich immer bewusst machen, dass man mit seiner Unterschrift bei Real Madrid das Risiko eingeht, heftiger als überall sonst in der Fußballwelt auf die Schnauze zu fallen. Als Königlicher lebt man in einer Welt der Extreme. Mit einer gefährlichen Fallhöhe. Das muss man abkönnen. Diese Extreme stellen große Herausforderungen an jeden dar, können nicht von allen bewältigt werden."

Mesut Özil weiß genau, was Schröder meint. Der Deutsche hat zwischen 2010 und 2013 bei Madrid gespielt, ehe er für 50 Millionen Euro Ablöse zu Arsenal London wechselte. „Bei Madrid wird kein Spieler nach normalen Maßstäben bewertet. Die Leute bekommen ständig grandiose Leistungen von Ronaldo und Co geboten. Sie bekommen Schützenfeste geboten. Sie erleben, wie Real einen Rekord nach dem nächsten bricht. Sie erleben ständig Fußball auf höchstem Niveau. Und daran gewöhnen sie sich. Sie nehmen das Unglaubliche irgendwann als Normalität wahr. Wenn Ronaldo keine 40 Tore pro Saison schießt, heißt es gleich, er sei in einer Krise. Real hat sich diesen Maßstab selbst erarbeitet. Gut reicht bei Madrid nicht. Wenn ich mal kein Tor vorbereitet habe, war ich gleich nicht mehr gut genug, egal was ich sonst geleistet hatte. Dieser Druck ist wirklich außergewöhnlich. Mit dem muss man erst mal umzugehen lernen."

Auch Toni Kroos, der Weltmeister, erlebt diese Extreme. In seinem ersten Jahr wählen ihn die spanischen Fußballfans sogar mit Abstand zum „Transfer des Sommers". Bei einer landesweiten Umfrage der Sportzeitschrift

*Marca* stimmen 55,4 Prozent der 36.458 Teilnehmer für Kroos als Top-Transfer in Spanien. Er landet unter anderem vor dem 81-Millionen-Euro-Mann Luis Suárez, der von Liverpool nach Barcelona geholt wurde, und Kroos' neuem Mitspieler James Rodríguez, den Madrid für 80 Millionen Euro aus Monaco geholt hat.

Bei der Wahl der International Federation of Football History & Statistics wird Kroos dann sogar von Fachjournalisten aus 60 Ländern vor Lionel Messi, immerhin Europas Fußballer des Jahres, und James Rodríguez als „Bester Weltspielmacher 2014" ausgezeichnet.

Die spanischen Medien überschlagen sich vor Begeisterung. Mal wird er als „bester Export seit Claudia Schiffer" bezeichnet, mal als „Panzer" und „intelligenter Dieb". Die *Marca* vergleicht ihn mit einer Küchenmaschine. „Er kocht alles gut. Er bestiehlt wie eine Bank, er bedient wie ein Kellner und berührt den Ball wie ein Pianist." Nach seinem ersten Tor für Madrid, das er gegen Rayo Vallecano erzielte, schreibt die *AS*: „Es ist unmöglich, Kroos bei einem Ballverlust zu sehen." Es gibt kaum Spiele, nach denen er kritisiert wird.

Später erklärt ihn die *Marca* sogar zum „Chef des Mittelfelds von Real Madrid" und jubelt: „Toni Kroos ist die beste Nachricht von Real in den vergangenen 4.000 Jahren. Was für eine Klasse!"

Ein Jahr später wird plötzlich alles infrage gestellt. *El Mundo* bezeichnet ihn als „unmögliche Schnarchnase" und glaubt plötzlich, Kroos käme in Spanien nicht zurecht: „Wir verstehen nicht, was ‚Kaiser' Kroos passiert ist. Er ist außer Form, langsam, ohne jeden Glanz. Nach vorn findet er nicht den Pass, nach hinten ist er ein Hindernis. Hat ihn Ancelotti verbrannt? Vielleicht lebt er sich in Spanien nicht ein." Wenig später schreibt die Zeitung sogar: „Seine ersten fünf Monate bei Real Madrid waren ein Riesenkaliber. Jetzt ist er nur eine leidende Seele, die im Mittelfeld umherschlendert. Er entwickelt das Spiel nicht und zerstört auch nicht das des Gegners." Er sei wie eine Leiche.

Wer Kroos kennt, weiß, dass er mit solchen Vergleichen, sowohl mit den euphorischen als auch mit den schlechten, nichts anfangen kann. „Kreativ sind die Journalisten hier schon. Aber ich beschäftige mich nicht lange mit meinen Spitznamen. Ich fühlte mich nicht als der Größte, wenn sie mich mit Claudia Schiffer vergleichen. Ich weine aber auch nicht, wenn sie mich niederschreiben. Und mit dem Vergleich mit einer Küchenmaschine kann ich nicht viel anfangen. Gut kochen kann ich nämlich nicht. Mir reicht es, wenn sie mich als ‚guten Spieler' bezeichnen", sagt er in dem Bewusstsein: „Hier werden kleinste Dinge wichtig gemacht, über die man bei anderen Klubs gar nicht spricht. Fußball ist ein launisches Tagesgeschäft – vor allem wenn es sich um Real Madrid dreht."

Bodo Illgner, um einen weiteren Aufstieg und Fall zu schildern, wurde 1997 zu Spaniens Torwart des Jahres gewählt. Seine mediale Vernichtung erfolgte, als er 1999 seinen Stammplatz nach einer komplizierten Schulterverletzung verlor und nie wieder richtig zurückkam. *Marca* und *As* schossen sich auf ihn ein. Unter anderem wurde er als „teuerster Ersatztorwart" verspottet, der 16.164 D-Mark pro Tag verdiente. „Am Ende, als ich verletzt war, nicht mehr spielen konnte, hat der Verein auch einiges gesteuert. Als man mich loswerden wollte, glühten die Drähte aus der Vorstandsetage zur Redaktionsleitung von *Marca*, um Stimmung gegen mich zu machen. Damit ich weggehe. Aber ganz ehrlich: An die Schlagzeilen ‚teuerster Ersatztorwart' erinnert sich doch heute keiner mehr. Ich bin heute der Torwart des siebten Europapokalsiegs."

Bei Real Madrid gibt es nur Schwarz-Weiß-Denken. Was heute gut ist, kann morgen schon wieder schlecht sein. Das Geschwätz vom Vortag interessiert im hypersensiblen Klub niemanden.

Exakt 352 Tage lagen bei Bernd Schuster zwischen der kollektiven Heldenverehrung für den Trainer und seinem Rauswurf. Nachdem es ihm in seiner ersten Saison gelungen war, Barcelona im Camp Nou zu besiegen, lobpries Präsident Ramón Calderón ihn als „Alex Ferguson von Real Madrid". Die Presse feierte den deutschen Trainer als Schöpfer des Hochgeschwindigkeitsfußballs.

Schuster selbst verkündete zu seinem Amtsantritt im September 2007: „Wenn ich könnte, würde ich zehn Jahre bei Real bleiben." Bei seiner Unterschrift war er sich auch noch sicher zu wissen, „wo ich bin und worauf ich mich einlasse", nur um wenig später zu der Erkenntnis zu kommen: „Es ist hier nicht mehr so wie zu meiner aktiven Zeit."

Die von Schuster geforderten Verstärkungen wurden nicht geholt. Der Trainer wollte Außenstürmer. Stattdessen wurde Robinho verkauft und mit Rafael van der Vaart einer geholt, den Schuster eigentlich gar nicht brauchte.

Im Oktober 2008, nach der Pleite von Real zu Hause gegen Juventus Turin, schrieb *AS*: „Schuster hat die Kontrolle über ein Schiff verloren, das langsam unterzugehen droht. Es fehlt eine klare Linie. Schuster stellt mal diesen Spieler auf, mal jenen, aber ohne taktisches Konzept."

Im November flog Real Madrid gegen Real Unión de Irún aus dem Königspokal. Gegen einen Drittligisten konnte die Millionärstruppe nicht bestehen. Nach einer 2:3-Pleite im Hinspiel reichte der 4:3-Sieg im Rückspiel nicht aus. Die Pfiffe waren nach dem Abpfiff so laut, dass es dem königlichen Tontechniker nicht einmal gelang, sie zu übertönen, indem er Madrids Vereinshymne „Hala Madrid" lauter drehte. Als ein Reporter in der anschließenden Pressekonferenz vom Trainer wissen wollte, wie es sein könne, dass der spanische Rekordmeister sechs Gegentore von einem Drittligisten kassiere, antwortete Schuster nur schnippisch: „Keine Ahnung. Kann ich dir nicht weiterhelfen."

In jedem Ligaspiel hatte Real Madrid bis dato mindestens einen Gegentreffer kassiert. So schlecht waren sonst nur Sporting Gijón und Recreativo Huelva. Die Schuster-Elf kam auf einen Gegentorschnitt von 1,72 Treffern.

„Es fehlen Schmalz, Charakter, Präsenz, Ordnung, Zusammenhalt", schimpfte Alfredo Di Stéfano. Calderón beschwerte sich, dass Schuster „nicht ans Telefon" gehe, wenn er anrufe. Die Chefetage begann Politik gegen Schuster zu betreiben, um einen Sündenbock zu haben.

„Den kann nicht mal Gott ausstehen", schimpfte ein Präsidiumsmitglied gegenüber den Presseorganen. Schuster sei schnippisch, chronisch schlecht gelaunt. Schon vorher hatte der angesehene spanische Reporter Santiago Segurola, der für *El País* und später für *Marca* schrieb, in die gleiche Kerbe gehauen, indem er kritisierte: „Schuster genießt sein Amt nicht. Dabei wäre jetzt der Moment, es zu genießen. Schuster aber wirkt, als sei er der unglücklichste Mensch der Welt. Schuster ist ein Planet für sich, anfällig fürs Jammern. Ich sehe bei ihm die Neigung zu einer Dynamik der Selbstzerstörung. Und ich bin mir nicht sicher, ob er über eine Elefantenhaut verfügt." Immer wieder war in den Monaten zuvor über Schusters öffentliches Auftreten, seine zu wenig positive Art, geklagt worden. Präsident Calderón hatte ihn einmal ermahnt: „Er darf nicht an jeder Ecke nur Feinde sehen." Weil der Präsident mittlerweile selbst angeschossen war, von Fans und Medien skeptisch beäugt wurde, wendete sich Calderón mehr und mehr von Schuster ab.

Der Verein machte sich diese Schwäche Schusters zunutze und lancierte diskreditierende Informationen an die Medien, die ihn bald „Mala Leche" nannten, was wörtlich so viel heißt wie „saure Milch" und meint, Schuster sei ein Miesepeter – vom vermeintlichen „Alex Ferguson von Real Madrid" und „Schöpfer des Hochgeschwindigkeitsfußballs" zum schlecht gelaunten Feigling, zum „Mala Leche", zum Miesepeter!

Auch der Verein an sich, also nicht nur einzelne Spieler, ist diesen extremen Stimmungsschwankungen ausgesetzt. Madrid erwartet im Erfolgsfall grenzenlosen Jubel, absolute Verehrung, anhaltende Schulterklopfer. Dementsprechend groß fällt die Häme aus, wenn etwas in die Hose geht beziehungsweise nicht dem größten Verein der Welt angemessen erscheint – wie am 1. April 1998, einem der unrühmlichsten Tage, nach dem die Königlichen mit Hohn und Spott überschüttet wurden.

Die englische Zeitung *Daily Mail* bezeichnete ihn als „peinlichsten Zwischenfall der 96-jährigen Vereinsgeschichte". Die *AS* schrieb von einer „nationalen Schande" und echauffierte sich: „In 75 Minuten verlor Madrid einen Teil des Prestiges, das der Klub sich in Jahrzehnten mit Anstand erworben hat."

Es war der Abend des Champions-League-Halbfinales zwischen Real und Borussia Dortmund, der als Torfall von Madrid in die Fußballgeschichte einging. Weil einige Anhänger zu heftig an der Aufhängung eines Tores rissen, brach kurz vor dem Anpfiff des Spiels der Pfosten und knickte ab. Das erste Tor war gefallen.

Manolo Sanchís, Madrids Kapitän, erinnert sich so an die Szene: „Ich habe die Platzwahl gemacht, bin zur Bank, um den Wimpel der Dortmunder abzugeben. Als ich ihn unserem Masseur Antonio in die Hand drückte, sagte er: ‚Da ist ein Tor umgefallen.' Nun war Antonio ein Witzbold, ich lachte mich also kaputt. Aber er guckte mich todernst an und sagte: ‚Nein, nein, Manolo: Da ist kein Tor mehr.' Ich dreh mich um – und tatsächlich: Da soll das Spiel anfangen und dann steht da kein Tor! Es war ja nicht eingeknickt, es lag flach auf dem Boden, man sah es einfach nicht. Dass da Fans am Zaun zogen, all das habe ich erst später im Fernsehen gesehen. Die Minuten, die folgten, waren kompliziert, weil wir alle möglichen Informationen erhielten. Der eine sagte, der Schiedsrichter wolle abbrechen, die anderen berichteten, dass man ein anderes Tor gefunden habe, dass ein Lastwagen unterwegs sei. Aber so fantastisch es ist, das zu erzählen: Da drinzustecken ist nicht so einfach, weil du ja in der Kabine kalt wirst."

Auf der Medientribüne saßen Marcel Reif und Günther Jauch, Moderatoren der *RTL*-Champions-League-Übertragung, gezwungen zu einer Freestyle-Moderation, weil niemand wusste, wie lange sich das Spiel verzögerte und ob Werbung gezeigt werden durfte. Sie mussten auf Sendung bleiben und so kam es, dass Reif erzählte, wie er am Morgen ein Ikea-Regal aufgebaut habe und welche handwerklichen Weisheiten er daraus für den Torfall ableiten könne.

Jauch und Reif schaukelten sich gegenseitig hoch wie zwei Schüler, die trotz Strafandrohung ihren Lachkrampf im Unterricht nicht mehr bändigen können. So sagte Reif Sätze wie: „Ich dachte, wir können hier ein bisschen Fußball gucken. Stattdessen kriegen wir einen Heimwerkerkurs." Und Jauch witzelte über die verzweifelt auf dem Platz arbeitenden Helfer: „Der da! Der ist ganz wichtig! Oder ist ganz unwichtig und trägt nur dauernd Papiere hin und her." Es wäre besser, so entgegnete ihm Reif, „wenn er ein Tor tragen würde". Jauch fragte, ob man theoretisch auch zwei Handballtore nebeneinanderstellen könne. Reif schloss unterdessen aus, dass sich Real ein Tor vom Stadtrivalen Atlético Madrid besorgen könne: „Die werden einen Teufel tun, denen ein Tor zu schenken."

Während Reif und Jauch lediglich verbal Gas geben mussten, musste Cándido Gómez in derselben Nacht richtig schuften, um Madrid zu retten.

„Ich war auf dem alten Trainingsgelände von Madrid und hatte richtig gut zu tun", erinnert sich Gómez, ein Mann mit kräftigen, großen Händen, eher Pranken, die er damals auch dringend brauchte. „Ich war gerade dabei, eine Bühne in einem Zelt aufzubauen. In den nächsten Tagen war dort eine Veranstaltung geplant, für die ich gebucht war. Ich war gerade auf den Knien, montierte Schrauben, als Agustín Herrerín, der Platzwart von Real, und der frühere Torwart Miguel Ángel hektisch angerast kamen. Sie waren total aufgedreht."

Kurz ließ sich Cándido Gómez erklären, was passiert war. „Herrerín sagte: ‚Hör zu, wir haben ein Problem, das Tor im Stadion ist umgefallen und wir benötigen ein neues. So können wir das Champions-League-Spiel nicht bestreiten.'"

Damals gab es noch kein Ersatztor im Bernabéu. Niemand hatte mit solch einer Situation gerechnet. Bei einigen Helfern setzte das klare Denken aus. Als die vermeintlichen Retter Agustín Herrerín und Miguel Ángel dann auch keinen Schlüssel für den Raum, in dem das Ersatztor stand, hatten, wurde die Hektik größer. „Die Rettung schien so nahe, war aber doch so weit weg", so Gómez. „Das war eine Odyssee. Die Nerven lagen blank."

Doch Gómez ist ein Mann der Tat. Er sprang in seinen Transporter und fuhr immer wieder leicht gegen das verschlossene Tor. Besondere Situationen erfordern nun einmal besondere Maßnahmen. „Ich bin so oft dagegengefahren, bis das Vorhängeschloss in tausend Teile zersprungen ist und die Tür freigegeben hat. Ich bin quasi bei Real eingebrochen."

Damit war Gómez' Hilfseinsatz aber noch nicht beendet. Weil der Wagen, mit dem Herrerín und Ángel gekommen waren, zu klein für das Tor war, musste er seinen Transporter zur Verfügung stellen. Mit ein paar Stricken banden es die drei Männer auf dem blau-weißen Lkw fest – notdürftige Improvisation statt fachmännischer Sicherung. Hauptsache, es hält irgendwie. „Dann sind wir samt Polizeieskorte ins Stadion gefahren. Herrerín und die Polizei fuhren voraus. Andere Polizeiwagen flankierten mich – hinter und neben mir. Ich kam mir vor wie der Staatspräsident. Wir fuhren so, wie man eigentlich nicht fahren darf, aber das war ein Sonderfall. Wir rasten bestimmt mit 110 km/h durch die Stadt."

Nach knapp fünf Minuten Fahrzeit erreichte das rasende Tor das Stadion. Es war Viertel vor zehn. Weitere zehn Minuten benötigten sie, um das Tor vom Lkw ins Stadioninnere zu hieven. „Beim Aufstellen des Tores habe ich dann nicht mehr geholfen. Ich habe es nur bis zum Feld gebracht", berichtet Gómez. „Dann haben Real-Angestellte alles Weitere montiert."

Als das Spiel endlich begann, blieb Gómez noch eine Weile im Stadion. „Aber nicht sehr lange. Ich musste ja schließlich noch weiterarbeiten." Er sah weder Reals 1:0 von Fernando Morientes noch das 2:0 von Christian Karembeu. Stattdessen baute er bis tief in die Nacht die Bühne im Zelt weiter auf. „In dem Moment, als die beiden Real-Mitarbeiter kamen, habe ich einfach nur daran gedacht, dem Verein, der auch mein Lieblingsverein ist, zu helfen. Ich war weder stolz noch habe ich mich für den Klub geschämt. Ich wollte einfach nur meinen Beitrag dazu leisten, dass die Verantwortlichen aus dieser misslichen Lage herauskommen."

Real Madrid zeigte sich für Gómez' Engagement erkenntlich. „Der Verein schenkte mir damals 85.000 Peseten *[rund 1.200 Euro, Anm. d. Autors]* als Dankeschön. Das war damals viel Geld. Das muss man erst mal in weniger als einer Stunde verdienen. Außerdem hat mir der Präsident eine Anstecknadel überreicht und noch ein paar schöne Kleinigkeiten."

Mit etwas Abstand ordnet Cándido Gómez den Torfall heute als „eine große Blamage vor den Augen der ganzen Welt" ein. „Hier wurde Real von allen Seiten ganz hart kritisiert. Alle Zeitungen gingen sehr hart mit dem Verein ins Gericht, wie es denn sein könne, dass ein paar Ultras das Tor niederreißen konnten. Ein Spiel, das um 20:45 Uhr beginnen soll und erst kurz nach 22:00 Uhr angepfiffen wird. Peinlich. Und Gott sei Dank hat es überhaupt geklappt. Nicht auszudenken, was das für eine Katastrophe gewesen wäre, wenn Real das Spiel verloren hätte ohne zu spielen und knapp 100.000 Menschen das Stadion hätten verlassen müssen, ohne das Spiel zu sehen."

# KAPITEL 4

# 11.697 TAGE
## OBSESSION

R eal Madrid ist süchtig nach Schlagzeilen, süchtig nach Erfolgen, sogar regelrecht besessen davon. Getrieben, immer neue Erfolge vorweisen zu müssen, immer neue Rekorde zu erzielen. Sie wollen gelobt, geachtet und gefürchtet werden. Der Mittelpunkt des weltweiten Fußballs sein. Sie wollen alles in den Schatten stellen und treffen dabei oft auch übereilte Entscheidungen, die nicht immer zum Wohle des Vereins sind.

Misserfolge werden nicht toleriert. Durststrecken treiben Spieler, Trainer, Präsidenten, Fans und das gesamte Umfeld in den Wahnsinn.

Nachdem Madrid am 11. Mai 1966 zum sechsten Mal die Champions League beziehungsweise den Vorgängerwettbewerb Europapokal der Landesmeister gewonnen hatte, setzten es sich sogleich zum Ziel, ihn auch ein siebtes Mal zu gewinnen. Doch der Wunsch wurde und wurde nicht Wirklichkeit. Ein Jahr nicht. Zwei Jahre nicht. Drei Jahre nicht. Fünf Jahre nicht. Zehn Jahre nicht. Letztlich scheiterten 16 Trainer an dem Vorhaben, Real Madrid zum siebten Titel in der Champions League zu führen. „La Séptima" wurde zur Obsession, zum Unwort. Schlimmer als für den FC Bayern das „Finale dahoam", das sie 2012 vor heimischem Publikum in der Münchner Allianz Arena gegen den FC Chelsea verloren. Was ist schon ein Endspieltrauma gegen jahrzehntelanges Scheitern?

Zwanghaft rannte Real Madrid diesem verdammten siebten Titel hinterher, 11.697 verfluchte Tage, 1.671 verfluchte Wochen, 384 verfluchte Monate, 32 verfluchte Jahre, ehe „La Séptima" 1998 doch noch Wirklichkeit wurde.

„Was das für eine Ewigkeit war! So viele Enttäuschungen", so Bodo Illgner, der deutsche Torwart, der am 20. Mai 1998 bei der Erlösung, beim 1:0 in Amsterdam gegen Juventus Turin, im Tor der Königlichen stand. Und sein Mannschaftskollege Predrag Mijatović, der Torschütze, gibt zu: „Die Fans waren damals sehr besorgt. Der erfolgreichste Klub der Welt zu sein, aber auf der anderen Seite 32 Jahre auf den siebten Champions-League-Titel zu warten, das passt überhaupt nicht zusammen, ein No-Go im Selbstverständnis aller Madrid-Fans. Sie konnten das einfach nicht verstehen."

Am Tag vor dem Finale saßen die Spieler in Amsterdam zusammen. Sie wussten, wie groß der Druck war, der auf ihnen lastete. Mijatović gesteht: „Die Statistik war nicht auf unserer Seite und Juventus war klarer Favorit. Das war uns allen bewusst. Juve hatte die italienische Meisterschaft gewonnen und wir hatten eine unfassbar schlechte Saison in Spanien hinter uns. Wir dachten daran, dass wir bei einer Niederlage besser nicht nach Madrid zurückkehren." Gleichzeitig sieht Mijatović aber auch, „dass das eine große Chance für uns sein wird, in die Geschichte von Real Madrid einzugehen".

Ohnehin ist er Optimist. Während die Fans und selbst die Vereinsführung mehr und mehr den Glauben an „La Séptima" verlieren, handelt sich Mijatović sogar keck eine Sonderprämie für die Königsklasse aus. „Als ich kurz vor dem Finale meine Vertragsverlängerung verhandelt habe, habe ich auf einen Extrabonus für den Fall des Champions-League-Siegs bestanden. Sowohl der Präsident Lorenzo Sanz als auch die anderen Verantwortlichen dachten in dem Moment: Wie dumm ist denn dieser Kerl. Wir haben das Ding seit 32 Jahren nicht gewonnen und der will für diesen Fall eine Prämie. Also haben sie ohne zu zögern meinen Wunsch akzeptiert. Sie waren sich sicher, dass sie diese Prämie sowieso nie bezahlen müssen. Sie war ziemlich hoch."

In der 66. Minute passiert es dann. Mijatović trifft. Real ist Champions-League-Sieger. Natürlich sei der Treffer „das wichtigste Tor" seines

Lebens gewesen und der 20. Mai 1998 „der schönste Tag in meiner Fuß-ball-Karriere. Dieses Tor hat ohne Zweifel mein Leben verändert. Ich werde damit bei allen Anhängern von Real Madrid in positiver Erinnerung bleiben. Das ist großartig." Niemand vergesse, so Mijatović, „La Séptima", den siebten Triumph. „Denn es war der am meisten gefeierte Titel in der Geschichte von Real. Spieler wie Fernando Hierro oder Raúl, die anschlie-ßend noch den achten und neunten Titel gewonnen haben, sagen heute noch, dass ‚La Séptima' noch mehr gefeiert wurde."

Den linken Schuh, mit dem Mijatović in Amsterdam das Siegtor er-zielte, steht heute in Madrids Schatzkammer, im Museum. „Sie hatten mich darum gebeten, weil es ja das einzige Tor im Finale war. Ich bin nicht traurig, dass ich ihn nicht mehr habe. Im Gegenteil. Ich bin total stolz darauf. So kann ich wenigstens vor meinen Söhnen damit prahlen, dass Papa vor langer Zeit ein ganz wichtiges Tor für den größten Verein der Welt erzielt hat." Für sich selbst hat er sein zweites Trikot, das er für die Partie bekam, behalten. Und natürlich eine Replik vom Pokal.

Verteidiger Manolo Sanchís bezeichnete den Gewinn von „La Séptima" als „größte Dringlichkeit in der Geschichte des Vereins". Mit dem Cham-pions-League-Sieg habe Trainer Jupp Heynckes für Real Madrid eine „Uhr auf null gestellt, die 32 Jahre lang tickte".

Die Sehnsucht nach dem Titel hatte Real Madrid sogar an den Rand des Ruins geführt. Immer neue Stars mussten her. Je länger „La Séptima" auf sich warten ließ, desto willkürlicher wurde mit Millionen um sich geworfen, die an anderen Stellen eingespart werden mussten – riskante Ausgaben mit beinahe verheerenden Folgen.

Bodo Illgner war von den ersten Eindrücken bei seiner Ankunft sogar schockiert. „Real Madrid war damals schon der große Name wie heute auch. Aber man konnte nicht alles verfolgen, so wie heute. Es gab noch kein Internet, kein Facebook, kein Twitter, keine täglichen News. Es war noch mehr Mythos. Das ist der große, prächtige Klub da in Spanien." Er habe ein Bild von Madrid im Kopf gehabt, das so gar nicht der Wahrheit entsprach. „Ich dachte", sagt Illgner, davor Torwart des 1. FC Köln, „Real sei groß, mächtig, reich, elegant, prunkvoll, beeindruckend, schön, glit-zernd. Aber dann kommt man in dieses Stadion rein und alles ist marode und altmodisch. Es war überhaupt nicht komfortabel. Es war alles aus den 60er-Jahren. Das Bild, das ich hatte, passte so überhaupt nicht zur Wirklichkeit. Ich habe einen kleinen Kulturschock erlebt."

Während seiner Verhandlungen wurden nicht mal Getränke gereicht. „Es war mitten in der Nacht und wir bekamen nicht einmal Wasser zu trinken. Es wurde nichts aufgetischt. Es war nicht beeindruckend. Eigentlich war es ernüchternd. Das war eine große Überraschung. Ich war geschockt von diesem armseligen Bild. Es war einfach nur alt."

Als er später seine neue Kabine betrat, bot sich ihm das gleiche ärmliche Bild. „Holz. Dunkel. Verstaubt. Man dachte, da hätte auch schon Alfredo Di Stéfano gesessen. Da wurde keine Modernisierung vorgenommen. In Köln war es moderner. Real lebte damals nur von seinem alten Glanz."

Umgerechnet 60 Millionen D-Mark hatte Madrid allein im Jahr 1996 für neue Stars ausgegeben, nachdem es in der Vorsaison sogar die Teilnahme am UEFA-Cup verpasst hatte, es hatte in Stars wie eben Predrag Mijatović, Davor Šuker, Clarence Seedorf, Roberto Carlos oder Secretário investiert. „Mittelmaß", so Illgner, „war unvorstellbar. Nicht akzeptabel. Das galt zu meiner Zeit genauso, wie es heute gilt. Real Madrid musste einfach oben sein."

Das Problem war nur, dass der Verein, wie Illgner selbst zu spüren bekam, „total klamm" war. „Die ersten zwei Monate habe ich kein Gehalt bekommen. Null. Die haben nichts überwiesen." Zunächst schluckte Illgner es. „Nach dem ersten Monat wollte ich nichts sagen. Da dachte ich: ‚Du bist neu hier. Das wird schon kommen.'" Illgners Frau Bianca war da weniger entspannt. Als auch nach sechs Wochen kein Geld auf dem Konto war, drängte sie ihren Mann, etwas zu unternehmen. „Meine Frau hat immer gesagt: ‚Bodo, wo ist das Geld? Wir haben in Deutschland alles aufgegeben.' Sie hat die Zukunft der ganzen Familie bedroht gesehen. Aber ich wollte mich erst mal sportlich behaupten, keinen Ärger haben."

Es vergingen weitere Wochen, ohne dass Real Gehalt an Illgner überwies. „Ich hatte zwar ein finanzielles Polster. Trotzdem war es ein ungutes Gefühl." Illgner begann sich Sorgen zu machen. „Ich hatte schon Gedanken, dass ich denen nicht gut genug bin und die mich wieder loswerden wollen."

Illgner beschloss, das Gespräch mit Fabio Capello zu suchen. „Ich bin dann zum Trainer, der ja auch Ausländer war. Der mich unbedingt haben wollte. Wen hätte ich auch sonst ansprechen sollen? Ich hatte keinen anderen Ansprechpartner." Capello verstand Illgners Sorgen und handelte sofort. „Er hat direkt den Präsidenten angerufen. Der kam dann gleich, sagte mir, ich solle mir keine Sorgen machen."

Doch trotz der Zusage passierte weiter nichts. „Meine Frau hat dann beim Klub angerufen. Einmal, zweimal, dreimal. Nichts. Sie wurde jedes Mal vertröstet. Irgendwann haben wir gesagt: ,Wir gehen jetzt zum Klub. Und entweder die bezahlen oder wir sind weg.'"

Die Illgners bekamen einen Termin auf der Geschäftsstelle, verabredeten sich für 17 Uhr. Ihre Ansage an Madrid war deutlich. Entweder es gibt jetzt sofort das ausstehende Gehalt oder sie lassen den Vertrag für ungültig erklären. „Dann haben die das Geld in Plastiktüten aus dem Tresor rausgeholt. In Einwegplastiktüten haben die mir zwei Monatsgehälter in bar in die Hand gedrückt. Im Nachhinein habe ich erfahren, dass ich der erste Spieler war, der bezahlt worden ist. Mijatović, Raúl, Fernando Hierro – die haben teilweise bis zu einem halben Jahr auf ihr Gehalt gewartet. Der Klub war zu der Zeit finanziell fast am Ende. Erst durch den Gewinn der Champions League ging es dann aufwärts. Ohne den Champions-League-Sieg wäre die Sache, glaube ich, ganz böse ausgegangen."

180 Millionen Euro Schulden soll Real Madrid zu der Zeit gehabt haben. Am Ende seiner Amtszeit soll Präsident Sanz sogar 278 Millionen Euro Schulden angehäuft haben. Dazu aber später mehr.

Der achte Titel ließ nicht so lange auf sich warten, er wurde bereits in der Saison 1999/2000 gewonnen. Der neunte Erfolg wurde 2002 eingefahren. Doch dann kam wieder eine inakzeptable Durststrecke. „La Décima", die Sehnsucht nach dem zehnten Titel, führte die Königlichen an den Rand der Verzweiflung. Dieses Mal dauerte es zwölf quälend lange Jahre bis zur Vollendung. Elf Trainer versuchten es erfolglos. Trainergrößen aus aller Welt, Vicente del Bosque, Carlos Queiroz, José Antonio Camacho, Mariano García Remón, Vanderlei Luxemburgo, Juan Ramón López Caro, Fabio Capello, Bernd Schuster, Juande Ramos, Manuel Pellegrini und José Mourinho, wurden zwischen dem 15. Mai 2002 und dem 24. Mai 2014 verschlissen, bis Carlo Ancelotti den Traum von „La Décima" wahr werden ließ.

Kein Verein hat häufiger als Real Madrid die wichtigste Trophäe Europas gewonnen. Dem AC Mailand als zweiterfolgreichstem Verein ist es bisher sieben Mal gelungen. Doch so groß der Stolz der Spanier auf diese Tatsache ist, so sehr setzt er sie auch unter Druck. Dem zehnten Titel musste rasch der elfte folgen, was 2016 gelang (als dieses Buch in Druck ging, stand Real Madrid gerade im Halbfinale der Champions League, Gegner: Atlético Madrid). Nun wird der zwölfte mit Dringlichkeit gejagt – und so weiter und so weiter und so weiter. Die Befriedigung über das Erreichte hält bei Real Madrid immer nur für kürzeste Zeit an. Glücksgefühle haben bei Real Madrid eine kürzere Halbwertszeit als bei jedem anderen Fußballverein auf der Welt. Der Zwang, immer mehr erreichen zu müssen, erdrückt alles.

Wenn man verstehen will, warum das so ist, woher diese – und ich nenne es ganz bewusst so – Neurose kommt, muss man in die Geschichte der Königlichen eintauchen, verstehen, woher sie kommen und wie sie zu dem geworden sind, was sie heute darstellen. Man muss verstehen, wie Visionär Santiago Bernabéu gewirkt und welches Selbstverständnis er dem Verein eingeimpft hat. Ohne Bernabéu wäre nichts, wie es heute ist. Und Bernabéu wirkt – selbst Jahrzehnte nach seinem Tod – noch im Verein. Er ist der Königsmacher, den Florentino Pérez, der heutige Präsident, zu kopieren versucht.

# KAPITEL 5

# DIE
# GALAKTISCHEN 1.0

Seit 1904, dem Gründungsjahr der Fédération Internationale de Football Association, kurz FIFA, war der Verein, selbst erst 1902 gegründet, die offizielle Vertretung Spaniens. Von 1905 bis 1909 gewann Madrid viermal in Folge den spanischen Pokal, anfangs der einzige gesamtspanische Wettbewerb.

1909 trat Santiago Bernabéu als 14-Jähriger bei Madrid ein. Ab 1912 spielte er selbst für den Klub. Als 17-Jähriger gab er im O'Donnell-Stadion, auf einem Sandplatz, wie es damals üblich war, sein Debüt.

Bernabéu spielte zu einer Zeit der ständigen Veränderungen. Am 29. Juni 1920 erhielt Madrid vom damaligen König Alfonso XIII. die Genehmigung, den Zusatz Real zu tragen – lediglich von 1931 bis 1941, in der Zeit der Zweiten Spanischen Republik, musste der Zusatz wegen eines Verbots monarchischer Symbole wieder entfallen. König Alfonso XIII. wurde nach dem Erlass zum Dank zum Ehrenpräsidenten ernannt. Trotzdem sagt in Spanien kaum jemand nur „Real", wenn er von Madrid spricht. Vielmehr wird lediglich von „El Madrid" oder nur „Madrid" gesprochen, wenn es um den Hauptstadtklub geht, vor allem weil nicht nur Madrid königlich angehaucht ist. Auch viele andere Vereine haben vom fußballverrückten König den Zusatz erhalten: Real Sociedad etwa oder Real Valladolid. Es gibt Real Mallorca, Real Zaragoza und Real

Betis, alle königlich, wenn auch natürlich nicht mit dem Glanz von Real Madrid.

1923 musste Real mit Bernabéu umziehen. Der Besitzer des Grundstücks, auf dem das O'Donnell-Stadion stand, wollte lieber Wohnimmobilien errichten lassen. Madrid brauchte ein neues Zuhause.

1923 kaufte der Verein ein Grundstück in Chamartín und errichtete dort ein Stadion für anfangs 15.000 Zuschauer. Im Campo del Real Madrid Fútbol Club, wie es offiziell hieß, gewann Madrid 1931/32 und 1932/33 den Titel in der 1929 gegründeten Primera División.

Da war die Karriere von Bernabéu bereits beendet. Er hatte seine Fußballschuhe 1927 nach 79 Spielen, in denen er 69 Tore erzielt hatte, an den Nagel gehängt. Sein einziger Titel war der Gewinn der Copa del Rey 1917.

Dann brach 1936 der Spanische Bürgerkrieg aus. Drei Jahre dauerten die Gefechte, die dazu führten, dass nahezu die gesamte Infrastruktur des Vereins zerstört wurde. Weil Feuerholz dringend benötigt wurde, wurden die Tribünen des Campo del Real Madrid Fútbol Club abgebaut. Bei einem Bombenangriff wurden die Büroräume zerstört. Eine Zeit lang wurde das Stadion, beziehungsweise was davon noch übrig war, als Gefangenenlager genutzt. Spieler fielen im Krieg, andere flüchteten ins Exil. Nach Kriegsende dauerte es sieben Monate, bis Madrid überhaupt wieder an Fußballspielen teilnehmen konnte. Bernabéu selbst fand während des Bürgerkriegs zunächst Schutz in der französischen Botschaft. Später flüchtete er nach Frankreich. Im Oktober 1939 wurde das Estadio de Chamartín, wie es wegen seiner Lage von den Fans genannt wurde, wiedereröffnet und auf 22.500 Plätze aufgestockt. Mittlerweile hatte Bernabéu, der bereits während seiner Karriere parallel Jura studiert hatte, längst seine Zulassung als Rechtsanwalt.

Der 15. September 1943 wurde dann der richtungsweisende Tag in der Geschichte des Vereins, der Tag, ab dem sich alles ändern sollte: Bernabéu wurde, 34 Jahre nach seinem Eintritt bei Madrid, Präsident von Real.

Sogleich begann er mit der Planung eines großen, modernen Stadions. Als Pionier des Kommerzes stellte er in einer Zeit, in der Ticketverkäufe die einzige Einnahmequelle waren, eine an sich einfache, wenn auch anmaßende Milchmädchenrechnung auf: Je mehr Plätze ein Stadion bietet, desto mehr Anhänger können kommen und desto mehr Geld lassen sie da.

Verrückt sei er, hieß es zunächst in der spanischen Presse. Doch unbeirrt sammelte Bernabéu von den Vereinsmitgliedern weiter Spendengelder ein, um seine Idee vom Stadion-Monstrum zu realisieren. Wie es ihm gelang, in der Nachkriegszeit Zement zu besorgen, wo Baumaterial im Allgemeinen und Zement im Besonderen knapp war, ist bis heute unklar. Aber er schaffte es.

Bernabéu fasste beim Bau des Stadions selber mit an. Es gibt Bilder von ihm, die ihn beim Malochen zeigen, rechts den Spaten in der Hand, links eine Zigarre. 1947 war das Stadion fertig. 75.000 Menschen kamen zum Eröffnungsspiel am 14. Dezember ins Nuevo Estadio Chamartín, wie das Stadion bis 1955 zunächst hieß.

„Alles, was Real Madrid heute ist, wäre ohne dieses Stadion nicht verständlich. Der Bau des Stadions war ein strategischer Impuls der Moderne", sagte Bernabéus Präsidenten-Nach-Nach-Nachfolger Florentino Pérez Jahrzehnte später einmal. „Dieses Stadion und die Verpflichtung von Alfredo Di Stéfano haben die Legende Real Madrid verändert."

Bernabéu kannte in seinen Visionen keine Grenzen, genauso wenig wie er das Wort „nein" kannte und akzeptierte. Wenn er etwas wollte, setzte er es durch – wie er bei der Verpflichtung von Alfredo Di Stéfano eindrucksvoll bewies.

Zum 50. Geburtstag von Real Madrid im Jahr 1952 lud der Präsident die kolumbianische Mannschaft „Los Millonarios" ein, die sich auf Europatournee befand. 4:2 siegten die Kolumbianer gegen die Spanier, vor allem dank Di Stéfano. Von nun an war Bernabéu verzückt und entschlossen, ihn zu verpflichten. „Egal wie viel er kostet, ich will diesen blonden Argentinier", verkündete er. Doch auch Erzrivale Barcelona war hinter dem Argentinier her, sodass es zum heftigsten Transferkampf aller Zeiten zwischen beiden Vereinen um „la Saeta Rubia", den blonden Pfeil, wie Di Stéfano genannt wurde, kam.

Ursprünglich hatte Di Stéfano bei River Plate gespielt, wurde dort Torschützenkönig und argentinischer Meister. Da in den folgenden Jahren allerdings ein Spielerstreik, mit dem ein Mindestgehalt für Profis durchgesetzt werden sollte, die argentinische Primera División lahmlegte, flüchtete er wie viele andere nach Kolumbien, wo er beim Hauptstadtklub CD Los Millonarios einen Vertrag unterschrieb – allerdings ohne Wissen und Zustimmung von River Plate, die dementsprechend auch keine Transferentschädigung bekamen. In Kolumbien war gerade erst die Profiliga Dimayor gegründet worden, eine wilde Liga, die noch nicht vom Weltverband FIFA akzeptiert worden war.

Di Stéfano führte die Mannschaft des Multimillionärs Alfonso Senior Quevedo, die bald den Spitznamen „Ballet Azul", blaues Ballett, erhielt, zu drei Meisterschaften und einer Vizemeisterschaft. Di Stéfano selbst stach zweimal als Torschützenkönig heraus.

Weil die Millonarios im Sommer 1953 mit finanziellen Problemen zu kämpfen hatten, akzeptierten sie ein Angebot von umgerechnet 217.000 Euro von Barcelona. Es schien alles auf einen Wechsel zu den Katalanen hinauszulaufen, für die Di Stéfano sogar in mehreren Freundschaftsspielen auflief. Doch dann schaltete sich Bernabéu ein, verhandelte mit River Plate, bei denen wegen des illegalen Wechsels zu den Millonarios die Transferrechte lagen, und bot ihnen eine Ablöse von umgerechnet 81.000 Euro – gleichzeitig versprach er, auch die Millonarios zu entschädigen.

Zwei Bieter, zwei Ablösen, ein Streitobjekt – Di Stéfano zwischen Madrid und Barcelona. Am Ende mussten die FIFA und der spanische Fußballverband entscheiden, für wen er künftig spielen dürfe. Der Vorschlag lautete: Der Argentinier solle für beide Vereine spielen, mal eine Saison für Barcelona, mal eine für Madrid. Erzürnt lehne Barça ab, vor allem, weil der „blonde Pfeil" bis dato in den Trainingseinheiten und auch in den Testspielen keinen besonders motivierten Eindruck hinterlassen hatte. Er wirkte lustlos und träge, sodass Barcelonas Vereinsführung Di Stéfano nach Madrid ziehen ließ, was der Feindschaft zwischen den beiden rivalisierenden Klubs natürlich neuen Zündstoff verlieht. Bernabéu hatte sich wieder einmal durchgesetzt: erst das Stadion, dann Di Stéfano.

Der zerlegte, gleich am ersten Spieltag der Saison 1953/54, als die Rivalen Barcelona und Real Madrid aufeinandertrafen, die Katalanen mit vier Toren beim 5:0-Sieg. „Tore schießen ist das Gleiche wie Liebe machen. Jeder weiß, wie es funktioniert, aber keiner macht es so wie ich", sagte Di Stéfano, der in 624 Spielen für Real Madrid 405 Treffer erzielte.

Er betrieb ein kräfteraubendes Spiel, wartete nicht nur auf Bälle, sondern holte sie sich, wenn es sein musste, am eigenen Strafraum. „Es waren nicht seine Tore, nicht seine verblüffende Ballfertigkeit oder die plötzlich die Gasse öffnenden Zuspiele. Das alles gehörte dazu. Aber sein Haupttrumpf war seine Allgegenwärtigkeit auf dem Spielfeld. Mit ihm im Team hatte man auf jeder Position zwei Spieler. An einem guten Tag von Alfredo spielten wir bei Real praktisch mit zwölf Mann", erklärte Miguel Muñoz, sein langjähriger Mitspieler.

Manuel Fleitas Solich, 1959 und 1960 Trainer von Di Stéfano, verglich ihn sogar mit dem 10.000-Meter-Olympiasieger Emil Zátopek. „Er hilft in der eigenen Abwehr aus, um schon im nächsten Augenblick die Abwehr des Gegners zu narren. So etwas gibt es auf der ganzen Welt nicht mehr. Er erledigt ein Laufpensum, mit dem er mit Emil Zátopek konkurrieren könnte."

Di Stéfano war Techniker, Stratege und Arbeiter in einem. Er beherrschte gleichermaßen das Spiel in der Verteidigung wie auch im Angriff, was zu Lobeshymnen von Experten aus aller Welt führte.

Bobby Charlton, selbst Weltmeister und Legende von Manchester United, schwärmte: „Der Argentinier war der intelligenteste Spieler, den ich je sah. Pelé war vielleicht der bessere instinktive Spieler, aber Di Stéfano kam auf den Platz und hatte das Spiel schon weitestgehend in seinem Kopf durchgespielt. Er nimmt den Ball vom Torwart. Er sagt den Verteidigern, was sie zu tun haben. Wo auch immer er auf dem Feld steht, er ist in einer Position, den Ball zu bekommen. Man kann seinen Einfluss auf alles, was geschieht, sehen. Ich habe noch nie einen solch kompletten Fußballer gesehen. Es war, als hätte er seine eigene Kommandozentrale mitten im Herzen des Fußballspiels aufgebaut. Er war so stark wie subtil. Die Kombination seiner Qualitäten war faszinierend. Er war unglaublich stark und gleichzeitig so raffiniert. Man konnte seine Augen einfach nicht von ihm lassen."

Selbst ein Helenio Herrera, der bei den ärgsten Rivalen Atlético Madrid und Barcelona spielte, musste zugeben: „Er war gleichzeitig der Anker in der Defensive, der Spielmacher im Mittelfeld und der gefährlichste Scharfschütze im Angriff."

Für den deutschen Bundestrainer Sepp Herberger, den Weltmeister-Macher beim Wunder von Bern, galt: „Pelé konnte ein Spiel allein machen, aber Di Stéfano war ein kompletter Mannschaftsmacher. Nur durch ihn erklären sich die Europapokal-Erfolge von Real Madrid. Er war einer der Allerbesten, die je den Fußball getreten haben, und er war einer der komplettesten Fußballer, die ich je spielen sah."

Di Stéfano selbst erklärte seinen Stil, Fußball zu spielen, in einem Interview mit der *Süddeutschen Zeitung* einmal so: „Statt als Mittelstürmer in der Spitze zu spielen, ließ ich mich fallen. Mir standen zwei Verteidiger gegenüber, ich ging nach hinten, einer zog hinter mir her, der andere blieb allein in der Luft hängen. Als die anderen merkten, was wir anstellten, war es zu spät. Als den anderen Mannschaften in Europa bewusst wurde, was wir spielten, hatten wir ihnen schon seit sieben, acht Jahren was auf die Mütze gegeben." Seine Mannschaft sei „irrsinnig torgefährlich gewesen", er und seine Kollegen „Leute mit barbarischer Geschwindigkeit".

Um Di Stéfano herum baute Bernabéu in den folgenden Jahren nach und nach die erste Version der Galaktischen, eine multikulturell geprägte Ansammlung internationaler Stars. Erst holte er einen Argentinier, später einen Franzosen und dann noch einen Ungarn. Noch später kaufte er die besten Deutschen. Allerdings kaufte Bernabéu nicht wild drauflos, wie es später bei Madrid häufiger der Fall war und noch heute ist, sondern gezielt die Besten der Besten!

So sicherte er sich noch vor dem ersten Finale des neu geschaffenen Europapokals der Landesmeister, das Madrid gegen Stade Reims spielen sollte, die Dienste von Raymond Kopaszewski (später offiziell verkürzt zu Kopa). Der Sohn eines polnischen Bergmanns war der Superstar der Franzosen. Seine Eltern waren in Wanne-Eickel, mitten im Kohlenpott, geboren. Als die Inflationsjahre über Deutschland hereinbrachen, zog die Familie nach Nordfrankreich weiter. In Nœux-les-Mines gingen sowohl der Vater als auch der Sohn, der mit 14 Jahren die Schule beendet hatte, in die Mine. Im Herbst 1947 stürzten Gesteinsbrocken auf die linke Hand von Raymond. Der Zeigefinger wurde irreparabel zerquetscht und musste amputiert werden.

Seinen Fähigkeiten am Ball tat das keinen Abbruch. Nur zwei Jahre nach dem Unfall nahm Kopa an einem alljährlich stattfindenden Talentwettbewerb junger Fußballer in Paris teil und wurde Zweiter. Kurze Zeit später landete er bei Stade Reims, wurde zweimal französischer Meister und erreichte das bereits erwähnte Finale.

Auch der AC Mailand hatte damals um ihn gebuhlt. Die Italiener kontaktierten Kopas Frau Christiane und versuchten ihr Mailand als Modehauptstadt schmackhaft zu machen. Bernabéu verhandelte direkt mit Raymond Kopa und überzeugte ihn davon, nach Madrid zu wechseln – die bessere Taktik. „Eine unwiderstehliche Kraft zog mich dorthin. Ich wollte an der Spitze stehen und Real Madrid gehörte die Zukunft", gab Kopa einmal gegenüber dem Magazin *11 Freunde* zu Protokoll.

Nur drei Ausländer durften spanische Klubs damals im Kader haben. Bei Real waren diese Plätze eigentlich durch Roque Olsen, Héctor Rial und Di Stéfano bereits belegt. Doch der Argentinier ließ sich einbürgern, um Kopa so Platz zu machen – ein deutliches Signal, um sich schließlich für Madrid zu entscheiden. 52 Millionen Franc, rund 600.000 D-Mark, ließen sich die Spanier Kopa damals kosten, ein Weltrekord-Transfer.

Am 13. Juni 1956 dann, ein Datum, das man sich merken sollte, lief es im Finale zwischen Stade Reims und Real Madrid zunächst besser für die Franzosen mit ihrem Noch-Mannschaftskollegen Kopa. 16 Klubmannschaften hatten ursprünglich am Wettbewerb teilgenommen, in der Regel die Landesmeister. Es gab noch keine Gruppenspiele, sondern lediglich K.-o.-Runden.

Im Pariser Prinzenpark führten die Franzosen nach zehn Minuten bereits mit 2:0. Doch dann drehte Di Stéfano als Antreiber und Spielgestalter auf, den Anschlusstreffer erzielte er sogar selber. „So gut wie er zu spielen", urteilte das *Sport Magazin* nach dem Finale, „ist schwer vorstellbar. Dass ihn jemand irgendwann einmal in seiner Fußballkunst übertreffen sollte, ist unmöglich." Am Ende gewann Real Madrid mit 4:3 – die Geburtsstunde der größten Mannschaft in der Geschichte des Fußballs.

Als Kopa wenig später in Madrid ankam, erhielt er und nicht etwa die ebenfalls in der Stadt weilende Schauspielschönheit Sophia Loren die Fürstensuite im Hotel.

Auf dem Spielfeld musste Kopa eine neue Position lernen. Statt als Innenstürmer aufzulaufen, musste der nur 1,69 Meter große Kopa, der den Spitznamen „Le Petit Napoléon" hatte, wegen Di Stéfano auf die rechte Außenbahn – eine Entscheidung, die nicht unbedingt große Begeisterung bei ihm auslöste.

Dafür spielte er nun statt vor 10.000 Zuschauern, wie es nicht nur in Frankreich, sondern in den meisten anderen Stadien Europas der Fall war, vor 120.000. „Ich habe es über alles geliebt", sagte Kopa einmal. „Absolut überwältigend. Und es war bei jedem Spiel ausverkauft. Es war eine unvergleichliche Atmosphäre dort. Die frenetischen Fans konnten dich mit Ovationen feiern und bejubeln oder aber dich gnadenlos auspfeifen. Das Publikum dort war sehr anspruchsvoll und kompromisslos."

Ein ganz besonderes Zeichen der Bewunderung war es, wenn die Zuschauer im Estadio Bernabéu mit weißen Taschentüchern wedelten, so wie am 30. Mai 1957. Wieder hatte Real Madrid das Finale des Europapokals der Landesmeister, der nun bereits mit 22 Mannschaften ausgetragen wurde, erreicht, das in seinem zweiten Jahr in der spanischen Hauptstadt ausgetragen wurde. Bis zur 70. Minute taten sich die Blancos gegen den tief verteidigenden AC Florenz schwer. Erst ein von Di Stéfano verwandelter Strafstoß ebnete den Weg zum zweiten Titel. Francisco Gento erzielte mit einem traumhaften Lupfer das 2:0. Gento war der Nächste im Bunde der unglaublichsten Mannschaft aller Zeiten, einer der besten Linksaußen überhaupt. „Ich habe keinen Spieler gesehen, der mit dem Ball am Fuß schneller war als er. Ich konnte dribbeln, er konnte rennen", so Kopa über den Mann auf der anderen Außenbahn.

Gento lief schon damals, als das Spiel noch nicht so perfektioniert war wie heute, trotz seiner unglaublich krummen Beine die 100 Meter unter elf Sekunden. Dabei trank er gerne, rauchte gerne starke, dunkle Zigaretten. Sein Vater war Kraftfahrer, besaß später einen Bauernhof. Auf dem musste Gento, der gebürtige Spanier, Kühe hüten. Santiago Bernabéu holte ihn mit 18 Jahren von Racing Santander nach Madrid. Fortan war Gento für den Präsidenten wie ein Sohn.

Und dann war da noch Ferenc Puskás, der im berühmten WM-Finale von 1954, als Ungarn gegen Deutschland 2:3 verlor, einen Treffer erzielte. 31 Jahre war er schon alt, dazu übergewichtig, und zwar nicht nur ein bisschen, als Santiago Bernabéu auf die verrückte Idee kam, ihn zu verpflichten, obwohl Puskás 18 Monate lang nicht mehr unter Wettbewerbsbedingungen gespielt hatte.

Der ungarische Verband hatte Puskás, den Kapitän, mit einer Sperre belegt, nachdem er und seine Kollegen vom Budapest Honvéd FC sich während der Oktoberrevolution 1956 aus Angst weigerten, nach einem Europapokalspiel nach Ungarn zurückzukehren.

Es gebe „keinen Grund", so erklärte Puskás, „nach Hause zu reisen, um sich mit Schießereien auf der Straße auseinanderzusetzen". Stattdessen trug die Mannschaft Freundschaftsspiele aus und absolvierte sogar eine Tour nach Südamerika, woraufhin sie sich endgültig den Zorn des Verbands zuzog. Es folgte die 18-monatige Sperre. Puskás reiste nach Italien, hoffte, dort bei einem Verein unter Vertrag zu kommen. Tatsächlich hatte Inter Mailand Interesse, aber die Sperre verhinderte den Deal.

Doch dann kam Bernabéu mit seinem unglaublichen Willen und seiner einzigartigen Überzeugungskraft. „Ich saß da in Madrid, mit dem Körperumfang eines Ballons, und hatte eine sehr bizarre Unterredung mit ihm", berichtete Puskás. „Am Ende warf ich meine Arme in die Luft und gestikulierte: ‚Hör zu, das ist alles sehr schön, aber hast du mich angesehen? Ich habe mindestens 18 Kilo Übergewicht.'" Doch Bernabéu war das egal, er glaubte an die fußballerischen Fähigkeiten des Bombers aus Budapest, der zwischen 1942 und 1956 unglaubliche 358 Tore in 349 Spielen für den Honvéd FC erzielt hatte. Er hatte wieder eine Vision, war überzeugt, dass Puskás noch dazu fähig sein würde, Wunder zu vollbringen. Daher entgegnete er ihm nur: „Das ist nicht mein Problem, sondern deines." Puskás: „Und das war es dann. Ich war ein Spieler von Real, wenn auch ein sehr schwergewichtiger."

Sein Mitspieler Kopa konnte es nicht fassen, als er Puskás das erste Mal in Madrid gegenüberstand. „Er war dick! Und wie dick er war! Alle wussten natürlich, wer er war und was er geleistet hatte. Aber als er vor uns stand, sah er aus wie der Platzwart."

Doch der vermeintliche Platzwart konnte, so schwärmte Di Stéfano, „den Ball mit seinem linken Fuß besser kontrollieren als ich mit meinen Händen".

Zusammen mit Gento, Di Stéfano, Rial und Ramón Marsal erzielte die Offensive mit Kopa auf dem Weg ins dritte Finale des Europapokals der Landesmeister in Folge 27 Tore in sieben Spielen. Das Endspiel von 1958 gewann Real Madrid in Brüssel gegen den AC Mailand mit 3:2.

1959 hieß der Finalgegner in Stuttgart wieder Stade Reims. Dieses Mal hatten die Franzosen sogar den Wunderstürmer Just Fontaine in ihren

Reihen. Zehn Tore hatte der in sieben Spielen bis zum Finale erzielt. Nur gegen Real Madrid traf er nicht. 2:0 gewannen die Madrilenen. „Wir hatten das Pech, in derselben Zeit wie diese unglaubliche Mannschaft von Real Madrid zu spielen", sagte einmal Dominique Colonna, Torhüter von Stade Reims im Finale von Stuttgart. „Wenn es sie nicht gegeben hätte, hätte vielleicht Reims Europa jahrelang dominiert."

Den fünften Triumph im Europapokal der Landesmeister in Folge holte Real Madrid dann am 18. Mai 1960 in Glasgow. Im schottischen Nationalstadion Hampden Park nahmen die Spanier Eintracht Frankfurt im sogenannten Jahrhundertspiel auseinander, ein Spiel, wie es die Welt zuvor noch nicht gesehen hatte.

Eintracht Frankfurt hatte als erste deutsche Mannschaft das Finale des Europapokals erreicht. Auf dem Weg dahin hatte sie den schottischen Fußballmeister Glasgow Rangers so dominant geschlagen, dass dessen Vereinsdirektor Wilson seinen Hut, einen schwarzen Bowler, wenige Tage vor dem Endspiel hochachtungsvoll auf einem Silbertablett an Frankfurts Spielmacher Alfred Pfaff überreichte.

In Deutschland keimte, wenige Jahre nach dem Wunder von Bern, die Hoffnung auf ein „Mirakel von Glasgow" auf. „Wir haben uns seit Wochen, seit Monaten, seit Jahren vorbereitet auf diesen Tag", erklärte Frankfurts Vereinsmanager Rudolf Gramlich vor dem Endspiel. Trainer Paul Oßwald gab sich weit weniger euphorisch vor dem Duell mit Real Madrid: „Wir haben alles erreicht, was wir erreichen konnten. Wir werden hoffentlich nicht ausgespielt und blamiert. Eine Niederlage gegen diese weltbeste Mannschaft kann uns niemand vorhalten."

20 Minuten hielt die Eintracht gut mit, ließ Optimisten daran glauben, Frankfurt könne Real gefährden. Nach 90 Sekunden musste Madrids Schlussmann Rogelio Domínguez eingreifen, konnte einen Ball gerade noch an die Latte lenken. Nach 18 Minuten führte Frankfurt durch einen Treffer von Richard Kress. Was dann vor 127.621 Zuschauern geschah, beschrieb das *Hamburger Abendblatt* so: „Das kann man nur die Vollendung des Fußballs nennen, die auf der Welt allein Real zu bieten hat. Mit Bewegungen, die einem Tänzer glichen, mit einer Geschmeidigkeit, die an Artistik grenzt, mit einer Perfektion, die die Schotten zu Jubelstürmen hinriss, gestaltete Real fortan das Spiel." Das Spiel habe „alle Schönheit

des Fußballs offenbart, das eine Demonstration war, ein regelrechter Zauber".

Der *Stern* schrieb selbst mehr als 40 Jahre später, trotz mittlerweile Tausender wundervoller gespielter Partien auf der ganzen Welt, voller Bewunderung über die vollführten Künste jener Nacht: „Die Madrilenen führten die großartigsten 90 Minuten Fußball vor, die je gespielt wurden. Nie wieder wird es einen solchen Sturm geben. Zehn begnadete Füße, 100 magische Zehen. Man muss sich das einmal so vorstellen: Bach, Mozart, Beethoven, Haydn und Händel hätten zusammen für den Fürstbischof von Salzburg komponiert. Zur selben Zeit, dasselbe Concerto, am selben Klavier. Und mit Brahms auf der Reservebank."

Drei Tore erzielte Di Stéfano, sogar vier Puskás, der damit seine Rechnung, die seit dem WM-Debakel 1954 mit seinen Ungarn gegen Deutschland offen war, beglich.

In einem Interview mit der *Frankfurter Rundschau* erzählte der damalige Eintracht-Spieler Dieter Lindner: „Real, das war eine halbe Weltauswahl. Wir waren doch Hobbykicker. Wir haben zweimal die Woche trainiert, von 16:30 bis 19 Uhr. Die waren Profis. Für das Endspiel habe ich mir Urlaub genommen." Lindner, der auf Halbrechts gespielt hat, war bei der Stadt Frankfurt angestellt. „Di Stéfano war wie ein Feldherr. Wenn da einer einen Fehlpass gespielt hat, hat er den zusammengestaucht, aber fragen Sie nicht, wie. Und Puskás, ich habe selten einen Spieler gesehen, der so präzise schießen konnte."

Nach dem Spiel bildeten die Frankfurter Spieler sogar ein Spalier, um der Leistung Madrids Respekt zu zollen. „Mein erster Gedanke war, dass dieses Spiel ein Schwindel ist", sagte Manchester Uniteds Legende Sir Bobby Charlton über die Begegnung. „Ein Film, weil diese Spieler Dinge taten, die nicht möglich, nicht real, nicht menschlich sind." Nach dem Abpfiff baten die Spieler von Eintracht Frankfurt ihre Gegenspieler um Autogramme. Erwin Stein, der zwei Treffer für Frankfurt machte, sagte: „Für mich waren das die Götter in Weiß und hätte einer von ihnen zu mir gesagt, dass ich ihm die Tasche aus dem Bus holen soll – ich hätte es ohne zu zögern gemacht." Die britische Rundfunkanstalt *BBC* wiederholte die Partie mehr als 30 Jahre lang jedes Jahr zur Weihnachtszeit. Abwehrspieler José Santamaría: „Vor dem Spiel zweifelten einige an uns. Sie meinten, wir seien zu alt, weil die meisten von uns über 30 waren und die Frankfurter dagegen eine sehr junge, frische Truppe. Als sie in Führung gingen, sagten wir uns auf dem Platz, dass wir sie nicht einfach gewinnen lassen können. Wir wollten diesen fünften Titel unbedingt."

60.000 Peseten gab es für die Helden von Real Madrid damals für den Sieg in Glasgow, umgerechnet knapp über 4.000 D-Mark, zudem noch einmal 25.000 Peseten für jeden Sieg bis zum Finale für jeden eingesetzten Spieler.

„Wir hatten so viele großartige Spieler in der Mannschaft, dass es keine Überraschung war, dass wir so viele Pokale gewonnen haben", sagt Gento.

Zwölfmal wurde er Spanischer Meister mit Real Madrid. Er war sogar noch beim sechsten Titelgewinn im Europapokal der Landesmeister im Jahr 1966 dabei, weshalb er den Spitznamen „Mister Europacup" erhielt. In den Finals erzielte Gento insgesamt zwei Tore. Mit 94 Einsätzen in europäischen Cup-Wettbewerben war Gento lange Zeit sogar Rekordspieler von Real Madrid.

Di Stéfano gewann neben den fünf Europapokal-Titeln acht Meisterschaften in elf Spielzeiten für die Blancos, für die er 405 Tore erzielte. Er wurde fünfmal spanischer Torschützenkönig. 1998 wurde er zum spanischen Fußballer des Jahrhunderts ernannt und 2008 von Real Madrid zum besten Spieler der Vereinsgeschichte erklärt. „Ein Spiel ohne Tor ist wie ein Tag ohne Sonne", sagte er immer und erklärte seine Spielweise auf folgende lapidare Art: „Dem Toreschießen ordneten wir alles unter. Es gab kein taktisches Geplänkel. Es wurde einfach der freie Mann angespielt." Und: „Meine Aktionen waren bis zum gegnerischen Strafraum sehr kontrolliert, erst danach fing ich an zu improvisieren. Falls möglich machte ich es allein, zumeist nach dem gleichen Muster: Ich lief zur Grundlinie und zog dann nach innen oder spielte die gegnerische Abwehr an der Strafraumgrenze mittels eines Doppelpasses aus."

Dem Fußballer Di Stéfano gelang quasi alles – nur eine Sache hat er nie erreicht, das einzige Manko einer ansonsten perfekten Karriere: Er hat nie an einer Weltmeisterschaft teilgenommen. Eigentlich hätte er 1962 in Chile für Spanien spielen sollen, das FIFA-Reglement ermöglichte es damals noch, für mehrere Nationalmannschaften zu spielen, doch er verletzte sich am Rücken, von wo aus der Schmerz in die Beine ausstrahlte. „Ich hatte meine Eltern eingeladen, sie wohnten im selben Hotel wie wir. Doch die Freude, mich spielen zu sehen, konnte ich ihnen nicht bereiten. Sie haben mich bloß im Training gesehen." Doch Di Stéfano war bei Real Madrid so groß geworden, dass er keine WM-Teilnahme brauchte.

Als er am 7. Juli 2014 im Alter von 88 Jahren starb, sagte Präsident Florentino Pérez, der sich gerne im Glanz von Di Stéfano sonnte, ihn 2001 zum Ehrenpräsidenten ernannt hatte und ihn fortan bei den Präsentationen seiner neuen Helden hinzuzog: „Heute ist ein Tag, von dem wir dachten, es würde ihn nie geben. Ein Tag der Trauer für Real Madrid und, so würde ich behaupten, sogar für den Fußball auf der ganzen Welt. Alfredo Di Stéfano hat die Geschichte von Real Madrid und die Geschichte des Fußballs verändert. Er hat uns geholfen, Real Madrid zur weltweit größten Institution im Fußball zu erheben. Seine Treue zum Klub hat uns geholfen, legendär zu werden. In schwierigen Zeiten für unser Land haben Alfredo Di Stéfano und seine Mitspieler es geschafft, die wichtigsten Schöpfer von Träumen zu werden. Er war der Vorbote unserer weltweiten Botschaft. Mit seinem Talent und seinem unübertroffenen Einsatz war es ihm möglich, die Leidenschaft für Real Madrid über die ganze Welt zu verbreiten. Ohne Alfredo Di Stéfano und seine Teamkollegen wäre nichts, wie es ist. Alfredo Di Stéfano ist Real Madrid."

Di Stéfanos Sarg wurde in der „Royal Box" im Estadio Santiago Bernabéu aufgestellt. „Dieses Stadion war seine Fabrik, sein geheiligtes Territorium, sein Zuhause und sein Leben", sagte König Felipe VI. auf seiner Beerdigung: „Er ist unersetzbar. Er war ein Mann, der Fußball in Kunst verwandelt hat."

Real Madrid ist das, was es heute ist, wegen dieser Männer. Wegen der wahren Galaktischen. Vor allem wegen Alfredo Di Stéfano. Wegen Francisco Gento. Wegen Ferenc Puskás. Wegen Raymond Kopa. Auch wegen eines Héctor Rial, eines Meisters des Kurzpassspiels, der traumhafte 40-Meter-Pässe schlagen konnte und die Wunderoffensive komplettierte. Und allen voran wegen Santiago Bernabéu mit seinen verrückten, teils größenwahnsinnig wirkenden, aber genialen Einfällen.

Bereits 1960 schickte er seine Super-Champions für eineinhalb Monate in amerikanische Länder. Damit die Stars die Freundschaftsspiele nicht mit angezogener Handbremse bestritten und nicht lustlos kickten, bezahlte Bernabéu ihnen für jedes erzielte Tor eine satte Prämie. So gaben sie Vollgas, begeisterten weltweit und konnten die Grundlage für das legen, was heute ein weltumspannendes Phänomen ist.

# KAPITEL 6

# EINE ÜBER-ÜBER-
# ÜBERDURCHSCHNITTLICHE
# PERSON

P aul Breitner, der Bernabéu persönlich erlebte, zollt diesem Mann bis heute, über den Tod hinaus, den größten Respekt. Dabei hatte er vor seiner ersten persönlichen Begegnung mit Bernabéu fast nur Schlechtes über ihn gehört. „Ich hätte zuvor ja nie gedacht, dass ich irgendwann mal unter ihm spielen würde. Daher habe ich alles über ihn gelesen, was ich finden konnte. In der Darstellung der deutschen Medien kam Bernabéu überhaupt nicht gut weg. Er war als Tyrann und Diktator bezeichnet worden. Als Alleinherrscher. Die Berichte über ihn waren ausschließlich beleidigend, hochgradig diffamierend. Warum, das kann ich mir nicht erklären. Vielleicht aus Neid? Gleich nachdem ich mit Santiago Bernabéu jedenfalls erstmals zu tun hatte, ist mein Hals um mehrere Zentimeter angeschwollen. Ich hätte vor Wut und Enttäuschung platzen können wegen der völlig falschen Darstellung der Medien in Deutschland. Mit dem ersten Gespräch, mit dem ersten Augenkontakt war mir klar, dass nichts von dem passte, was über ihn geschrieben wurde. Er war ein Grande. Voller Hilfsbereitschaft. Voller Herzlichkeit. Eine über-über-überdurchschnittliche Person. Die größte Person, die ich bisher in meinem Leben treffen durfte." Bernabéu sei, davon ist Breitner überzeugt, „der einzige weise Mann, den ich in meinem Leben getroffen habe". Er habe über „Größe, Herzlichkeit, Wissen, Verstand, Können und Präsenz" verfügt. Er sei

jemand gewesen, „der sich immer als Partner der Firma zeigte. Eine Warm-
herzigkeit ohne Ende ausstrahlte. Seine Frau, die Familie – einzigartig. Ich
kann mir schwer vorstellen, dass irgendwann jemand an ihn herankommen
könnte."

Selbst als Bernabéu bereits über 80 Jahre alt war, gab er noch alles für
seinen Verein. Alle vier bis sechs Wochen kam er aus Alicante, wo er
wohnte, für ein paar Tage nach Madrid, um die Mannschaft beim Training
zu besuchen. Er war nicht nur für die Fußballer da, sondern auch für die
Basketballabteilung des Vereins, so wie Uli Hoeneß heute beim FC Bayern.
Selbst höchste Strapazen nahm er in dem Alter noch in Kauf. Einmal flog
er mit den Basketballern nach Mexiko. Vormittags landete die Delegation
wieder in Madrid. Am Nachmittag flog Bernabéu mit den Fußballern
nach Island.

Bernabéu machte Real Madrid zum Seriensieger in Europa, zum ständigen Meister in Spanien. Die Pichichi-Trophäe für den besten Torschüt-
zen Spaniens ging mit atemberaubender Regelmäßigkeit an Spieler von
Madrid. Er schnappte Mailand die Stars vor der Nase weg, entriss sie
Barcelona. In Verhandlungen war Bernabéu der Boss – und niemand
sonst. Das ließ er selbst einen Günter Netzer spüren, einen Mann mit sehr
großem Ego und viel Selbstvertrauen.

Der Deutsche Meister von 1970 und 1971, Mönchengladbachs genialer
Passgeber und Spielmacher, bewies, um es im Oliver-Kahn-Jargon zu
sagen, die dicksten Eier überhaupt. Weil sein Trainer Hennes Weisweiler
Netzers bevorstehenden Wechsel zur Real Madrid als Verrat an Gladbach
ansah, ließ er ihn zur Strafe bei seinem letzten Spiel für die Fohlen im
DFB-Pokalfinale 1973 gegen Köln nur auf der Bank.

Nach der regulären Spielzeit stand es 1:1. Netzer reichte es. Mit den
Worten „Ich geh dann mal rein" wechselte er sich selber für Christian
Kulik ein. Er war gerade einmal drei Minuten auf dem Platz, als er das
entscheidende Tor erzielte und Gladbach so zum DFB-Pokalsieg schoss.

Doch selbst dieser Netzer, dieser Mann mit dem übergroßen Selbstvertrauen, schrumpfte zuvor in den Verhandlungen im Beisein von Madrids Präsident Bernabéu um einige Größenordnungen.

„Es war ein Versehen, nach Madrid zu gehen. Ich wollte gar nicht zu
Real Madrid", erzählt Netzer, der beinahe beim ärgsten Konkurrenten

Barcelona gelandet wäre. Netzer hatte kurz zuvor zwei Freundschaftsspiele mit Gladbach bestritten – eines in Barcelona und eines in Saragossa. „Da habe ich sehr gut gespielt. Ich hatte für einen Ausländer einen riesigen Namen in Spanien."

Deshalb klingelte irgendwann sein Telefon. „Es gab jemand, einen Werksangestellten von Bayer Leverkusen, der hat in Spanien gelebt und sich bei mir mit den Worten ‚Barcelona will Sie haben' gemeldet."

Manfred Wengert hieß der Mann, den Netzer zuvor „gar nicht kannte". Weil Barcelona dann aber den holländischen Trainer Rinus Michels verpflichtete, der seine Landsleute Johan Cruyff und Johan Neeskens bevorzugte, wodurch die erlaubten Ausländerpositionen besetzt waren, kam es nicht zu Netzers Wechsel nach Barcelona. Doch Wengert, der Fremde, gab nicht auf. „Dann ist Herr Wengert ohne einen Auftrag von mir zu Real Madrid und behauptete: ‚Ihr könnt den Netzer haben, wenn ihr wollt.'"

Mir gegenüber behauptete er: „Sie können nach Madrid gehen. Wir machen einen Termin mit dem Präsidenten." Also flog Netzer, ohne es groß zu hinterfragen, nach Madrid. „Ich habe das einfach gemacht und dann saß der Präsident da."

Bernabéu empfing Netzer in seinem Büro. „Das war nicht bombastisch schön. Es war präsidial angemessen. Ein bisschen Holz an der Wand, ein schöner Stuhl, auch nicht riesig groß." Recht schnell ging es ums Geld. Und es kam zum Streit.

„Was wollen Sie denn hier verdienen?", fragte Raimondo Saporto, der Vizepräsident, dem Bernabéu nach der Begrüßung das Wort überließ, und bekam von Netzer zu hören: „350.000 Mark."

In Gladbach verdiente Netzer damals 100.000 D-Mark. „Aber Spanien galt als das gelobte Land. Da dachte ich, ich pokere mal hoch."

Saporto war außer sich vor Wut. Er wurde laut und wollte Netzer aus dem Büro schmeißen. „Hinaus!", schmetterte er ihm entgegen. „Warum?"

„Das verdient keiner unserer Spieler."

„Dann bin ich aufgestanden und Richtung Tür gegangen. In dem Moment war es für mich erledigt. Feierabend. Ich habe nicht lange darüber nachgedacht. Dann suche ich mir halt was anderes. Wenn das eine nicht funktioniert, funktioniert etwas anderes."

Netzer war schon fast an der Tür, konnte die Klinke berühren, als Bernabéu ihn zur Rückkehr aufforderte. „Warten Sie! Kommen Sie zurück!"

„Es war wie in einem ganz schlechten Film", erinnert sich Netzer, der sich tatsächlich umdrehte und wieder am Schreibtisch gegenüber vom Präsidenten und Vizepräsidenten Platz nahm.

„Was ist es Ihnen wert, für Real Madrid zu spielen?"

Netzer fand die Frage seltsam. Schließlich wollte Madrid doch ihn haben. Genau umgekehrt müsste es doch eigentlich sein. Real müsste für sich festlegen, was es ihnen wert wäre, Netzer zu verpflichten. Sie müssten ihn umgarnen, umwerben, umschmeicheln. Doch nun rangierten die königlichen Bosse Netzer in die Bittstellerposition – verkehrte Welt am Verhandlungstisch.

„Trotzdem bin ich darauf reingefallen und habe gesagt, dass 300.000 Mark Jahresgehalt in Ordnung seien. Ich habe angeboten, auf 50.000 Mark zu verzichten, dabei war das damals ein Vermögen."

Doch Saporto ist auch das noch zu viel. „Das geht nicht", sagt er knapp.

„Warum geht das denn wieder nicht?"

„Die Drei vorne muss weg."

Sie einigen sich auf 295.000 Mark und reichen sich die Hand.

Bernabéu und Saporto demonstrierten auf eindrucksvollste Art und Weise: Real Madrid bekommt seinen Willen. Real Madrid bedeutet Gewinnen. Real Madrid bedeutet Glamour. Real Madrid bedeutet Größe. Real Madrid ist das Nonplusultra. Real Madrid steht für eine einzigartige Erfolgsgeschichte.

Gleichzeitig forderte Bernabéu immer respektvolles Verhalten seiner Spieler ein: „Unser Trikot ist weiß. Man darf es gern mit Schlamm, Schweiß und sogar Blut beschmutzen, doch niemals mit Schande."

Wer sich an diese Maxime Bernabéus hält, erlebt paradiesische Zustände bei Madrid. Denn auch das verstand der Spanier schon Jahrzehnte früher als viele, viele andere Vereine: Er sorgte dafür, dass sich seine Spieler wohlfühlen. Dass sie sich voll und ganz auf Fußball konzentrieren können. Dass ihnen die kleinen und großen Probleme des Lebens abgenommen werden.

In seinem ersten Jahr bei Real Madrid wohnte Günter Netzer im Hotel. Bernabéu hatte dafür gesorgt, dass er in dieselbe Suite einquartiert wurde, in der auch Alfredo Di Stéfano zuvor lange Zeit gewohnt hatte. Der Präsident wollte Netzer so klarmachen, welche Erwartung er an ihn hatte, welch großen Glauben. Netzer sollte auf dem Platz die Rolle einnehmen, die Di Stéfano einst innehatte.

Als Netzer Ärger drohte, weil er seinen schwarzen Ferrari Daytona nach Madrid hatte bringen lassen, war es auch Bernabéu, der dafür sorgte, dass das Problem gelöst wurde. Spanien erlaubte zu der Zeit nicht, einen Wagen privat einzuführen. „Der musste ganz schnell wieder außer Landes gebracht werden", erinnert sich Netzer. „Der Fahrer von Bernabéu, ein älterer Mann, hat meinen Ferrari binnen drei Tagen nach Mönchengladbach gefahren. Eine harte Belastung für meinen Wagen." Der Ferrari-Fan steigt in Madrid auf einen Mini um – weil der „zweckmäßig" gewesen sei, er immer einen Parkplatz gefunden habe.

Nach einem Jahr zog Netzer in einen Bungalow in die Peripherie Madrids. Vier Zimmer, ein kleiner Pool. Eigentlich perfekt, wäre da nicht das Problem mit dem Kater von Netzers damaliger Freundin gewesen.

„Sie war eine Katzenliebhaberin. Ihre Katze wurde nach Madrid gebracht. Diese Freundin hatte panische Angst, dass der Kater ihr weglaufen würde. Die war besessen von dem Tier. Dann sind die Angestellten von Madrid gekommen und haben einen Zaun um das Grundstück gebaut. Diese Menschen waren nur dazu da, sich um die Spieler und deren Frauen zu kümmern, damit die völlig unbelastet zum Training und zum Spiel gehen konnten. Die haben uns einen Zaun gebaut, damit der Kater nicht mehr raus und somit nicht überfahren werden konnte."

Madrid habe, so Netzer, „ein Rundumpaket" geboten, „das besser war als alles andere. Glamourös auf dem Platz. Elektrisierend bei öffentlichen Auftritten. Schillernde Figuren. Legenden. Dieses Stadion. Mein Herz hängt bis heute an Madrid. Wenn ich heute da hinkomme, ist es, als wenn ein Kind nach Hause zurückkehrt."

Auch Paul Breitner, der ein Jahr nach Netzer nach Madrid wechselte, war begeistert von diesem Rundum-Sorglos-Paket. „Es war für mich eine fantastische Traumwelt, die ich da erlebt habe. Ich habe immer meine Faszination ausgesprochen, ihr freien Lauf gelassen." Breitner schwärmt: „Die hatten damals bereits 600 Angestellte. Wir hatten unter anderem eine Bankfiliale in unserer Geschäftsstelle, die unsere Geschäfte abwickelte. Wir hatten sechs Ärzte, die für die Mannschaft und deren Familien zuständig waren. Wir hatten 30 Schreiner, 30 Gärtner, 30 Installateure, die für das Wohl der Mannschaft zuständig waren. Wenn jemand angerufen hat und sagte, sein Bügeleisen sei kaputt, dann kam sofort jemand."

Uli Stielike, der ebenfalls in der Bernabéu-Ära nach Madrid gelockt wurde, schwärmt: „Das Fantastische an Real zu meiner Zeit war, dass der Klub trotz seiner Größe sehr familiär geführt wurde. Man kannte nicht nur Leute aus den Büros, sondern auch Gärtner, Schlosser, Maler – alles Angestellte von Real. Der Klub verhielt sich auch bei Problemen außerhalb des Platzes sehr loyal. Bei mir im Haus arbeiteten zum Beispiel Elektriker oder reparierten Arbeiter von Real den Kühlschrank. Man hatte sehr viele Vorteile durch die Zugehörigkeit, denn die Real-Familie war riesengroß. In vielen Restaurants wurde man bevorzugt behandelt, ab und zu eingeladen, meistens aber hat man einen Rabatt auf die Rechnung bekommen."

Netzer, Breitner und Stielike erlebten großartige Jahre in Madrid: außerhalb des Platzes umsorgt und verwöhnt, auf dem Platz erfolg- und siegreich.

Sportjournalist Roncero schwärmt von ihnen. „Für mich steht außer Frage, dass der beste Deutsche, der hier je gespielt hat, Uli Stielike war. Ein Spieler, der viel Charakter, viel Einsatz, viel Leidenschaft und viel Real-DNA hatte. Er hat mir persönlich eine große Erinnerung hinterlassen und wurde auch von den Fans geliebt." In einer Rangliste der bedeutendsten Deutschen bei Real Madrid sieht Roncero dann „Günter Netzer und Paul Breitner, sie waren sehr wichtig".

Stielike absolvierte zwischen 1977 und 1985 genau 215 Pflichtspiele für die Königlichen, erzielte 41 Tore, er gewann zweimal den spanischen Pokal, dreimal die Meisterschaft, einmal den UEFA-Cup. Er hat von allen Deutschen, die je bei Madrid landeten, die meisten Einsätze und auch die meisten Tore erzielt. Drei Jahre in Folge wurde Stielike in Spanien zum besten ausländischen Spieler gewählt. „Mein Name ist in Spanien weitaus berühmter und auch beliebter als in Deutschland. Ich habe in Deutschland ja nur viereinhalb Jahre bei der Borussia gespielt. Mein Name wird in Spanien auch nicht falsch geschrieben, in Deutschland sehr oft schon."

Mit Madrid erreicht er 1980/81 zudem noch einmal, wie schon mit Gladbach, das Finale des Europapokals der Landesmeister. Gegner: wie schon mit der Borussia Liverpool. Sieger: wieder Liverpool. „Natürlich tun solche Niederlagen extrem weh. Aber trotzdem kann man sehr stolz darauf sein, zweimal in seiner Karriere das wichtigste europäische Finale erreicht zu haben. Wie viele Fußballer haben in ihrer Karriere dieses Endspiel erreicht? Die wenigsten! Deshalb bleibt es bei mir trotzdem in positiver Erinnerung."

Während Stielike in seinen ersten drei Jahren drei Meisterschaften in Folge holte, lief der Start von Netzer alles andere als rund. Gleich im ersten Spiel, im September 1973, trat er gegen CD Castellón zum Elfmeter an. „Ich hatte mir schon eine Akzeptanz in der Mannschaft erworben mit diesen großen Stars, durfte schon schießen. Der Torwart lag in der falschen Ecke, ich habe knapp am Pfosten vorbeigeschossen. Ein Fehlschuss im ersten Spiel. Die Zuschauer haben trotzdem applaudiert. Die waren nicht sauer, wollten mich aufmuntern."

Doch der Applaus verstummte im Laufe der Saison zunehmend. Madrid verlor genauso oft, wie es gewann, jeweils 13 Mal. Am Ende wurde die Mannschaft Neunter. „Wir hatten eine sehr schlechte Mannschaft, total überaltert. Teilweise waren wir sogar in Abstiegsgefahr", erzählt Netzer.

Miguel Muñoz, seit 1959 Trainer der ersten Mannschaft, musste gehen. Miljan Miljanić wurde neuer Trainer. Unter dem Jugoslawen brachen härtere Zeiten an. „Er hatte eine Disziplinarordnung in einer Strenge, wie sie die meisten Bundesligisten heute nicht haben", sagt Netzer. „Wenn man sich 30 Kilometer außerhalb Madrids aufhalten wollte, musste man sich zuvor abmelden und die Erlaubnis einholen, die Stadt verlassen zu dürfen. Miljanić hat uns eine Bettruhe vorgeschrieben. Um 22:30 Uhr hatten wir daheim zu sein. Das waren alles Dinge, die für die Spanier völlig ungewöhnlich waren." Abends rief Miljanić höchstpersönlich an, um seine Stars zu kontrollieren. Netzer: „Ich habe Glück gehabt, dass ich immer zu Hause war, wenn sein Kontrollanruf kam."

Miljanić hatte viel mit Netzer vor. Er vertraute auf die Fähigkeiten des Spielmachers, trotz des schwachen ersten Jahres. „Ein Günter Netzer kann seine Fähigkeiten unmöglich binnen weniger Wochen verloren haben. Ich bin überzeugt, dass er bei Real nur falsch trainiert worden ist. Ich werde ihn anders anpacken und aus Netzer wieder einen großen Spielmacher machen."

Es heißt, Netzers Wochentraining habe zum Teil so ausgesehen: montags frei, dienstags Massage, mittwochs 20 Minuten Gymnastik, donnerstags 45 Minuten Konditionstraining, freitags Basketballspiel, bis zum Spiel habe er dann wieder frei gehabt.

Reine Erfindungen seien das, sagt Netzer. Die spanischen Zeitungen hätten oft einfach nur „das Blaue vom Himmel" gelogen. Netzer: „Es gab diese Lügengeschichten immer wieder. Die Spanier gehen auch anders damit um. Die wissen, dass man es meistens nicht glauben kann, was da in den Zeitungen steht. In Deutschland sind die Medien viel seriöser, viel glaubwürdiger." Sein Trainingspensum sei natürlich „höher gewesen. Ich habe ja nicht wie ein Amateurspieler trainiert." Wobei Netzer aber auch über sein erstes Jahr zugibt: „Ich will nicht sagen, dass ich mir komplett die Beine ausgerissen habe."

Er sei in Mönchengladbach „sicherlich kein Vorzeigeprofi gewesen. Aber man hat mir das gestattet. Es gab da keine Grenzen, keine Barrieren, wo man sagte: Bis hierher und nicht weiter. Bei Madrid gab es spätestens ab Miljanić Regeln, die einzuhalten waren. Sonst wurdest du rausgeschmissen."

Netzer zog mit. Und die Ankündigung von Miljanić, Netzer wieder zu alter Stärke zu führen, wurde Wirklichkeit. „Das ist ihm hundertprozentig gelungen. Wir haben völlig anders trainiert. Sein Co-Trainer hat mich zehn Jahre meines Lebens gekostet. Der war ein jugoslawischer 1.500-Meter-Meister. Mir haben, das gebe ich ganz ehrlich zu, diese Qualen natürlich nie richtig gefallen. Aber ich war nie so fit in meinem Leben wie unter diesem Konditionstrainer. Ich habe gelitten wie sonst was. Aber ich habe eingesehen, dass wir davon alle profitieren und dass es sein muss. Miljanić hat mit seinen Methoden den Erfolg nach Madrid gebracht. Hätte ich früher so trainiert, in Gladbach, dann wäre ich ein noch besserer Spieler geworden."

Außer dem neuen Trainer kam auch noch der bereits erwähnte Paul Breitner – wobei Netzer dem mächtigen Präsidenten Bernabéu zunächst kräftig ins Gewissen reden musste, damit dieser der Verpflichtung zustimmte. In seiner Autobiografie „Aus der Tiefe des Raumes: Mein Leben" schildert Netzer die anfänglichen Vorbehalte gegen den deutschen Nationalspieler. Bernabéu habe Netzer zu sich ins Büro zitiert und gesagt. „Der Trainer will diesen Paul Breitner verpflichten. (…) Der Mann ist Maoist." Dann zog der Real-Boss ein Foto aus der Schublade, auf dem Breiter zu sehen war, wie er die *Peking-Rundschau* las, während die Mao-Bibel neben ihm lag. „Außerdem ist er Anhänger von Che Guevara", entrüstete sich Bernabéu, der sogleich den nächsten Fotobeweis lieferte und ein Bild hervorholte, das Breitner vor einem Poster des kubanischen Revolutionsführers zeigte.

Netzer hatte, so behauptete er zumindest, die beide Bilder nie gesehen. Er kenne Paul Breitner nur als wunderbaren Menschen, der vielleicht manchmal ein Querkopf sei, „vielleicht auch manchmal ein noch größerer Querkopf als ich, aber politisch hat er sich nie geäußert. Und schon mal gar nicht in diese Richtung."

Daraufhin forderte Bernabéu von Netzer eine Garantie, dass man sich mit Breitner niemanden ins Haus hole, der Ärger mache, und bekam sie. „Ich war mir sicher, dass Paul allenfalls ein wenig provozieren wollte, dass er vielleicht auch sympathisiert hatte mit linken politischen Idealen – aber dass er in Madrid zum Staatsstreich gegen Franco aufrufen würde, das erschien mir doch ausgeschlossen. ‚Ich garantiere es Ihnen', sagte ich."

Miljan Miljanić machte Breitner schnell zum „Chef von Real Madrid". Ein neunter Platz wie in der Vorsaison, das machte der Trainer Breitner schnell klar, werde nicht noch einmal akzeptiert. „Der Verein hatte damals noch beim 2-Punkte-System 16 Punkte Rückstand auf Barcelona. Santiago Bernabéu hatte mich bei meiner Verpflichtung gebeten, nachdem man um mich herum eine neue Mannschaft aufgebaut hatte: ‚Paul, bitte, im ersten Jahr nur noch zehn Punkte Rückstand, im zweiten Jahr nur noch fünf. Im dritten Jahr greifen wir dann richtig an. '"

Miljanić impfte seinen Spielern gleichzeitig von Beginn an eine unglaubliche Stärke ein. In den Mannschaftsansprachen unmittelbar vor dem Spiel erwähnte er zum Beispiel den Gegner mit keinem Wort. „Er hat", erinnert sich Breitner, „sich nur mit uns beschäftigt. Was er bei uns taktisch verändern wollte im Vergleich zum Spiel zuvor. Was er intensivieren wollte. Mit keinem Wort ist der Gegenspieler erwähnt worden. Nur wir! Die eigene Stärke stand im Mittelpunkt. Das habe ich so was von aufgenommen. Da gab es nur mich und uns. Unsere Mannschaft. Meine

Stärke. Unsere Stärke. Wenn wir stark sind, brauchen wir uns nicht nach dem Gegner zu richten. Und wenn wir einen schwachen Tag haben, werden wir noch schwächer, wenn wir uns zu sehr mit den Stärken des Gegners beschäftigt haben. Das war für mich sehr wertvoll. Für meine Art, aufzulaufen. Mich mit dem Spiel zu beschäftigen. Es interessiert uns nicht, was der Gegner macht. Wir wollen bestimmen. Wir werden ihn zwingen, das zu tun, was wir wollen."

Erstmals hörte Breitner eine Miljanić-Ansprache vor dem Auswärtsspiel am 8. September 1974 in Valencia. „Mich hätte es fast zerrissen, so breit war meine Brust vor Selbstvertrauen." Madrid gewann 2:1.

Mit dem verinnerlichten Selbstverständnis von Miljanić gelingt es Breitner und dem fitteren Netzer, Real Madrid sogar früher als von Bernabéu verlangt wieder an die Spitze zu führen. „In meinem ersten Jahr sind wir mit zwölf Punkten Vorsprung Meister geworden, außerdem haben wir den Pokal gewonnen", erzählt Breitner.

Ab dem sechsten Spieltag war Madrid Tabellenführer, gab die Spitzenposition bis zum Ende nicht mehr ab. Barcelona konnte gegen Real in der Liga nicht gewinnen. Die Copa del Rey, den spanischen Pokal, der während der Weltmeisterschaft ausgetragen wird, gewannen ebenfalls die Königlichen. „Nach dem sehr schlechten ersten Jahr hatte ich zwei erstklassige Jahre", sagt Netzer.

Auch im darauffolgenden Jahr gelang Madrid wieder das Double, der Gewinn von Meisterschaft und Pokal. Somit gewann Netzer, der bis 1976 bei Real blieb, je einmal den spanischen Pokal und die Meisterschaft mit Madrid. In 85 Spielen erzielte er neun Treffer. Breitner, der in 84 Begegnungen zehn Tore machte, gewann beide nationalen Titel je zweimal.

# KAPITEL 7

# BAYERN MÜNCHEN,
## EINE REAL-KOPIE

ch hatte ein Aha-Erlebnis nach dem anderen bei Real Madrid", berichtet Breitner, den neben dem sportlichen Auftreten auf dem Platz und dem Kümmern um die Spieler in jeder Lebenslage vor allem auch das offizielle Auftreten von Madrid auf Reisen beeindruckte.

„Unter Bernabéu gab es einen geschäftsführenden Manager. Dann gab es 18 Vizepräsidenten, das war die sogenannte Junta Directiva. Drei dieser 18 Vizepräsidenten waren immer mit uns unterwegs, wenn wir auf Auswärtsreisen waren, egal ob bei Ligaspielen oder bei internationalen Spielen. Wenn Real Madrid reiste, war es stets eine höchstoffizielle Geschichte."

Zu Spielen in den Süden Spaniens fliegt die Mannschaft. In den Norden reist sie mit dem Zug, weil dort oft dichter Nebel in den Bergen hängt und es bereits zu Flugzeugkatastrophen gekommen ist.

„Ich werde", sagt Breitner, „meine erste Ankunft nach einer solchen Zugreise nicht vergessen. Es war morgens um sechs Uhr in Bilbao. Wir stiegen aus dem Zug aus. 20 Meter neben dem Waggon, in dem wir waren, waren zwei Mikrofone am Bahnsteig aufgebaut. Die Delegation von Bilbao wartete dort bereits auf uns. Einer unserer Vizepräsidenten steuerte dann zum Mikrofon und hielt eine Begrüßungsrede. Das hatte etwas von einem kleinen Staatsbesuch. Das passte zu dem Besonderen, zu dem Außergewöhnlichen, zu dem Einzigartigen von Madrid."

Breitner beobachtete das alles ganz genau. Fasziniert blickte er hinter die Kulissen der Königlichen. Vor allem beobachtete er Bernabéu, den Macher des Systems, genau, wie er sich gab, wie er mit Menschen redete. Er hing an seinen Lippen. Er saugte alles auf, was er von Bernabéu mitbekam – und nicht nur von ihm.

„Ich habe mich immer wieder informiert: Wie machen sie dieses, wie machen sie jenes?" Breitners Freund Uli Hoeneß kam häufiger zu Besuch, war ähnlich fasziniert von Real Madrid. „Uli hat alles aufgesaugt, was er bei seinen Besuchen aufsaugen konnte. Ich habe alles aufgesaugt, was ich mitbekommen habe. Wir haben beide kräftig aufgesaugt. Soweit es irgendwie möglich war, haben wir versucht, Real Madrid zu verstehen." Es sei sogar angebracht, gibt Breitner zu, das als Betriebsspionage zu bezeichnen. „Richtig. Könnte man so sagen."

Breitner und Hoeneß entwickelten den Plan, Real Madrid zu kopieren. „Wir wollten aus Bayern ein neues Real Madrid machen. Es war eine Vision, ein Traum, ein Wunsch, den wir selbst eigentlich nicht für realisierbar hielten", verrät Breitner und wiederholt noch einmal: „Wir haben es nicht für machbar gehalten. Aber wir haben ihn dennoch geträumt. Wir haben fantasiert." Allerdings nur im kleinen Kreis: „Wir haben mit niemandem darüber gesprochen. Es war unsere private Sache."

Hoeneß sei, so erzählt Breitner, „des Öfteren bei mir" gewesen. „Oder ich habe ihn besucht, wenn ich in München war. Ich habe ihm dann erzählt, wie Mitte der 70er-Jahre bereits ein Fußballkonzern funktionierte. Bayern war zu der Zeit ein überschaubarer Klub, auch von den Zahlen, vom Umsatz. Bayern hatte vier, fünf Beschäftigte auf der Geschäftsstelle. Real Madrid hatte zu dieser Zeit bereits 90.000 Mitglieder. Jedes Mitglied hatte ein Anrecht auf einen Stehplatz, wenn es bis zum letzten Donnerstag eines jeden Monats die Mitgliedsgebühr für den nächsten Monat bezahlte. Wenn es etwas draufbezahlte, sogar Anrecht auf einen Sitzplatz." 125.000 Plätze hatte das Estadio Bernabéu zu dieser Zeit. Aus Angst, die Ticketgarantie irgendwann nicht mehr aufrechterhalten zu können, limitierte Real Madrid die Mitgliederzahl. Bei 90.000 war Schluss. Breitner: „Die hätten heute wahrscheinlich schon eine Million Mitglieder, wenn die nicht Ende der 60er-Jahre einen Aufnahmestopp ausgesprochen hätten."

Breitners Bewunderung für den königlichen Verein kennt keine Grenzen. „Es gab zwei verschiedene Weihnachtsfeiern, eine für die Mannschaft, eine für die Sponsoren. Es gab Geschenke für die Frauen, Kinder, Schwiegereltern, für die Omas und Opas. Das hat damals auf mich Eindruck gemacht. Auch auf Uli." Die beiden verabredeten, sollte Breitner irgendwann einmal nach München zurückkehren, dann „versuchen wir, so etwas wie ein zweites Real Madrid aufzubauen".

Und tatsächlich: Nach drei Jahren wollte Breitner weg aus Madrid. Die Saison war sportlich enttäuschend verlaufen. Real landete nur auf dem neunten Platz. Trainer Miljanić musste gehen. Trotzdem wollte Real Breitner unbedingt halten. „Man hat mir eine Verlängerung um vier Jahre meines noch ein Jahr laufenden Vertrags angeboten. Ich habe gesagt: ‚Ich muss darüber nachdenken.' Und bin erst einmal in den Urlaub geflogen, um mir in Ruhe Gedanken zu machen. Da habe ich dann beschlossen: Ich muss weg. Ich muss aus dem goldenen Käfig raus." Er sei, so behauptet Breitner, der „einzige Spieler, der von Real Madrid freiwillig weg wollte. Das sagen die mir nach wie vor."

Breitner ist ein Mann, der sich nicht nur über Fußball definieren kann. Er will auch neben dem Platz gefordert sein. „Ich bin 1974 rüber, habe mein Studium unterbrochen, habe meine geschäftlichen Aktivitäten unterbrochen. In Madrid konnte ich in den ersten zwei Jahren nichts anderes machen außer Spanisch zu lernen. Ich durfte als Ausländer keine Geschäfte machen. Nichts studieren. Aber ich habe schon nach einem Jahr ziemlich gut Spanisch gesprochen, sodass ich nichts mehr lernen brauchte." Er fing an, sich zu langweilen. „Ich absolvierte maximal 42 Spiele im Jahr. Ich hatte acht Wochen Urlaub im Jahr. Ich konnte zwei-, dreimal die Woche in die Disco gehen, um drei Uhr nach Hause kommen, um zehn Uhr aufstehen und immer noch pünktlich und ausgeschlafen zum Training fahren." Anschließend war frei. Und wieder warteten keine fordernden Aufgaben auf Breitner. „Als Fußballer bist du der Wichtigste im Lande. Du wirst auf Händen getragen, weil du übererfolgreich bist. Ich brauchte mich nur um meine Kinder zu kümmern. Was mache ich mit ihnen nach dem Kindergarten? Gehen wir in den Tierpark? Gehen wir nach der Siesta ins Kino? So ein Leben ist an sich fantastisch. Das ist irre. Aber ich war womöglich zu jung für dieses Leben. Wenn ich fünf

Jahre älter gewesen wäre, wäre ich vielleicht bis heute noch dageblieben. Irgendwann war es mir daher zu gewaltig. Ich hatte nichts zu tun. So konnte es nicht weitergehen. Ich musste weg. Das Leben in Madrid war zu schön. Ich musste aus dem goldenen Käfig raus. Ich musste studieren. Ich musste ins Geschäftsleben rein. Deshalb musste ich versuchen, die Verantwortlichen zu überzeugen, zurück ins Geschäftsleben zu kommen. Die wollten nicht. Nur Bernabéu konnte mein Dilemma verstehen. Er konnte nachvollziehen, wie ich mich fühlte. Deshalb hat er sich auf meine Seite geschlagen und mir erlaubt, zu gehen."

Die Ablöse war hoch: 1,6 Millionen D-Mark. So viel konnte fast kein Verein in der Bundesliga bezahlen. Breitner verhandelte mit Hamburg und Paris Saint-Germain, auch mit einem Verein in Chile und mit Cosmos New York. Breitner wollte eigentlich im Ausland bleiben. Doch seine Frau bat ihn, wegen der Töchter, die bald eingeschult werden sollte, nach Deutschland zurückzukehren. So landete er schließlich bei Eintracht Braunschweig, die mit ihrem Hauptsponsor Jägermeister die Ablöse und ein gutes Gehalt zahlen konnten. Doch bereits nach zwei Monaten war Breitner klar, dass die Mission „keinen Sinn macht". Er merkte, dass er „in der tiefsten Provinz" gelandet war. „Die Leute in Braunschweig haben gedacht, dass mit mir Hollywood kommt", sagt Breitner. Er habe aber nur trainiert und gespielt. „Das war's." Doch gleichzeitig hielten Stadtrundfahrten vor seiner Tür. „Für die Öffentlichkeit wohnte da ein Weltmeister und jemand, der von diesem besonderen Verein kam, von dem alle geschwärmt haben. Real Madrid war das Zuckerl zum Weltmeistersein. Man hat uns durchs Wohnzimmerfenster fotografiert. Es war ein ganz übles Jahr. Es war streckenweise sogar gefährlich. Wir haben Entführungsdrohungen für unsere Kinder bekommen, Morddrohungen." Auch mit der Mannschaft passte es nicht. Die Mitspieler wollten Breitner nicht. Das habe er Uli Hoeneß, seinem Freund, erzählt. Und der machte die Verpflichtung klar.

Bayerns erfolgreiche 70er-Jahre waren zu diesem Zeitpunkt fast passé, zahlreiche Stars am Ende. Spätestens mit dem Abgang von Franz Beckenbauer nach New York schlingerten die Bayern führungslos durch die Liga, 1978 stiegen sie beinahe ab. Seit 1974 hatten sie keine Meisterschaft mehr geholt, auch der Ruhm der Europacupsiege von 1974 bis 1976 war verblasst, 1978/1979 waren sie international nicht einmal vertreten.

Hoeneß hatte Probleme mit seinem Knie. 1979 wurde er Manager des Vereins, auf dem rund sieben Millionen D-Mark Schulden lasteten. „Wir hatten Schulden und wir hatten keine Mannschaft", sagte Hoeneß ohne Umschweife und verkündete selbstbewusst: „Ich verstehe etwas von Finanzen und Geschäften. Ich verstehe etwas vom Fußball. Ich bin prädestiniert für diesen Beruf." Skeptikern, die ihn für zu jung hielten, entgegnete er: „Ich kann doch ein solches Angebot nicht ablehnen, weil ich 27 bin. Mit 35 könnte es vielleicht zu spät sein. Das ist keine Frage des Alters, sondern eine Sache der Leistung, des Engagements, der Ideen."

Eine dieser Ideen war es, Real Madrid zu kopieren. Nachdem sie schon so lange in den Köpfen von Hoeneß und Breitner geschlummert hatte, ergab sich nun tatsächlich die Chance. „Bis dato hatten wir es ja nicht für machbar gehalten. Aber jetzt, als ich zurück zum FC Bayern kam, fing es wieder an, in uns zu arbeiten. Und es wurde Realität, diesen Traum erfüllen zu wollen, als Uli im Frühjahr 1979 Manager wurde. Wir wollten aus Bayern ein zweites Real Madrid machen."

Hoeneß selbst gab einmal gegenüber der *Süddeutschen Zeitung* zu: „Real war das Nonplusultra, der Fußballklub schlechthin – fünfmal hintereinander Europapokalsieger der Landesmeister. Die haben ganz in Weiß gespielt. Ohne irgendwelche Werbestreifen. Das war der Wahnsinn. Und diese Uneinholbarkeit des Vereins."

Der FC Bayern München – der Triple-Sieger von 2014, die Mannschaft, die heute von Welttrainern wie Pep Guardiola oder Carlo Ancelotti geführt wird – ist aktuell also das, was er ist, weil zwei Männer sich in den Kopf gesetzt hatten, die Professionalität, den Siegeshunger, die Führungsqualitäten und das Marketinggeschick von Real Madrid als Vorlage zu nehmen und sich daran zu orientieren. Weil Breitner Betriebsspionage betrieben hat. Real hat Bayern beflügelt und gilt, zumindest in den Augen von Breitner, noch heute als Vorlage: „Wir sind immer noch dabei, an dieser Kopie zu arbeiten. Hinter Real Madrid liegen so viele große Erfolge, so viele Jahre, in denen dieser Klub den Weltfußball bestimmte. Wir haben von der Historie her immer noch ein bisschen Nachholbedarf und Luft nach oben. Zu 100 Prozent kann man nicht an Real Madrid herankommen – weil uns die Spitze der Historie von Real Madrid fehlt, die fünf Champions-League-Siege in Serie, das, worauf sich der Nimbus von Real Madrid bezieht. Außerdem fehlt uns die Figur Santiago Berna-béu. Die einzige Chance, auf Augenhöhe mit Madrid zu kommen, be-stünde, wenn die Bayern drei, vier, fünf Mal in Folge die Champions League gewinnen würden. Aber auch nur dann."

# KAPITEL 8

# FRANCO GLÄNZT
# **IM SCHEIN MADRIDS**

Wenn man all diese Facetten aus Madrids frühester und früherer Geschichte kennt, versteht man, weshalb es für die Madrilenen nicht sein darf, dass Madrid 32 Jahre lang nicht die Champions League gewinnt; warum es nicht sein darf, dass Madrid zwölf Jahre benötigt, um „La Décima" zu gewinnen; dass verpasste Meisterschaften eine Katastrophe darstellen; dass titellose Jahre nicht akzeptiert werden. Daraus erklärt sich, dass bei Madrid jede Krise größer, schlimmer und erschütternder ist als bei jedem anderen Klub auf der Welt. In Madrid hat man sich ans Gewinnen gewöhnt. Man meint, ein Gewohnheitsrecht auf das Titelholen zu haben. Es hat sich in den Köpfen festgesetzt, dass man seinen Willen durchsetzt.

Bernabéu hat dem Verein beigebracht, dass alles möglich, keine Vision zu verrückt, kein Traum zu groß ist. Er hat Madrid zu einem Erfolgsgaranten gemacht, er – und nicht etwa, wie so oft behauptet wird, Francisco Franco, der Spanien nach dem Sieg im Bürgerkrieg ab 1939 diktatorisch regierte. Oftmals heißt es, die großen Jahre von Real seien nicht frei von dunklen Flecken, weil die triumphalste Epoche des Vereins mit dem Höhepunkt der Franco-Diktatur zusammenfiel. Der Traummannschaft hafte ein übler Geruch an, Regime-Elf gewesen zu sein – Opium fürs Volk zum Nutzen einer faschistischen Diktatur.

All diese Behauptungen erzürnen Paul Breitner. „Real Madrid war nie ein Franco-Klub. Jedem, der das behauptet, muss ich mit größter Vehemenz widersprechen, wohlgemerkt weil ich es weiß, nicht bloß, weil ich es vermute. Das ist lange Zeit einfach in den deutschen Medien behauptet worden, ohne Beweis, ohne Recherche. Das ist genauso falsch verbreitet worden wie die falschen Unterstellungen über Bernabéu. Wäre ich nicht bei Real Madrid gewesen, hätte ich womöglich auch diesen Irrglauben im Kopf. Wahrscheinlich hätte ich Real dann auch als Franco-Klub in eine Schublade geschoben – und aus, basta, bumm. Doch ich habe so häufig mit Santiago Bernabéu gesprochen. Ich habe mir so viele Fragen von ihm beantworten lassen. Ich habe mir selber einen Eindruck verschafft, sodass ich weiß, was wahr und was falsch ist. Und es ist falsch, Madrid als Franco-Klub zu bezeichnen."

Vielmehr sei es so gewesen, sagt Breitner, dass das Regime Real Madrid gerne als Aushängeschild benutzt habe, sich mit den Triumphen des Vereins schmückte. „Natürlich hat das Franco-Regime versucht, etwas vom Glanz des Vereins für sich zu nutzen. Aber Real Madrid hat sich nie aktiv benutzen lassen. Bernabéu hat sich nie etwas vorschreiben lassen. Er hat sich nie benutzen lassen. Er hat es sogar unterbunden, soweit es ging, dass sich Real-Stars ständig neben Franco-Leuten fotografieren lassen."

Tatsächlich war Real Madrid Francisco Franco, einem Angler und Jäger, lange Zeit sogar gänzlich egal. Zunächst suchte er die Nähe zu Atlético Madrid. Er ließ den Verein in „Athletic Aviación", „Athletischer Fliegerverein", umbenennen und ermöglichte ihm den Wiederaufstieg in die erste spanische Liga. Gleich in der ersten Saison wurde der Verein Meister. In den ersten 17 Franco-Jahren folgten vier weitere Titel von Atlético Madrid. Barcelona holte neun, Real lediglich drei. Die Königlichen waren dem Regime, so heißt es, anfangs zu schmucklos. Erst als zwischen 1956 und 1960 die großen internationalen Erfolge kamen, suchten die Franco-Anhänger die Nähe zu Real Madrid. Sie entdeckten das Propaganda-Potenzial des Vereins. Plötzlich wollten sich die Würdenträger mit den Fußballern des Vereins fotografieren lassen. Sie suchten die Nähe zu den Vorstandsmitgliedern. Ganz unterbinden konnte Real Madrid es nicht, doch es ließ, im Gegensatz zu Atlético, nie einen

Militär oder faschistische Falangisten einen wichtigen Posten im Vorstand einnehmen. Man hielt, soweit es ging, Distanz zu den Politikern der Franco-Diktatur. Es wird behauptet, Schiedsrichter hätten sich von Franco befehligen lassen – also wohlgemerkt vom Regime, nicht vom Verein. Tatsächlich gab es gegen Barcelona auch mehrere fragwürdige Entscheidungen, die auf Franco-Schergen zurückzuführen sind.

Jorge Valdano führte Jahrzehnte später dazu aus: „Franco ist 1936 gekommen, Real Madrid begann 1954 zu gewinnen. Das Vorher und Nachher markiert Alfredo Di Stéfano. Das Regime hat sich der Glorie von Real Madrid bedient. Seit Franco weg ist, hat Real Madrid mit Politikern von links, aus der Mitte und von rechts gewonnen. Das ist ein großer Klub, der über jeder politischen Konjunktur steht."

Santiago Bernabéu selbst stellte über die Franco-Zeit klar – wenig überraschend mit der Darstellung von Breitner nahezu deckungsgleich: „Francos Regierung soll uns unterstützt haben? Sie hat unseren Erfolg ausgenutzt. Nicht einmal fünf Groschen haben wir von ihr erhalten. Wir haben uns alles selbst erarbeitet."

# KAPITEL 9

# PRÄSIDIALE
## WILLKÜR

Bernabéu hat seine Idee von einem erfolgreichen Fußballverein gegen alle äußeren Einflüsse verteidigt. Er hat viel verlangt, aber auch viel gegeben. Unter ihm als Präsident haben sich die Spieler trotz höchsten Leistungsdrucks wohlgefühlt – so sehr, dass Netzer und Stielike nie gehen wollten.

Im Juni 1976 endete Netzers Zeit in Spanien. „Ich habe mich auf Anhieb wohlgefühlt in Madrid. Ich wäre für den Rest meines Lebens geblieben, wenn ich da einen Job gehabt hätte. Ich hatte aber keinen, wusste nichts zu tun nach meiner Zeit als Profi. Ich konnte mir nichts vorstellen. Ich konnte ja nichts. Ich hatte ja nichts gelernt. Ich konnte nur etwas mit Fußball machen oder eine Geschäftsidee haben. Trainer wollte ich allerdings nie werden, das hat sich für den Rest meines Lebens bestätigt. Weil mich auch niemand mit einer Geschäftsidee an die Hand genommen hat, bin ich dann nach Zürich gegangen für das letzte Jahr." Zu Bernabéu, dem großen Präsidenten, wollte er nicht gehen und um einen Job betteln. „Der hatte eine ganze Menge Spanier, die er versorgen musste."

Stielike verlängerte seinen Vertrag zweimal, unterschrieb für drei, drei und zwei Jahre. 1978 verstarb Präsident Santiago Bernabéu. Sein Nachfolger wurde Luis De Carlos Ortiz. „Da er jahrelang im Präsidium an der Seite von Bernabéu war, kannte er diesen in- und auswendig. Was die menschliche Seite anging, so ging er auch genau in dessen Fußstapfen weiter. Immer für den Verein da, nie sich in den Vordergrund stellend, obwohl er als Präsident von Real Madrid enorme Möglichkeiten gehabt hätte, Profit aus seiner Position zu schlagen. Auf der sportlichen Seite aber fehlten ihm das Know-how und die Risikobereitschaft bei den Transfers. Dies machte sich vor allem in den frühen Achtzigern bemerkbar. Alle anderen Präsidenten, die nach Luis De Carlos kamen", da ist sich Stielike sicher, „sahen Real zunächst einmal als persönliches Sprungbrett und ideales Spielfeld für Kontakte und Kommerz. Der Verein verlor an Bodenhaftung, wodurch auch der Beiname ‚die Galaktischen' einen ganz anderen Sinn bekommt."

Auf Luis De Carlos Ortiz folgte Ramón Mendoza als Präsident – das Ende für Stielike. „Wenn 1985 nicht ein neuer Präsident gekommen wäre, hätte ich wahrscheinlich noch zwei Jahre für Real gespielt und dann in Madrid meine Schuhe an den Nagel gehängt." Aber Mendoza hatte als Wahlversprechen große Neuverpflichtungen angekündigt. „Als Antrittsgeschenk hat er Hugo Sánchez von Atlético Madrid mitgebracht. Das war mein Ende. Ich stand im Regen."

Wer ihm die Nachricht überbracht hat, das hat Stielike verdrängt. „Mir hat es damals fast das Herz gebrochen. Ich war 30 Jahre alt, acht Jahre unter Vertrag bei Real, und hätte gerne bei diesem Verein meine Karriere beendet, was, glaube ich, bei Luis De Carlos auch möglich gewesen wäre. Da ich bei den Fans sehr beliebt war, sagte Mendoza zwar in den Medien, dass er mir eine Vertragsverlängerung über ein weiteres Jahr anbieten würde, ernsthafte Gespräche haben aber keine stattgefunden."

Es geht nicht ohne die Gunst des Präsidenten. Die gleiche Erfahrung wie Stielike hat Jahrzehnte später auch, um ein Beispiel aus Madrids jüngerer Vergangenheit zu nennen, Arjen Robben machen müssen. Auch er wurde in einem Anflug von königlichem Wahnsinn vom Hof gejagt. Dabei war er gerade einmal 25 Jahre alt – ihm standen seine besten Jahre noch bevor.

36 Millionen Euro überwies Real Madrid 2007 an Chelsea London, um sich die Dienste des Holländers zu sichern. Zwei Jahre später verscherbelten sie ihn für nur noch 25 Millionen an Bayern München: elf Millionen Euro Verlust in zwei Jahren, trotz gewonnener Titel, der Meisterschaft in seinem ersten Jahr.

Als Arjen Robben damals in Madrid in den Flieger zu seinem neuen Arbeitgeber Bayern München stieg, schimpfte er: „Damit das klar ist: Ich wollte bleiben. Aber wenn die Entscheidungen am Schreibtisch getroffen werden, haben wir Spieler nichts mehr zu melden." Er hätte, so Robben, von einem so großen Klub wie Real Madrid „mehr Eleganz" erwartet.

Doch in diesem Sommer war von den Königlichen keine Eleganz zu erwarten. Sie wollten nur Ballast loswerden, egal wie. Auch Wesley Sneijder wurde weggeekelt! Nachdem er nicht die Absicht erkennen ließ, den Verein zu verlassen, obwohl Real ihm deutlich signalisiert hatte, dass er keine Rolle mehr spiele, wurde einfach der Spind ausgeräumt und ihm seine Trikotnummer weggenommen. „Der Klub hat mich sehr schlecht behandelt", beschwerte sich Sneijder, nachdem er bei Inter Mailand unterschrieben hatte. Rafael van der Vaart wurde rausgemobbt, Klaas-Jan Huntelaar verdrängt.

„Bis auf die unumstrittenen Stammspieler wusste jeder Spieler, dass er einen ‚unsicheren Status' hat – das ist eben so bei einem Topverein, der keinen Titel holt und im Champions-League-Achtelfinale rausfliegt", beschreibt Christoph Metzelder, damals auch ein Königlicher, die damalige Situation. „Juande Ramos musste trotz Aufholjagd und zu dem Zeitpunkt bester Rückrunde gehen und die Investitionen wurden massiv erhöht: Ronaldo, Kaká, Benzema, Albiol. Das sorgte dafür, dass wir mit fast 30 Spielern in die Vorbereitung starteten und für Kuriositäten, dass beim Abschlussspiel die Holländer van der Vaart, Robben, Sneijder und Huntelaar – der erst sechs Monate vorher in der Winterpause gekommen war – parallel Fußballtennis spielen mussten. Da war schon eine brutale Konsequenz zu spüren, um diesen Spielern zu signalisieren, dass sie nicht mehr gebraucht werden!"

Heute erklärt Arjen Robben die Situation so: „Bei so einem Verein herrscht unglaublich viel Politik. Jeder neue Präsident, der kommt, will und muss ein Zeichen setzen. Das war für mich das Ende. Wenn ich geblieben wäre, was ich natürlich hätte machen können, hätte ich gegen Kräfte kämpfen müssen, gegen die ich keine Chance gehabt hätte. Ich hätte keine ehrliche Chance mehr bekommen. Mit dem Trainer hatte ich überhaupt keine Probleme. Er hätte es gerne gehabt, dass ich dortbleibe. Aber vom Verein aus gab es Druck, sie sagten mir, dass sie mich verkaufen müssen, weil sie so viel Geld für neue Spieler ausgegeben hatten. Auf einen Schlag haben die Kaká, Benzema, Ronaldo und Alonso geholt – ich weiß nicht, wie viele Millionen die gekostet haben. Real Madrid hat meinen Vater zum Gespräch gebeten. Darin haben sie ihm mitgeteilt, dass sie mich verkaufen wollen. Auch mir haben sie gesagt: ‚Du musst weg.' Dabei hatte ich damals die wohl beste Vorbereitung meiner Karriere absolviert, war in einer unglaublichen Form."

Es traf ihn, beschäftigte ihn. Robben konnte es nicht verstehen. Trotzdem ließ er sich – obwohl es menschlich wäre – nicht hängen. Aufzugeben, das ist nicht Robbens Naturell. „Wenn so etwas passiert, möchte man sich am liebsten einfach umdrehen und sagen: Dann geh ich eben. Aber ich habe mich nie hängen lassen. Obwohl ich in keinem Vorbereitungsspiel von Anfang an eingesetzt wurde, habe ich nach meiner Einwechslung immer Leistung gezeigt, Tore vorbereitet oder selber geschossen. Ich habe das einzige gemacht, was ich machen konnte: Ich habe Real gezeigt, dass es falsch ist, mich gehen zu lassen. Aber sie haben ihre Meinung nicht geändert. Es hat mir nichts gebracht. Der Entschluss von Real Madrid stand unwiderruflich."

Robben wurde klar, dass sein Kampf aussichtslos war. „Wenn du das merkst, musst du eine Entscheidung treffen. Der Transfermarkt schließt Ende August. Ich wollte spielen, wollte nicht aus Willkür und aufgrund von politischen Spielchen auf der Bank sitzen. Daher habe ich dem Verkauf zugestimmt."

Wer nun vermutet, dass Robben bis heute schlecht auf Florentino Pérez zu sprechen ist, liegt allerdings falsch. „Ich war ihm nicht lange böse. Am Ende bin ich Real Madrid und dem Präsidenten sehr, sehr, sehr dankbar, weil ich so bei Bayern gelandet bin, was das Beste war, was mir in meiner Karriere passieren konnte. Das konnte ich damals natürlich nicht ahnen. Deshalb war es eine sehr schwierige Situation für mich. Man geht nicht einfach so von Real Madrid weg. Man lässt sich nicht gerne sagen, dass man wegmuss. Man ringt mit sich, wägt alle Möglichkeiten immer und immer wieder ab. Weil man genau weiß, wenn man geht, dann ist es ein Abschied für immer. Die Wahrscheinlichkeit, noch einmal zurückkehren zu können, wenn man einmal so gegangen ist, ist nahezu null. Weg ist weg. Zudem war Bayern damals auch noch nicht auf dem gleichen

Niveau wie heute. Es war eine unheimlich schwierige Entscheidung. Aber letztlich habe ich mit der Entscheidung, zu Bayern zu gehen, den besten Entschluss meiner Karriere gefasst. Ich hatte in München auch einen Traumstart, habe im ersten Spiel gegen Wolfsburg gleich zwei Tore geschossen. Das hat es natürlich leichter gemacht. Damit waren die etwas schweren Tage in Madrid auch wieder vergessen."

So überwiegen selbst bei Robben trotz der Art und Weise, wie er weggemobbt wurde, die schönen Erinnerungen an seine Zeit bei Real Madrid, vor allem an das Supercup-Finale 2008. Im Hinspiel gegen Valencia, das Madrid 2:3 verlor, wurde er erst 27 Minuten vor dem Ende für Robinho eingewechselt. Im Rückspiel stand er von Anfang an auf dem Platz, stürmte neben Raúl und Ruud van Nistelrooy. Doch schnell war Madrid in Unterzahl, Rafael van der Vaart flog wegen groben Foulspiels mit glatt Rot nach 40 Minuten vom Platz, van Nistelrooy in der 73. mit Gelb-Rot. Trotzdem führte Robben die Blancos zum 4:2 und dem Gewinn des Pokals. „Im Supercup habe ich vielleicht eines meiner besten Spiele gemacht. Da bin ich gelaufen wie wahnsinnig, habe gedribbelt wie verrückt, habe es immer wieder und wieder probiert. In dem Spiel lief es für mich nahezu perfekt."

Und noch zwei Spiele hat Robben in ganz besonderer Erinnerung. Im Mai 2008 spielten die Madrilenen am 35. Spieltag gegen CA Osasuna. Mit einem Sieg konnten die Blancos die Meisterschaft vorzeitig entscheiden, Verfolger Villarreal uneinholbar abschütteln. Doch in der 84. Minute ging Osasuna nach einem Elfmeter in Führung. Dann kam Robbens großer Auftritt. Per Kopf erzielte er in der 88. Minute den Ausgleich, in der 90. traf Gonzalo Higuaín. Madrid war Meister – und musste am nächsten Spieltag gegen den Erzrivalen aus Barcelona ran. „In Spanien ist es Brauch, dass der Meister durch ein Spalier der Gegner läuft. Das war natürlich besonders schön, dass Barcelona für uns Spalier machen und dann zuschauen musste, wie wir die Meisterschaft feierten. Dass wir dann auch noch 4:1 gewonnen haben, hat den Abend perfekt gemacht." Wieder traf Robben, außer ihm noch Higuaín, van Nistelrooy und Raúl. 65 Pflichtspiele absolvierte Robben für Real Madrid. Er erzielte 13 Tore und bereitete 14 vor.

„Er war", sagt *AS* Sportchef Roncero, „damals ein Spieler, der den Unterschied ausgemacht hat, genau wie Raúl. Sein Problem war, dass

Florentino Pérez, als er 2009 zum zweiten Mal Präsident wurde, grundsätzlich alles, was mit der Vergangenheit zu tun hatte, unbedingt löschen wollte. Der Preis, für den Real ihn abgegeben hat, war mit 25 Millionen Euro viel zu gering. Mehr als sieben Jahre gehörte Robben in der Folge zur Weltelite. Wir haben diesen Spieler dummerweise davonziehen lassen." So viel zum Thema „königliche Abschiebungen aus präsidialer Willkür".

# KAPITEL 10

# IM SÜDEN GESTORBEN,
## IM NORDEN GEFEIERT

mmerhin hatte Mendoza 1992 mit seinem Antrittsgeschenk Hugo Sánchez ein gutes Gespür bewiesen. Für Stielike holte er nämlich jemand, der perfekt zu Real Madrid passte, einen, der das von Bernabéu dem Verein implementierte Sieger-Gen schon als Kind hatte.

Der gebürtige Mexikaner war besessen davon, der Beste zu sein, zunächst nur in der Schule, später in allem, was er tat. „Als ich in die Grundschule ging – ich war ungefähr sechs Jahre alt –, gab es jeden Montag eine Bewertung, eine Art Zwischenzeugnis, das von den Eltern unterschrieben werden musste. Ich hatte fast nur neun und zehn Punkte gehabt, also Höchstwertungen. Als ich das Gesicht meiner Mutter, ihr Strahlen über meine Leistung, gesehen habe, wollte ich ihr diese Freude öfter schenken. Das fiel mir auch gar nicht schwer, schließlich war ich diszipliniert, fleißig und gut erzogen. Das hat mich sehr motiviert."

Die Mutter war es dann auch, die den kleinen Sánchez lehrte: „Hugo, du musst daran denken und dich auch darauf vorbereiten, der beste Sohn, der beste Bruder, der beste Freund, der beste Verlobte, der beste Vater zu werden." Natürlich auch der beste Fußballer, eine Leidenschaft, die er auf den Straßen von Mexiko-Stadt früh für sich entdeckte: „Wegen dieser mentalen Einstellung, die mir meine Mutter vermittelt hatte, hatte ich schon als Kind einen Traum: Ich wollte zunächst der beste Spieler meiner

Schule sein. Der beste Spieler der Straße. Der beste Spieler der Siedlung. Dann der beste Spieler der Stadt. Dann der beste Spieler des Landes. Und dann wollte ich einer der besten Spieler der Welt sein. Und schon als Kind dachte ich, dass ich dafür zu Real muss."

Doch zunächst landete er 1981, nachdem er zuvor bei UNAM Pumas gespielt hatte, bei Atlético Madrid, wo er 1985, in seinem letzten Jahr, Torschützenkönig wurde. „Ich habe in den vier Jahren gemerkt: Die Mannschaft, bei der ich spielen möchte, muss eine sein, die Titel und Titel und Titel gewinnt. Ich wollte zu den Besten. Aus diesem Grund merkte ich schnell, dass meine Etappe bei Atlético kurz sein würde. Nach vier intensiven Jahren und der Anpassung an den spanischen Fußball weckte ich Begehrlichkeiten bei Real Madrid, auch bei Barcelona und bei italienischen Teams wie Inter Mailand. Weil ich schon als Kind von Real Madrid geträumt hatte und es mein Wunsch war, beim erfolgreichsten Verein aller Zeiten zu spielen, fiel mir die Entscheidung nicht schwer."

Der Transfer hingegen war problematisch, denn so einfach wechselt man nicht von Atlético Madrid zu Real Madrid. Obwohl nur sieben Kilometer zwischen den Stadien beider Vereine liegen, so liegen doch Welten zwischen den Klubs – finanziell, aber vor allem auch in puncto Weltanschauung.

In dem einen Stadion, im Estadio Santiago Bernabéu, dem von Real Madrid, das im reichen Norden zwischen Banktürmen liegt, werden, so sagt man, Opernaufführungen vor einer feinen Zuschauerschaft gegeben. Es ist ein Platz des Glamours, der Eitelkeiten und des Selbstvertrauens. Im Estadio Vicente Calderón, dem Stadion des bodenständigen Kontrahenten, geht es laut, rau und derb zu, wie in der Kneipe um die Ecke. Es ist umringt von Hochhaussiedlungen. Es ist kein schönes Stadion. Zuschauern, die auf der Haupttribüne sitzen, kann es passieren, dass sie bei Abendspielen vom Scheinwerferlicht von Autos geblendet werden, die über die M30 brausen. In diesem Jahr allerdings wird Atlético umziehen, in ein schickeres Stadion, das Wanda Metropolitano.

Real Madrid ist der Klub der Schönen und Reichen, Atlético ein Arbeiterklub. Zum Stadion im Norden zieht es schon seit Jahrzehnten Touristen aus aller Welt. In den Süden, an das Ufer des Manzanares, eher ein Bächlein als ein Fluss, verirren sich kaum Touristen.

Die Spieler von Real Madrid werden „Los Blancos" genannt, weil ihr Trikot diese bedeutungsschwere Nichtfarbe hat, weiß wie der Schnee, weiß wie das Licht und weiß wie die Wolken am Himmel. Die Akteure vom Ortsrivalen spielen in rotweißen Trikots, die aussehen wie die gestreiften Matratzen während der Franco-Zeit. „Los Blancos" gegen „Los Colchoneros" – das klingt schon nach Klassenunterschied.

Und dann haftet Atlético auch noch ein Verlierer-Image an, insbesondere seit 1974, seit Hans-Georg Schwarzenbecks Treffer ins Mark des Vereins. Im Finale des Europapokals der Landesmeister führte Madrid gegen Bayern München bis zur letzten Minute der Verlängerung durch ein Tor von Luis Aragonés. Der Titel war zum Greifen nahe – bis Schwarzenbeck 20 Sekunden vor Schluss einfach aus 30 Metern abzog und mit seinem Treffer ein Wiederholungsspiel erzwang, das Bayern mit 4:0 gewann.

Seither sieht sich der Verein gerne in der tragischen Verliererrolle. Es gibt sogar eine eigene Bezeichnung dafür: „El Pupas" hat sich zu einem Lebensgefühl entwickelt, immer und immer wieder verstärkt durch Rückschläge wie die beiden verlorenen Champions-League-Finals 2014 und 2016, deren Sieger zudem auch noch Real Madrid hieß.

Am allermeisten aber nervt Atlético Madrid, dass es den Stadtrivalen zwar nach Kräften hasst, Real diesen Hass aber nicht gleichwertig erwidert. Stattdessen hassen die Königlichen viel lieber und viel intensiver Barcelona (dazu später mehr) – was Atlético noch viel wütender macht.

Toni Kroos bestätigt: „Atlético ist zwar unser lokaler Konkurrent und sportlich inzwischen auf Schlagdistanz, aber von der Wirkung auf die Fans und vom ganzen Drumherum her ist die Rivalität mit Barcelona noch größer. Wenn es um den berühmten Clásico geht, herrscht eine ganz andere Stimmung. Das ist mit nichts vergleichbar."

Aus all diesen Gründen war es 1985 unmöglich, dass Hugo Sánchez direkt von Atlético zu Real Madrid wechselte. „Ein direkter Verkauf wäre nicht akzeptiert worden", so der Mexikaner. „Es ging nur indirekt. Atlético verkaufte mich an die Pumas zurück und unmittelbar danach verkaufte mich die Pumas an Real, ein Brückenvertrag. Den Fans hat es natürlich trotzdem nicht gefallen, dass ich zum reichen Nachbarn gegangen bin. Wenn man von einem Verein des Volkes oder einem kleineren Klub zum großen geht, tut es weh." Selbst Jahre später echauffierte sich Jesús Gil y

Gil, der erst 1987 Präsident von Atlético wurde, noch über Sánchez: „Für mich ist der gestorben."

Im Süden Madrids gestorben, im Norden Madrids gefeiert. Vor allem lernte Sánchez, was es wirklich bedeutet, ein Königlicher zu sein. Bevor er das Trikot der Blancos übergestreift habe, sei es noch nicht üblich gewesen, „dass jedes Spiel aus Spanien in Mexiko live übertragen wurde. Doch nach meinem Wechsel wurde jedes, egal in welchem Wettbewerb, live gesendet." Mehr noch: „Wenn es Wochen gab, in denen wir beispielsweise in kurzem Abstand in allen drei Wettbewerben antreten mussten, wurden sogar Reisepakete in Mexiko geschnürt, inklusive Flugtickets, Hotels und Eintrittskarten für die drei Spiele."

Die Reiseveranstalter vereinbarten zudem Treffen, bei denen Sánchez für Autogramme und Fotos zur Verfügung stand. „Für mich war das super, so konnte ich oft mexikanische Flaggen im Stadion sehen. Das war während meiner gesamten Real-Zeit so. Das hat mir sehr gefallen. Es hat mich unglaublich motiviert. Diese unglaubliche Wertschätzung, die sie mir entgegenbrachten, und das viele Geld, das sie ausgaben, um mich spielen zu sehen – toll."

Real Madrid machte Sánchez größer. Er musste erfahren: „Über alles, was bei Real Madrid passiert, wird geschrieben. Real Madrid sorgt immer und überall für Aufsehen. Jeder Fußballfan auf der Welt will immer alles über Real Madrid wissen. Real Madrid allein ist die Nachricht."

Fünfmal in Folge wurde Sánchez mit Real Madrid Spanischer Meister. Zweimal gewann er den spanischen Pokal. 1986, 1987, 1988 und 1990 wurde er Torschützenkönig.

Die Heldenverehrung kannte keine Grenzen. Insbesondere die mexikanischen Fans glaubten, er bewege sich in einem Grenzbereich zwischen Irdischem und Überirdischem. Selbst in Deutschland wurde dies thematisiert, der *Spiegel* kam zu der Erkenntnis: „Eigentlich müsste er aus den Wolken herabschweben und nicht mit den anderen brav ins Stadion einlaufen."

Tatsächlich hatte Sánchez ein festes Ritual, das nichts mit einem gewöhnlichen Einlauf ins Stadion zu tun hatte. „Ich hatte eine spezielle Vorbereitung auf die Spiele, eine psychologische, mentale Komponente, die mir sehr geholfen hat. Ich habe mich förmlich transformiert. Außerhalb des Platzes war ich ein normaler Mensch. Aber jedes Mal, wenn ich den Platz betreten habe, wurde das anders." Seine Transformation ist folgendermaßen vonstattengegangen: „Ich machte einen Satz, einen Sprung. Ich sprang mit rechts ab und landete auch mit rechts auf dem Platz. Ich habe mich wie mit einem Katapult in die Luft geschossen. Mit diesem Satz wurde ich zu dem Fußballer, den man in den folgenden 90 Minuten sah. Der Satz hat mir auch geholfen, Gott näherzukommen und mich von ihm auf dem Platz geschützt zu fühlen."

Neben seinem Sprungtrick habe er zudem einen weiteren mentalen Trick angewandt: „Ich habe mir vor dem Spiel immer mental vorgestellt: Wer wollte ich sein? Wie wollte ich meine Ziele erreichen? Ich habe mir also meine Gegenspieler vorgestellt, wie ich sie vor meinem geistigen Auge ausspiele. Ich habe mir vorgestellt, wie ich den gegnerischen Torwart verlade. In diesen geistigen Filmen habe ich mir ganz genau vorgestellt, wie viele Tore ich schieße und vor allem wie ich sie schießen möchte. Ich habe die Tore exakt vor meinem inneren Auge gesehen. Das hat mir sehr geholfen und viel Selbstvertrauen gegeben."

Diese Art der Spielvorbereitung hatte Sánchez schon in Mexiko gelernt. „Von Kindesbeinen an, als ich mit meinen Freunden auf der Straße gespielt habe, hatte ich schon leichte Anwandlungen davon. Aber erst durch die Hilfe eines Psychologen habe ich diese Vorbereitung perfektioniert." Nach den Olympischen Spielen 1976 in Montreal „begann ich regelmäßig psychologische Sitzungen zu besuchen und das hat mir bei meiner ‚Verwandlung' sehr geholfen. Diese mentale Übung hat meine Leistung potenziert."

Doch Sánchez hatte auch mit vielen Widerständen zu kämpfen. Selbst bei Real Madrid mit seinem professionellen und perfekten Umfeld stieß er auf Ablehnung, als er um einen Psychologen bat und vorschlug, diesen für die Vorbereitung der ganzen Mannschaft zu nutzen. „In Spanien macht man so etwas nicht!", bekam er zur Antwort. „Man dachte damals, einen Psychologen benötigen nur die Verrückten. Also machte ich es eben nur für mich."

# KAPITEL 11

# MOBBING TROTZ
# FUSSBALLERISCHEN ZENITS

eal Madrid ist gnadenlos darin, nutzlos erscheinende Akteure auszusortieren. Genauso erbarmungslos agiert es allerdings auch beim Einkauf neuer Stars. Wenn es dafür Streit mit den abgebenden Vereinen in Kauf nehmen muss, tut es das. Der Verein weiß um die Wirkung, die ein Anruf bei dem Agenten eines Spielers, für den er sich interessiert, hat. Wenn Madrid ein Angebot macht, setzt bei einigen Spielern der Verstand aus. Real Madrid macht verrückt. Für Real Madrid werden Spieler zu Lügnern. Um das königliche Trikot überstreifen zu dürfen, nehmen Spieler selbst übelste Hasstiraden der Fans ihres Ex-Klubs in Kauf. Sie überstehen schlimmste Anfeindungen. Und manche instrumentalisieren sogar ihre Mütter, damit die helfen, öffentlich Druck zu erzeugen.

Als Gesetzmäßigkeit lässt sich festhalten: Wenn Real Madrid auf Shoppingtour geht, gibt es immer größere oder kleinere Aufregung. Gänzlich ohne Trubel geht kein Transfer über die Bühne. Das war früher so und daran hat sich bis heute nichts geändert.

Als Netzer und Stielike dem königlichen Werben nachgaben, war die Aufregung in Deutschland riesig. Sie wurden als „Vaterlandsverräter" verunglimpft. Netzer ging ein Jahr vor der Weltmeisterschaft im eigenen Land. Sein Erklärungsversuch für die anfangs bösen Schlagzeilen: „Es war damals natürlich noch keine Routine, dass jemand ins Ausland geht. Dass sich der Bundestrainer mal eben ins Flugzeug setzt und Spielerbeobachtung seiner Nationalmannschaftskandidaten macht."

Der Vorwurf, klagt Netzer, sei „drei Nummern zu groß" gewesen. „Ungerecht auch. Absurd. Nur weil ich das Land wechsele, woanders arbeiten möchte. Warum sollte ich nicht in ein anderes Land gehen, wenn ich dort mehr Geld verdienen kann? Ich habe auch immer ehrlich meine Gründe erklärt. Ich habe nie ein Geheimnis daraus gemacht, dass ich das Dreifache im Vergleich zu Gladbach verdienen konnte. Dass mich diese Attraktion Real Madrid – und es war damals eine noch größere Attraktion als heute – reizte. Real war damals das Größte, was man erreichen konnte. Es gab nichts Vergleichbares. Diese Faszination war entscheidend. Ich konnte mit ‚Vaterlandsverräter' nichts anfangen."

Während Netzer letztlich trotz der Vorwürfe in den Nationalmannschaftskader berufen wurde, hatte der Wechsel von Stielike zu Madrid deutliche Konsequenzen. Auf der einen Seite habe ihn der Wechsel zu Madrid als Spieler größer werden lassen: „Jeder Spieler, der die Möglichkeit hat, bei Real im Kader zu stehen, erfährt eine große Aufwertung, und wenn man darüber hinaus noch in der Lage ist, Stammspieler zu werden und erfolgreich zu sein, dann ist man auf dem fußballerischen Zenit angekommen." Auf der anderen Seite spricht er sogar davon, wegen des Wechsels gemobbt worden zu sein: „Ich habe teuer bezahlen müssen für meinen Wechsel. Ich wurde 22 Monate von der Nationalmannschaft ausgeschlossen. Ich wurde als Fahnenflüchtiger dargestellt. Ich bin 1977 gewechselt, 1978 war die WM in Argentinien. An mir hat man ein Exempel statuiert. Spieler, die ins Ausland gehen, würden nicht für Argentinien berücksichtigt. Man hatte wohl Angst, noch ein paar Mark zu bezahlen, um Spieler im Ausland zu beobachten. Mir wurde mein Wechsel ins Ausland zum Verhängnis. Drei, vier Jahre später hieß es dann, wenn man nicht im Ausland spielte: ‚Wie? Du spielst nicht im Ausland? Dann kannst du kein Guter sein.'"

Stielike macht kein Geheimnis aus seiner Verärgerung. „Das Wort ‚Mobbing' kam erst Jahre später auf. Aber was man vonseiten des DFB mit mir gemacht hat, war Mobbing. Man war damals so arrogant, so hochnäsig und hat geglaubt, man sei der Nabel der Fußballwelt. Durch das an mir statuierte Exempel wollte man verhindern, dass noch mehr ins Ausland wechseln. Man hat mich 1978 dann tatsächlich nicht mit zur WM genommen, obwohl ich eine überragende Saison bei Real Madrid gespielt hatte. Ich habe in meiner ersten Saison, obwohl ich als defensiver Mittelfeldspieler gekauft worden war, zwölf Tore geschossen, habe wesentlich zur Meisterschaft beigetragen. Mit 23 Jahren durfte ich trotzdem nicht mit zur WM – obwohl ich voll im Saft war. Das schreit vor Ungerechtigkeit zum Himmel."

Daher habe er es auch später schwer gehabt, als er wieder in der Nationalmannschaft spielen durfte. „Man hat mir knallhart den Stempel als Fahnenflüchtiger aufgedrückt. Meine Rückkehr war daher problematisch und die Beurteilung meiner Leistung unfair. Wenn ich mittelmäßig gespielt habe, war es schlecht. Wenn ich gut gespielt habe, war es mittelmäßig. Damit ich eine gute Bewertung in der Nationalmannschaft bekommen habe, musste ich überragend gespielt haben."

Traurig mache ihn überdies die geringe Anzahl von Länderspielen. „Ich bin ja durch das ganze Theater nur auf 42 Stück gekommen. Normalerweise müsste ich bei 70 bis 80 Länderspielen stehen."

Trotz allem: Die Tatsache, Spieler von Real Madrid gewesen zu sein, überstrahlt alles und lässt auch die Verärgerung über den DFB kleiner werden.

# KAPITEL 12

# OHNE NACHZUDENKEN
## NACH MADRID

W enn Real Madrid dich haben will", sagte Paul Breitner einmal, „fährst du mit dem Fahrrad rüber oder gehst zu Fuß. Das gilt bis heute. Das ist bis heute das Größte, das dir im Fußballerleben passieren kann."

Als Bodo Illgner ein Angebot von Real Madrid bekam, fuhr er zwar nicht mit dem Fahrrad, dafür holten ihn die Königlichen direkt aus der Dusche und sorgten dafür, dass er ohne nachzudenken bei ihnen auf der Matte stand. Ganz heimlich wollte er seinen Spontantrip antreten, einen Besuch ohne Schlagzeilen, ohne mediale Begleitung – was aber kräftig in die Hose ging.

„Das Angebot kam aus dem Nichts. Ich hatte null Vorahnung", erklärt der Weltmeistertorwart von 1990. Die Königlichen meldeten sich am letzten Tag der Transferperiode mit dem Selbstverständnis: ‚Wir rufen, du musst sofort springen!'"

Die Bundesligasaison 1996/97 ist schon im Gange. Köln, Illgners Verein, hat bereits vier Spiele absolviert, gegen Fortuna Düsseldorf, 1860 München und den SC Freiburg gewonnen. Gegen Rostock gibt es die erste Niederlage, Jonathan Akpoborie trifft zweimal gegen Illgner. Zwei Tage später bereitet sich die Mannschaft von Peter Neururer auf die bevorstehende DFB-Pokalbegegnung gegen den FSV Zwickau vor, die am

Sonntag stattfinden soll. „Es war eine relativ kurze Trainingseinheit", erinnert sich Illgner, „so in etwa eine Stunde. Gegen 16 Uhr kam ich vom Platz in die Kabine geschlurft, habe mich ausgezogen und wollte ganz in Ruhe duschen, so wie immer. Ich habe immer sehr gerne sehr lange geduscht, habe mir Zeit gelassen. Doch dann rief unser Masseur nach mir, ich solle ans Telefon kommen."

Um im Notfall erreichbar zu sein, gibt es beim 1. FC Köln in der Massageabteilung ein Festnetztelefon. Handys sind eine absolute Rarität. Das Nokia 8110 ist ganz frisch auf dem Markt. Eine Gesprächsminute kostet tagsüber zwischen 1,64 und 1,89 D-Mark. Von umfassender Netzabdeckung kann keine Rede sein, in der Kabine der Kölner jedenfalls gibt es keinen Empfang. „Bodo, Telefon! Jetzt komm schon", ruft der Masseur noch einmal. „Deine Frau ist dran. Sie sagt, es sei wichtig."

In Badeschlappen und mit Handtuch um die Hüften schnappt sich Illgner den Hörer. Es ist ein kurzes Gespräch. „Meine Frau meinte nur: ‚Komm heute mal etwas schneller nach Hause. Der Wolfgang Vöge hat Kontakt zu Real Madrid hergestellt. Die haben angerufen. Sie wollen dich. Wir sollen heute noch da hinkommen.'"

Zu der Zeit war es nahezu unmöglich, als Torwart ins Ausland zu wechseln. Wenn, dann wurden Stürmer gekauft wie Marco van Basten oder Jürgen Klinsmann. Die großen Summen wurden für Feldspieler gezahlt, aber nicht für Torhüter. Wenn überhaupt, dann hätte Illgner damit gerechnet, nach der Weltmeisterschaft 1990 ins Gastgeberland, nach Italien, zu wechseln. „Ich hatte für die WM ein bisschen Italienisch gelernt, hatte auch schon ein paar Interviews auf Italienisch gegeben, weil ich dachte, dass sich da eher irgendwann die Chance ergeben würde. An Spanien und Real Madrid habe ich nie gedacht."

Illgner hat lediglich, das gibt er zu, bereits zwei Jahre zuvor an ein paar Stellen lanciert, dass er sich einen Vereinswechsel prinzipiell vorstellen könne. „Die Entwicklung von Köln war absehbar, sie war nicht so rosig. Ende der 80er-Jahre war der Verein sehr erfolgreich, Anfang der 90er wurde es immer schwieriger, die Finanzlage wurde angespannter. Deshalb haben meine Frau und ich dem Spielerberater Wolfgang Vöge gesagt, dass ich eine festgeschriebene Ablöse habe, für die ich den Verein verlassen kann – nur für den Fall, dass sich mal was ergeben sollte. Ich glaube, dass meine Ausstiegsklausel bei vier Millionen D-Mark lag. Das ist heute mit 40 Millionen Euro vergleichbar." Doch zunächst einmal tat sich nichts.

Illgner hörte nur zu, sagte kaum etwas. Er wusste, dass er sich gegenüber seinen Mitspielern, die sich um ihn herum in der Kabine umzogen, nichts anmerken lassen durfte. „Ich habe versucht, ein Pokerface aufzusetzen und ganz lässig zu wirken. So, als sei nichts Besonderes geschehen." Ansonsten habe er nicht viel gedacht, versichert Illgner, nur: „Jetzt schnell nach Hause." Deshalb habe er „so schnell wie nie wieder in seiner Karriere geduscht".

Währenddessen organisierte Bianca Illgner generalstabsmäßig die bevorstehende Reise. Erste Vertragskonditionen wurden mit Madrid besprochen. „Meine Frau konnte etwas Spanisch, aber nicht gut genug. Daher hat sie einen Freund, einen Kolumbianer, der Spanisch sprach und bei der Deutschen Bank arbeitete, gebeten, ihr zu helfen." Außerdem organisierte sie einen deutschen Anwalt, der die Vertragsentwürfe prüfen sollte. „Den ganzen Nachmittag hat meine Frau quasi vorm Fax verbracht, die Maschine ratterte in einer Tour, spuckte immer neue Schriftstücke aus Spanien aus. Mit der rechten Hand funktionierte sie als meine perfekte Beraterin, mit links hielt sie unser Baby im Arm, das gerade einmal drei Monate alt war."

Bianca zwischen Mama und Managerin: „Gleichzeitig hat sie auch noch einen Privatflieger gebucht, sich vorher natürlich per Fax bestätigen lassen, dass wir die Kosten ersetzt bekommen", berichtet Illgner. „Meine Frau ist organisatorisch wirklich sensationell. Sie funktioniert in einem solchen Fall einfach perfekt."

Kurz nachdem Illgner vom Training heimgekehrt war, ging es auch schon zum Flughafen. Gegen 20 Uhr hob der Privatjet ab in Richtung Madrid. „Ich bin eigentlich nur unter der Prämisse ‚Mal gucken, was da kommt' hingeflogen. So richtig vorstellen konnte ich mir einen Wechsel zu dem Zeitpunkt noch nicht. Ich hatte auch gar keine Zeit, darüber richtig nachzudenken. Ich hatte bloß im Hinterkopf: ‚Wir haben Sonntag ein Pokalspiel. Morgen ist Abreise. Ich bin noch beim FC unter Vertrag. Wenn das nicht klappt, spiele ich da, als wäre nichts gewesen.'" Deshalb wollte Illgner die Reise auch so geheim wie möglich halten.

Während des Fluges besprachen Illgner, seine Frau und der Anwalt ihre Verhandlungsstrategie. „Wir kannten ja nur die groben Rahmenbedingungen, über Details war natürlich noch nicht gesprochen worden.

Die Vertragslaufzeit und das Gehalt schienen zu passen, aber der Rest war völlig unklar. Das war schon insgesamt eine Reise ins Ungewisse, eine nervliche Belastung. Über den Klub wusste ich schließlich gar nichts, außer dass es der große Klub Real Madrid ist. Ich kannte weder den Kader noch mit welchen Torhütern ich mich auseinandersetzen muss. Ich dachte nur: ‚Wenn die dich haben wollen, dann setze ich mich da schon durch, sollte es zum Wechsel kommen.' Wenn man lange darüber nachgedacht hätte, sich insbesondere vor Augen geführt hätte, wie groß das Standing von Torwart Francisco Paco Buyo war, der schon über zehn Jahre bei Madrid gespielt hatte, ein Publikumsliebling war, dann weiß ich nicht, ob ich nicht frühzeitig einen Rückzieher gemacht hätte. Eine wohlüberlegte Entscheidung war das alles nicht. Real Madrid ruft, ich komme – eigentlich Wahnsinn."

Wahnsinnig wurde auch der Empfang in Madrid. Denn obwohl Illgner samt Gefolge am Terminal für Privatmaschinen landete, hatte er keine Chance, seine Ankunft zu verheimlichen. „Da warteten schon 50 Journalisten auf uns. Ich habe mich erst einmal hinter einer Säule versteckt und habe überlegt, wie ich da heimlich rauskomme. Schließlich war ich ja so naiv gewesen und dachte, ich könne den Trip verheimlich, sollte das mit dem Wechsel alles nicht klappen. Aber die Idee mit der Undercover-Reise hatte sich damit erledigt. Es gab keine Chance, heimlich aus dem Terminal zu entwischen. Und vor allem hatten wir auch keine Zeit zu verlieren. Der Vertrag musste noch in der Nacht unterschrieben werden, weil das Transferfenster schloss. Deshalb sind wir irgendwann einfach losgelaufen und haben das Blitzlichtgewitter über uns ergehen lassen."

Im „Affenzahn" rast der von Madrid zum Flughafen beorderte Fahrer mit Illgner an Bord zum Bernabéu, wo die entscheidenden Verhandlungen stattfinden. 15 Minuten später erreichen sie das Stadion.

Noch in dieser Nacht muss eine Einigung erzielt werden, wenn er denn zu Madrid will. „Finanziell machte Real ein Angebot, wie Bianca und ich es uns in den Jahren zuvor schon vorgestellt hatten. Aber Köln war dazu nicht in der Lage gewesen." Doch nun scheinen die finanziellen Träume wahr zu werden. „Die Rahmenbedingungen waren okay, die Laufzeit, das Gehalt." Alles scheint auf eine Einigung hinauszulaufen. Doch plötzlich geraten die Verhandlungen ins Stocken. „Es wurde dramatisch", erinnert sich Illgner. „Madrid konfrontierte uns mit einer Klausel, von der wir noch nie gehört hatten und die uns Angst machte. Sie besagte, dass der Spieler eine Entschädigung zahlen müsse, wenn er den Vertrag nicht erfüllen möchte. 12,5 Millionen D-Mark sollten wir dann aus eigener Tasche berappen. Das war ein Schlag vor den Kopf. Wir hatten überhaupt noch nicht davon gehört, dass die Verantwortlichkeit direkt beim Spieler liegt, dass sich ein Spieler quasi freikaufen muss. Das war für uns komplett neu. Vor allem wussten wir überhaupt nicht, woher wir 12,5 Millionen nehmen sollen, falls wir unzufrieden in Madrid wären. An dieser Klausel drohte der Vertrag tatsächlich zu scheitern."

Madrid versucht den Illgners zu erklären, dass es sich schlicht und ergreifend um eine Ausstiegsklausel handele, wie sie in Spanien gang und gebe sei. Der einzige Unterschied zu Deutschland sei, dass die Spieler die Zahlung leisten müssen, wenn sie den Vertrag vorzeitig kündigen wollen. Der künftige Verein, der sich die Dienste eines Spielers sichern will, überweist an diesen die vereinbarte Summe der Ausstiegsklausel. Der Spieler wiederum gibt das Geld an seinen aktuellen Arbeitgeber weiter. „Damals war das nicht so bekannt wie heute", erklärt Illgner. „Woher hätten wir das auch wissen sollen? Die Spanier haben es uns erklärt und uns ihr Wort gegeben. Aber Bianca hat gesagt, wir wollen die Erklärung zur Sicherheit schriftlich haben. Das brachte die Madrilenen richtig auf die Palme. Sie fühlten sich in ihrer Ehre gekränkt. Da wurde es dann richtig problematisch. Der Vizepräsident tobte: ‚Ihr zweifelt hier am Wort des Präsidenten.'" Bis dato hatten es die Bosse von Madrid geschluckt, dass sie hauptsächlich mit einer Frau verhandelten. Bodo Illgner hat es nie gemocht, selber über sich und seine Verträge zu sprechen. Als Kapitän hat er sich zwar für die Belange sämtlicher Mitspieler eingesetzt, doch für sich selbst hat er nie gesprochen. Das hat er seiner Frau überlassen.

„In dieser Machowelt Fußball, noch dazu in Südeuropa, war das sehr ungewöhnlich. Die fühlten sich auch nicht sonderlich wohl. Und jetzt, wo sie auch noch meinten, dass wir sie in ihrer Ehre gekränkt hätten, wurde es richtig laut. Es wurde geschrien und wild gestikuliert. Der Präsident schrie, der Vizepräsident schrie, meine Frau schrie. Nur ich konnte nicht mitschreien, weil ich kein Spanisch konnte. Da ging es bis aufs Messer."

Schließlich kann Bernd Schäfer, der Kölner Anwalt, den die Illgners mitgenommen haben, sich entsinnen, schon einmal bei einer Verhandlung mit Juventus Turin von einer solchen Klausel gehört zu haben, und sorgt nach langem Hin und Her für eine Deeskalation. Auch der Vizepräsident beruhigt sich wieder, lobt Bianca Illgner für ihre Art der Verhandlungsführung. Sie sei sehr professionell. „Dann haben wir unterschrieben."

Wenige Stunden später, um sechs Uhr morgens, sind die Illgners wieder am Flughafen, um zurück nach Deutschland zu fliegen. Bianca Illgner will Kölns Klaus Hartmann anrufen und über den nächtlichen Madrid-Ausflug informieren. Bodo hält sie davon ab, weil er glaubt, man könne den 67-jährigen FC-Präsidenten noch nicht aus dem Bett klingeln. „Lass den schlafen und ruf Wolfgang Loos an", sagt er. Der Geschäftsführer kann es nicht glauben, was ihm die Illgners am Telefon offenbaren. „Wir sind in Madrid, haben alles klargemacht, für vier Millionen können wir gehen", sagen sie ihm. Loos weiß nichts von der Ausstiegsklausel, er war nicht dabei, als sie vereinbart worden ist. „Dann hat er im Morgengrauen in den Vertrag geschaut." Übel genommen habe ihm der FC, da ist sich Illgner sicher, seinen Wechsel nicht, auch wenn er natürlich weiß: „Sportlich war mein Weggang ein Verlust für sie. Die hatten keine Zeit mehr zu reagieren. Trotzdem: Es hat mir niemand übel genommen. Sie haben immerhin vier Millionen Mark bekommen, das war verdammt viel Geld damals."

Illgner ist ohne großes Nachdenken bei Madrid gelandet. Eine Woche ist er nach seiner überstürzten und überraschenden Reise in die spanische Hauptstadt noch in Deutschland. „Wir haben dann alle Zelte abgebrochen, das Haus gekündigt, Kartons gepackt, den Umzug vorbereitet, Papierkram erledigt. In der Woche habe ich überhaupt nicht trainiert. Null. Ich habe total abgenommen, weil ich keine Zeit zum Essen hatte."

Die meiste Zeit trägt Illgner beim Ausmisten einen Walkman bei sich, den Vor-Vorgänger des iPods, und hört Sprachkurs-Kassetten von Langenscheidt. „Ich habe die ganze Zeit Übungen vor mich hin gebrabbelt", sagt Illgner. „Damals sprach kaum jemand Englisch. Mit den Mitspielern konnte man nur Spanisch sprechen." Daher übt er fleißig. Illgner will kommunizieren können, auch wenn es für ihn als Spieler nicht so elementar wichtig ist wie für Trainer. „Die Spieler sind Sauhunde. Die nutzen jede Schwäche. Wenn ein Trainer schlecht Spanisch spricht, machen die Spieler schon Witze. Kommt eine Phase, in der es nicht läuft, werden aus den Witzen Vorwürfe. Als Trainer darf man diese Angriffsfläche nicht bieten." Als Spieler sei es hingegen nicht ganz so schlimm, wenn es sprachlich am Anfang hakt.

Dann beginnt Illgners Madrid-Abenteuer. Vormittags absolviert er, lange nach der Vertragsunterschrift, den Medizincheck. Nachmittags steht das erste Training auf dem Programm. Trainer Fabio Capello hat es extra verschoben, damit Illgner dabei sein kann. „Weil ich eine Woche nicht trainiert hatte, war ich nicht in optimaler Verfassung. Zudem war die Luft in Madrid sehr trocken. Ich habe richtig gelitten." Am Ende der Einheit kommt es dann zum „Showdown", wie Illgner es nennt. Santiago Cañizares und Paco Buyo, die anderen beiden Madrider Torhüter, hatten sich in der Vorbereitung zuvor schon einen heißen Kampf um den Platz zwischen den Pfosten geliefert. „Die haben bis aufs Messer gekämpft. Bei Steigerungsläufen sind die wie zwei Pferde nebeneinander hergerannt." Doch Capello war nicht zufrieden, wollte Bodo Illgner, der mit 1,87 Metern die beiden um sechs beziehungsweise acht Zentimeter überragte. Nun wollte Capello sehen, wie sich Illgner machte. „Bevor ich das erste richtige Gespräch mit ihm hatte, hat er uns drei gegeneinander antreten lassen. Mein Hals brannte, ich hatte kaum Kraftreserven und wir mussten uns die Bälle um die Ohren ballern lassen." Aber Illgner besteht den Capello-Test.

In einer Woche von Köln zu Real Madrid, aus der Dusche in den Flieger, ein kurzer Streit, eine schnelle Versöhnung – schon war Illgner ein Königlicher. Es war ein vergleichsweise einfacher Transfer, vor allem weil es um eine rein sportliche Verstärkung ging, der Einkauf nicht von politischen Machtspielchen geprägt war – wie es vier Jahre später bei Luís Figo der Fall war.

# KAPITEL 13

# WENN PRÄSIDENTEN
## DIE SCHEINE TANZEN LASSEN

Im Sommer 2000 herrschte ein erbitterter Machtkampf um das Präsidentenamt von Real Madrid. Lorenzo Sanz, seit 1995 im Amt, wollte es auf keinen Fall verlieren. Er bezeichnete sein Büro einmal als den „Mittelpunkt des Landes". Doch nun kam Florentino Pérez und wollte es ihm entreißen.

Der Multimillionär hatte 1994 schon einmal kandidiert, doch ihm fehlten circa 1.000 Stimmen gegen Ramón Mendoza, der sich letztlich durchsetzte und dem Unterlegenen verächtlich entgegenschleuderte: „Señor Pérez, Sie sind ein trauriger, grauer Typ mit einer Aura von Mehltau."

Die Wahlschlappe saß tief, ebenso die Häme. Eine erneute Niederlage kam für Pérez nicht infrage, sodass er mit Wahlversprechen nur so um sich warf, um die 50.000 stimmberechtigten Mitglieder, die am 16. Juli 2000 per Brief oder in einem Wahllokal ihre Stimmen abgaben, für sich zu gewinnen.

Er versprach ihnen, die Einnahmen zu erhöhen und Schulden abzubauen. Gleichzeitig verkündete er vollmundig, er werde im Fall seines Wahlsiegs Luís Figo holen. 1999 und 2000 war der zum besten ausländischen Spieler der spanischen Liga gewählt worden – für seine Auftritte im Trikot des FC Barcelona, Reals größtem Feind. Zweimal war er mit den Katalanen Meister und Pokalsieger geworden. In 169 Spielen hatte er 33 Tore erzielt. Nun war der Portugiese ein Wahlversprechen in einer Geldschlacht zweier Millionäre.

116 Millionen Mark müsste Perez für Figo aufbringen, so hoch war die festgeschriebene Ablöse bei einem Wechsel innerhalb Spaniens, eine unglaubliche Summe. Die bis dato höchste Transfersumme hatte Inter Mailand bezahlt: 80 Millionen D-Mark für Lazio Roms Christian Vieri.

Kontrahent Sanz bezeichnete seinen Widersacher als „Schwätzer". Er selbst glaubte vor allem dadurch zu punkten, dass er die Verträge mit den Publikumslieblingen Raúl und Roberto Carlos sowie Kapitän Redondo verlängerte.

Zwei Tage vor der Wahl verkündete Figo: „Ich habe eine unwiderrufliche Entscheidung getroffen: Ich werde nicht für Real Madrid spielen. Wenn irgendjemand unter den Fans enttäuscht oder verärgert gewesen ist, dann bitte ich um Vergebung. Aber glaubt nicht das, was berichtet wird, sondern nur das, was ich sage."

Trotz der scheinbaren Abfuhr Figos an Pérez wurde dieser zum neuen Präsidenten gewählt. 16.469 Mitglieder hatten für ihn gestimmt, Sanz erhielt nur 13.302 Stimmen. In seiner Siegesrede verkündete Pérez Großes. „Ich werde dem Trainer jeden Wunsch erfüllen und den Franzosen Zinédine Zidane nach Madrid holen." Von Figo war in der Wahlnacht nicht mehr die Rede – erst wieder am 23. Juli, als Pérez verkündete: „Der Wechsel ist perfekt. Am Montag werden wir die Ablöse zahlen und Figo als neuen Spieler vorstellen."

Der vermeintlich traurige, graue Typ mit einer Aura von Mehltau hatte es tatsächlich geschafft. Er war Präsident geworden, hatte sein Wahlversprechen erfüllt und gleichzeitig für einen Transfercoup gesorgt, der die Fußballwelt noch über Monate beschäftigte.

„Ab heute ist Luís Figo ein Gott auf Erden, jede andere Bezeichnung wäre eine unstandesgemäße Abwertung", kommentierte der renommierte Sportjournalist Udo Muras in der *Welt*. Und fuhr fort: „Die Menschheit hat zwar Pest und Cholera besiegt und macht Fortschritte im Kampf gegen Alzheimer und Krebs. Aber die Pille gegen Maßlosigkeit wird wohl nie erfunden werden. Dabei würde sie sich immer rentieren, koste sie, was sie wolle." Sarkastisch schob er noch hinterher: „Der Fall Figo wirft naturgemäß ein paar wichtige Fragen auf. Wird der eigene Kabinentrakt, der dem Gott unter den Königlichen zweifellos zusteht, rechtzeitig zum Saisonstart fertig? Oder wird er etwa mit den anderen Spielern in den gleichen Whirlpool steigen müssen? Wird er die Meter von der Kabine zum Platz selber zurücklegen oder in der Sänfte getragen? Wenn Sänfte, welche Spieler werden ihn tragen?"

Neun Millionen D-Mark kassierte Figo jährlich bei Real Madrid. Wegen seiner Lügen musste er sich heftige moralische Vorwürfe gefallen lassen. Um zu vermeiden, dass ein anderer Verein irgendwann kommt und den Portugiesen wegkauft, setzten die Königlichen die festgeschriebene Ablösesumme auf irrwitzige 348 Millionen D-Mark fest.

Als Figo am Montag in Madrid den Medizincheck absolvierte, trat nahezu zeitgleich Joan Gaspart seinen Posten als neuer Präsident von Barcelona an. Bis zuletzt hatte er gehofft, den Portugiesen zum Bleiben überreden zu können. Nun begann seine Amtszeit mit einer heftigen Schlappe. Figo sei, schimpfte Gaspart, „schon immer geldgierig gewesen", das könne er sogar mithilfe von Dokumenten beweisen.

„In Sachen Tradition und Titel war Real Madrid allen anderen Vereinen einen Schritt voraus", begründete Figo etwas später seinen Wechsel. „Dieser Klub ist wirklich einzigartig. Real ist der erfolgreichste Verein. Das war für mich der alles entscheidende Grund, warum ich diesen Schritt gegangen bin."

Bei Barcelona brachte natürlich niemand Verständnis für solche Argumente auf. Fünf Jahre war er das Gesicht des Vereins gewesen. Figo genoss die bedingungslose Zuneigung der Anhänger. Nun fühlten diese sich verraten. Der Verein reagierte, ermöglichte enttäuschten Barça-Fans, sich kostenlos den Aufdruck „Luís Figo" und die dazugehörige Nummer 7 vom Trikot entfernen zu lassen – vom Idol zum verhassten Abschaum.

Entsprechend bereitete sich Barcelona auf die Rückkehr Figos zum ersten Clásico vor, der drei Monate nach dem Wechsel stattfand. Der katalanische Fernsehsender *TV3* rief Fans dazu auf, Anti-Figo-Plakate zu gestalten. Das beste und hämischste wurde mit einer Reise für zwei Personen nach Lissabon, Figos Heimat, prämiert. „Du würdest deine Mutter verkaufen, wenn du sie kennen würdest", lautete einer von unzähligen Sprüchen, die eingereicht wurden.

Im Internet erhielt die Seite www.antifigo.com, auf der unter anderem Ideen für Demütigungen gesammelt wurden, zahlreiche Klicks. Selbst Barcelonas Präsident Gaspart heizte die Stimmung weiter an, indem er alle Zuschauer im Camp Nou aufforderte, „Figo mit einem Riesen-Pfeif-konzert zu empfangen".

Michael Laudrup, der nach vier Jahren und 167 Spielen für Barcelona 1994 direkt zu Madrid wechselte, gestand einmal, wie sehr ihm der an-schließende Hass, den er bei seiner ersten Rückkehr erlebte, zusetzte: „Das war einer der schlimmsten Momente meines Lebens. Die Ränge schafften es, mich förmlich zu lähmen, und der Lärm, jedes Mal wenn der Ball in meine Nähe kam, war unerträglich. Es waren schreckliche zwei Stunden, die reinste Folter."

Madrids Trainer Vicente del Bosque schaltete sich besorgte ein, bat die Anhänger von Barcelona vor dem Spiel darum, vernünftig zu sein. Statt mit dem offiziellen Mannschaftsbus zu fahren, der auffällig mit Logo gebrandet war, wählte Real zur Sicherheit für den Transport vom Flug-hafen zum Hotel einen neutralen Bus mit Barcelona-Kennzeichen.

Vier Leibwächter bewachten Figo rund um die Uhr. „Für das Publikum wird es ein großes Spektakel, aber ich werde vermutlich leiden", sagte der Portugiese. Und schob hinterher: „Ich stecke in der Haut eines Mörders."

Am Hotel flogen ihm Eier entgegen, im Stadion später zwei Mobil-telefone, auch Dosen und Flaschen. Aus Sicherheitsgründen verzichtete er, Meister des ruhenden Balles, sogar darauf, Ecken auszuführen. 104.000 Menschen waren ins Stadion gekommen. Auf ihren Plakaten stand „Ver-räter", „Geldscheffel", „Hurensohn".

Am Ende gewann Barcelona 2:0. Präsident Gaspart lobte das Publikum für das beherzte Pfeifkonzert, es habe sich „Höchstnoten" verdient. Der spanische Verband sah es ein wenig anders, brummte Barcelona eine Geldstrafe in Höhe von 19.000 D-Mark auf, eine Rekordstrafe. Dabei war der Höhepunkt im Anti-Figo-Theater noch lange nicht erreicht.

Als es im November 2002 zum dritten Aufeinandertreffen von Barce-lona und Real Madrid im Camp Nou nach Figos Wechsel kam, war der Hass auf ihn noch immer grenzenlos. Neben den Hass-Plakaten, auf de-nen Fans inzwischen nicht einmal mehr vor der Aufforderung „Stirb" zurückschreckten, prasselte dieses Mal neben Mobiltelefonen, Äpfeln und Feuerzeugen sogar eine leere Whiskeyflasche sowie ein Schweinekopf auf ihn nieder. Bei seiner ersten Rückkehr ins Camp Nou hatte Figo keine Ecken getreten, beim zweiten Spiel konnte er wegen einer Verletzung nicht auflaufen. Nun, beim dritten Clásico, war er seinen ehemaligen Anhängern so nahe wie nie – und ihre aufgestaute Feindseligkeit entlud sich. Das Spiel musste für 16 Minuten von Schiedsrichter Luis Cantalejo unterbrochen werden. Die Barça-Spieler Xavi Hernández und Carles Puyol säuberten den Rasen. Nach Wiederanpfiff wurde Figo, der weiterhin die Ecken trat, von einer Wand, bestehend aus acht Polizisten, abgeschirmt.

Míchel Salgado, rechter Außenverteidiger bei Barça, erinnert sich: „Als wir in die Kabine kamen, mussten wir lachen. Ein Schweinekopf? Wie zur Hölle schmuggelt man einen Schweinekopf ins Stadion? Was geht bei einem Menschen, der so etwas macht, im Kopf vor? Das war das Bizarrste, was ich jemals gesehen habe. Das ist feindselig und irgendwie krank." Figo selbst war, wie er zugab, „besorgt, dass irgendein Irrer den Kopf verliert".

Ihm sei bewusst gewesen, „dass es schlimm werden würde, auch weil die Medien ihr Übriges dazu beigetragen haben, die Emotionen zu schüren. Ich wollte sportlich alles dafür tun, dass wir erfolgreich sind. Ich wollte einfach spielen und versuchen, zu gewinnen. Ich wusste, dass mir etwas zustoßen könnte. Dass jemand mit einem Schweinekopf in ein Stadion kommen konnte, hätte ich nicht gedacht. Das ist ein Sport. Fußball ist und bleibt Sport. Und es gibt Dinge, die eine gewisse Grenze nicht überschreiten sollten. Rivalität sollte nie in Gewalt münden."

Der Abend sei eine „einzigartige Erfahrung" gewesen, so Figo. „Ich denke, es gibt keinen Athleten, der in einem Stadion spielte, in dem 100.000 Menschen gegen ihn sind. Es ist gut, sich ab und an daran zu erinnern."

# KAPITEL 14

# IM
# KAUFRAUSCH

Im September 1953 entriss Santiago Bernabéu Barcelona Alfredo Di Stéfano. Im Juli 2000, 47 Jahre und drei Präsidenten später, gelang Florentino Pérez mit dem Figo-Deal zumindest im Hinblick auf das Aufsehen, das er verursachte, ein ähnlich spektakulärer Coup. Ein weiteres Jahr später schob er dann mit der Verpflichtung von Zinédine Zidane einen weiteren Rekordtransfer hinterher.

Ein Mann, der es von ganz unten nach ganz oben schaffte. Der Jahre brauchte, bis er als Einwandererkind algerischer Eltern von ganz Frankreich adoptiert wurde. Der mit etwas Pech genauso gut Lieferwagenfahrer oder Postbote hätte werden können – anstatt der beste Fußballer der Welt und Liebling des Präsidenten von Real Madrid.

Lange Zeit war sein Leben hart. Zidanes Eltern Malika und Smaïl führten einen andauernden Kampf gegen den sozialen Absturz. Der Vater arbeitete zunächst als Lagerist, später als Wachmann im Supermarkt. Er arbeitete im Schichtdienst, mal früh, mal die ganze Nacht. Seine Augen waren von der vielen Nachtarbeit mit dunklen Ringen gezeichnet. Immer bekam Smaïl etwas weniger als den Mindestlohn.

Die Familie wohnte in La Castellane, im Norden von Marseille, kein aufbauender Ort. Die Betonwände, mit Graffiti übersät, erstickten jeglichen Traum im Ansatz. Es gab keine Bäume, kein Vogelgezwitscher, nichts

Freundliches. Nicht selten standen ausgeschlachtete Autos auf den Parkplätzen. Vor Erdgeschossfenstern waren Gitter angebracht. Junge Frauen wurden viel zu früh schwanger, junge Männer rutschten in die Kleinkriminalität ab. „In diesem Viertel reichte schon mal ein falscher Blick, um in große Schwierigkeiten zu geraten", erzählte Zidane einmal über seine Kindheit.

„Wir hatten keine Träume als Kinder. Wir lebten in unserem Viertel und was wir im Fernsehen sahen, war unerreichbar, eine andere Welt. Wir hatten keinen Grund, uns irgendetwas zu erhoffen. Ich weiß, wie es ist, wenn man mit großen Augen vor dem Schaufenster steht und sich nicht alles leisten kann." Früher sei seine Familie so arm gewesen, „dass wir uns nicht einmal Fleisch zum Essen leisten konnten. Es ist mir bewusst, dass mein Leben ohne den Erfolg im Fußball höchstwahrscheinlich schlimm verlaufen wäre."

Nur vier kleine Zimmer standen der Familie, zu der noch die drei Brüder Nordine, Farid und Djamel sowie Schwester Lila gehörten, zur Verfügung. Zinédine Yazid Zidane war so oft es ging draußen. Sein Lieblingsplatz zwischen den Plattenbauten war die Place de la Tartane. 100 Meter lang, 30 Meter breit. Hier spielte er Fußball, bis die Sonne unterging. Vor allem in den zweieinhalbmonatigen Sommerferien war er ständig hier. Eltern, die mit ihren Kindern hier lebten, hatten kein Geld für einen Urlaub.

Selbst an Tagen, an denen er zuvor Judotraining hatte, ging er hinterher noch kicken. Er vergaß seine Erschöpfung. Er vergaß, dass er essen musste. Er vergaß, in welcher Tristesse er sich befand. Immerzu jagte er auf den rutschigen, unebenen Steinplatten Bällen hinterher. Der Untergrund verzieh keinen Fehler. Wer hier gewinnen wollte, musste den Ball kontrollieren können.

„Wir organisierten Turniere, losten Gruppen aus, wie bei der WM." Aus Alufolie knüllten sie eine Kugel, wickelten den Rest um eine Plastikflasche. Mit ganz viel Fantasie sah das Ganze wie der WM-Pokal aus, nur in Silber statt in Gold. Es war ihr Pokal, den sie am Ende ihrer Spiele der Gewinnermannschaft überreichten. Zidane wollte ihn immer haben.

Wenn ein Junge einen neuen Trick konnte, präsentierte er ihn gleich den anderen. Und die übten ihn so lange, bis sie ihn ebenfalls beherrschten. „Wir haben uns immer neue Tricks beigebracht. Es ging darum, den Trick am besten zu können."

Er sei nicht der Einzige gewesen, „der von den Jungs auf der Place de la Tartane gut war. Aber ich war der Einzige, der nie aufhören wollte zu spielen. Wenn die anderen nach Hause sind, habe ich noch weiter an Tricks gearbeitet", erklärte Zidane einmal. „Alles, was ich heute kann, habe ich auf der Straße gelernt."

Ohne Ball, sagt der erwachsene Zidane, sei er „ein Nichts. Ich habe mein ganzes Leben mit dem Ball verbracht. Der Ball ist mein Freund. Manchmal streiten wir uns, aber wir versöhnen uns sehr schnell."

Als Kind schlief er oft mit Ball als Teddy-Ersatz im Arm. Als er 13 Jahre alt war, durfte Zidane in den Ferien mit einer Schülerauswahl für drei Tage in ein Trainingslager nach Aix-en-Provence fahren. Dort entdeckte ihn Jean Varraud, ein Talentspäher, der ehrenamtlich für den AS Cannes arbeitete. Er war schockiert vom Kopfballspiel. Zidane duckte sich, wenn der Ball kam. Auch der linke Fuß begeisterte Varraud wenig, aber der Rest umso mehr.

Varraud überzeugte Cannes, Zidane in die Fußballschule zu holen. „Das ist einer der wichtigsten Männer in meiner Karriere. Man spricht zu selten von ihm. Er wurde als Erster auf mich aufmerksam und verdient einen Ehrenplatz an meiner Seite, er viel eher als andere, die sich dort gerne sehen. Wenn er nicht beschlossen hätte, mich aufzunehmen, wäre ich heute vielleicht nicht hier. Leute wie ihm kann man nicht genug danken", wird Zidane Jahrzehnte später sagen.

Er wohnte zunächst bei einer Gastfamilie in einem provenzalischen Haus mit Ziegeldach und ockerfarbenen Mauern. Die Familie hatte zwei Söhne und eine Tochter. Der Vater war im Vorstand des AS Cannes, die Mutter schmierte Zidane die Brote, machte ihm Kakao und die Wäsche. „Als ich unser Viertel verließ, freute ich mich. Ich wollte spielen und ich war dazu bereit. Aber ich war erst 13 Jahre alt. Mit 13 ist man noch ein Junge und zerbrechlich. Auf einen Schlag verlor ich alles, was für mich im Leben alles bedeutete, meine Eltern und meine Kumpels, und war sehr unglücklich. Ein Jahr lang weinte ich jeden Abend leise in mein Kopfkissen."

Später zog Zidane in ein regionales Internat mit angehenden Tischlern, Friseuren und Bäckern. Während die sich aufs Berufsleben vorbereiteten, feilte Zidane in leidvoller Kleinstarbeit an seinen Mängeln.

Er ging nicht an den Strand, er zog nicht mit anderen Jungs um die Häuser. Selbst Mädchen waren für ihn tabu. „Ich weiß noch genau, wie ich im Alter von 14 bis 18 bei AS Cannes spielte und Gleichaltrige schon Freundinnen hatten. In der Mittagspause ruhte ich mich aus, anstatt wie die anderen Jugendlichen an den Strand zu gehen. Ich musste für das Nachmittagstraining fit sein. Ich habe meine Jugend wohl nicht voll ausgelebt", gibt Zidane zu und erklärt: „Ich mochte den Ball lieber als die Schule, also musste ich mit den Konsequenzen leben. Ich schuldete meinen Eltern Ernsthaftigkeit, mindestens auf einem Gebiet. Ich war mit meinen Gedanken woanders, der Unterricht war mir schlichtweg egal. Die Lehrerinnen mochten mich, weil ich so einen rührenden Blick hatte. Aber ich arbeitete nicht mit. Ich wartete nur auf das Klingelzeichen zum Schulschluss."

Doch manchmal stellte sich Zidane selber ein Bein. Schon als Jugendlicher hatte er mit seinem Jähzorn zu kämpfen. Wenn er zu viel einstecken musste, wurde aus Zizou, der weißen Katze, ein unbeherrschter Tiger.

In einem Jugendspiel schlug Zidane einem gegnerischen Verteidiger ein blaues Auge. Vier Spiele wurde er daraufhin gesperrt. Guy Lacombe, sein Schulleiter zu der Zeit, nahm ihn zur Seite und erklärte: „Wenn du den Rächer spielen willst, wirst du dir Fußball von der Ersatzbank aus angucken. Willst du das?"

Er empfahl Zidane, er solle lieber die Kabine putzen, wenn er sich abreagieren wolle, die Aggressionen wegschrubben. Tatsächlich sah er Zidane in den kommenden Wochen häufig auf allen Vieren mit dem Schrubber durch die Umkleide kriechen.

„Ich komme aus einem harten Viertel in Marseille. Dort wollte ich niemals den Streit, aber wenn man dich provoziert, kannst du nicht alles mit dir machen lassen. Ich kann einstecken, okay, aber dann teile ich auch aus", gab Zidane einmal zu.

Mit 17 Jahren absolvierte er sein erstes Profimatch für den AS Cannes. Wenig später, im Februar 1991, erzielte er sein erstes Erstligator. 1992 wechselte Zidane zu Girondins Bordeaux. 1994 spielte er erstmals für Frankreich. 0:2 stand es gegen Tschechien, als er in der 63. Minute eingewechselt wurde. Als der Schiedsrichter das Spiel abpfiff, hatte Zidane zweimal getroffen, einmal mit dem linken Fuß, einmal mit dem Kopf – also mit den beiden von Entdecker Varraud ausgemachten Schwachstellen.

1998 wurde er schließlich zum Weltstar. Nachdem er zunächst bei der Weltmeisterschaft gegen Südafrika traf, flog er nach einem Foul gegen Saudi-Arabien mit Rot vom Platz. „Was ich getan hatte, war wirklich nicht sehr bösartig und verdient keine rote Karte", klagte er hinterher. „Das tut schrecklich weh." Zidane gab aber auch zu: „Während des Spiels hatte ich einiges abbekommen. Zu einem bestimmten Zeitpunkt konnte ich mich nicht mehr beherrschen. Ich wusste sehr genau, dass man auf körperliche Angriffe nicht reagieren sollte. Aber ich konnte nicht mehr. Und ich verwünsche mich dafür. Ich bestrafte die Mannschaft und mich selbst."

Doch auch ohne Zidane kamen die Franzosen weiter und weiter. Sie schlugen Dänemark und Paraguay. Im Viertelfinale gegen Italien stand Zidane wieder auf dem Platz und traf im entscheidenden Elfmeterschießen. Doch endgültig zum Helden der Nation wurde er erst in der Nacht des 12. Juli.

In der 27. Minute köpfte Zidane nach einer Ecke das 1:0 im Finale gegen Brasilien. In der 45. Minute gab es wieder eine Ecke und wieder traf Zidane per Kopf. „In Marseille spielt man nicht Kopfball. Auf der Straße haben Kopfbälle nichts zu suchen. Man spielt mit den Füßen", sagte er einmal. Nun erzielte er seine wichtigsten beiden Treffer der Karriere per Kopf.

Von der Fassade des Arc de Triomphe strahlte sein Porträt: „Merci Zizou." Er hatte es tatsächlich von ganz weit unten nach ganz weit oben geschafft.

2000 führte er Frankreich zum Europameistertitel. Seinen wichtigsten Moment hatte er im Halbfinale gegen Portugal. In der Verlängerung stand es nach 116 Minuten 1:1, als Abel Xavier den Ball im portugiesischen Strafraum an die Hand bekam: Elfmeter für Frankreich. Zidane trat an und behielt die Nerven.

Inzwischen sah es, wenn er über den Rasen dribbelte, so aus, als sei der Ball an seinem Innenrist festgewachsen. Im selben Jahr wurde er vor Figo zum Weltfußballer gewählt. Kein Wunder, dass Pérez so verrückt nach ihm war. Im Sommer 2000 sprach der Präsident erstmals von Zidane. Im Februar 2001 bot Real Madrid die sagenhafte Zahlenreihe von 147.000.000 D-Mark, noch mehr Geld, als sie für Figo hingeblättert hatten. Zudem versprachen sie dem Franzosen, sie würden ihn täglich von Marbella mit dem Privatflieger zum Training einfliegen, wenn er lieber an der Costa del Sol am Meer leben wolle. Dieses absurde Versprechen war der Tatsache geschuldet, dass Juventus Turin ihm bereits einen Managerposten nach der Karriere zugesichert hatte.

Ein Jahr zuvor, als Pérez anfing, war Real Madrid der wohl am höchsten verschuldete Verein der Welt. Inzwischen hatte der Baulöwe den Klub dank eines geschickten Coups komplett entschuldet und sogar neues Geld organisiert. Er hatte es auch dank seiner Kontakte in die Politik und Wirtschaft geschafft, der Stadt Madrid und der Regionalregierung das damalige Trainingsgelände an der teuren Castellana-Allee zu verkaufen. Zwischen 700 Millionen und einer Milliarde D-Mark, darüber gibt es abweichende Berichte, soll dieser Deal gebracht haben. De facto hat er Madrid entschuldet und sogar noch Geld für ein neues Trainingsgelände in die Kassen gespült. Und natürlich vereinfachte der Deal es, sich an weitere Wahnsinnstransfers wie den von Zidane heranzuwagen.

Im Mai 2001 schied Real Madrid im Champions-League-Halbfinale gegen Bayern München aus. Die Dringlichkeit, die Königlichen weiter zu verstärken, wurde noch größer. Einen Monat später hatten die Blancos Zidane so weit, dass er nach Madrid wollte. „Ich habe mich für Spanien entschieden. Wenn es nach mir gehen würde, wäre ich schon bei Real", verkündete er aus seinem Tahiti-Urlaub.

Erwartungsgemäß stellte sich Turin quer, sodass sich Zidanes Berater Alain Migliaccio genötigt fühlte, weiter Druck aufzubauen: „Er wird nicht mehr für Juventus spielen. Der Verein weiß das seit Langem. Wir erwarten, dass man einen Spieler, der dem Klub so viel gegeben hat, entgegenkommt und ihm die Freigabe erteilt." Der Konter ließ nicht lange auf sich warten. „Es geht nicht um Ablösesummen, er ist einfach nicht auf dem Markt, weil er noch einen Vertrag bei uns hat", sagte Antonio Giraudo, Vorstandsmitglied bei Juventus Turin – ein schönes Beispiel für übliches Transfergerangel.

Mittlerweile hatte das Magazin *Forbes* Zidane zum rentabelsten Fußballer der Welt erklärt, ein weiteres Kaufargument für Madrid. Allein von Figos Trikot hatte Real im ersten Jahr 200.000 Exemplare verkauft – und Zidane wurde ein weit größeres Potenzial zugeschrieben.

„Er ist kein Fußballer, er ist das Glück", sagte Laurent Blanc, der 1998 mit Zidane zusammen Weltmeister wurde, über ihn. „Es ist unmöglich, ihn nicht zu lieben", schwärmte Trainerlegende Marcello Lippi. David Beckham fabulierte gar: „Er ist wie ein Gott und er spielt Fußball mit der Grazie einer Ballerina." Sehr ähnlich drückte es auch Thierry Henry aus: „Wer diesen Spieler verpasste, verpasste Gott höchstpersönlich." Zidane sei ein „Weihnachtsmann", befand der französische Komiker Jamel Debbouze, weil er mit seinen besonderen Auftritten auf dem Platz Geschenke an alle verteile.

Anfang Juli war Zidanes Wechsel nach Madrid perfekt. Binnen zwölf Monaten hatte Pérez damit Real zwei Weltrekordtransfers beschert – und die Schulden getilgt. Zinédine Zidane wurde Pérez' Liebling, erst als Spieler, später als Trainer.

Der Franzose hat aufgrund seiner Vita die Fähigkeit, Spieler zu verstehen. Er kennt die Gesetze auf und neben dem Platz und in der Kabine. Zidane hat gute und schlechte Kabinenansprachen erlebt. Er war selbst nicht einfach, weiß daher, wie Spieler ticken. Er kann ihre Gefühle, Zweifel und Zwänge einordnen.

Pérez hielt an seiner Vision, Real Madrid wieder zu einer Übermacht zu machen, wie zu Bernabéus Zeiten, fest. Er will bis heute die größten Stars der Welt in Spaniens Hauptstadt versammeln. „Ich will und werde die besten Spieler der Welt in meiner Mannschaft haben", verkündete er mehrfach, wohl wissend: „Die Entwicklung der besten Mannschaft der Welt wird noch dauern – aber sie hat begonnen."

Damit das auch jeder seiner Spieler verstand, ließ Pérez im August 2001 Alfredo Di Stéfano ins Trainingslager im schweizerischen Nyon einfliegen. Der Auftritt des Genies war kurz, aber prägnant. „Ich hoffe", sagte Di Stéfano, der jedem in der Kabine persönlich die Hand reichte, „dass ihr eine Serie startet. So wie wir damals."

Pérez träumte. Die Welt rieb sich die Augen wegen der abermals unglaublichen Transfersumme. *El País* rechnete vor, man könne für die 150 Millionen Mark, die Madrid nach Turin überwies, viermal wie Weltraumtourist Dennis Tito zum Mond fliegen. Als Nächstes müsse Madrid, so ein Vorschlag der Zeitung, noch Oscar-Gewinnerin Julia Roberts, damals auf dem Höhepunkt ihrer Karriere, als Pressesprecherin engagieren.

# BETONKOPF IM
# MITTELPUNKT DES LANDES

érez, die Bernabéu-Kopie: Nicht nur der Real-Experte Enrique Ortego, spanischer Autor mehrerer Madrid-Bücher, sieht es so. Als wichtigsten Meilenstein von Real bezeichnete er die „Ankunft von Santiago Bernabéu auf dem Präsidenten-Stuhl", der „ein Vereinsmodell konstruiert hat, das darauf basiert, die besten Spieler der Welt zu kaufen, egal ob aus Spanien oder dem Ausland. Dieses Modell kopiert Florentino Pérez, als er fast 50 Jahre später Präsident wird."

Bereits als Vierjähriger war der Sohn eines Parfümhändlers erstmals im Santiago Bernabéu. Bevor er als Präsident zurückkehrte, probierte er sich zunächst in der Politik. Ende der 70er-Jahre trat er in die UCD ein, eine Mitte-Rechts-Partei, in der er bis in den Rang eines Unterstaatssekretärs im Agrarministerium aufstieg. Er sammelte Erfahrung im Transport- und Kommunikationswesen, im Tourismus und in der Landwirtschaft. Nach einer heftigen Wahlniederlage seiner Partei im Jahr 1983 endete auch Pérez' politische Karriere sang- und klanglos.

Im selben Jahr begann er seine unternehmerische Karriere durch den Kauf der bankrotten Baufirma Construcciones Padros, die er für den symbolischen Preis von einem Peso erwarb. 1997 fusionierte Pérez die Firma mit den Unternehmen OCISA, Auxini und Gines Navarro zur Grupo ACS, die damit zu einem der größten Baukonzerne Europas wurde. Pérez nutzte den spanischen Immobilienboom und war gleichzeitig weitsichtig genug, sich breiter aufzustellen. Bereits vor dem Platzen der Baublase stieg er auch in die Telekommunikations-, die Abfall- und die Wasserbranche sowie in Bezahlautobahnen ein. So machte Pérez sein Unternehmen zu einem der rentabelsten Spaniens.

Für einige ist er ein spanischer Dickschädel, ein Betonkopf mit ruinösem Geltungsdrang, für andere ein Eroberer mit Ziegelsteinen. Er gilt als hartnäckig und erfolgsbesessen. Bevorzugt urlaubt er auf Mallorca. Dort liegt auch seine 18 Millionen Euro teure Jacht Pitina II, benannt nach seiner verstorbenen Frau, eines der wenigen Prestigeobjekte, die er sich gönnt. Pérez bewundert Microsoft-Gründer Bill Gates und den verstorbenen Apple-Chef Steve Jobs, nennt den früheren VW-Boss Martin Winterkorn seinen Freund.

Mit seiner Präsidentschaft besorgte er sich die Eintrittskarte für die höchsten gesellschaftlichen Kreise. Er genießt es, von der Ehrentribüne aus seinen Stars zuzuschauen – wie im Februar 2014, als Real in der heimischen Arena Schalke 04 eine königliche Lektion erteilte.

Nach 13 Minuten führt Madrid 1:0 durch Benzema. Nach 21 Minuten steht es 2:0 dank Bale. Als Ronaldo in der 52. Minute auf 3:0 und Benzema wenig später auf 4:0 erhöht, sackt Schalke-Boss Clemens Tönnies immer weiter in sich zusammen, vergräbt sein Gesicht in seinen Händen. „Florentino Pérez hat sich zu mir rübergebeugt und aufmunternd, keinesfalls von oben herab, gesagt: ‚Denk dran: Das ist Real Madrid.‘" Nach dem 0:6 – zwischendurch hatte Bale noch einmal getroffen, durch Ronaldo – murmelt Pérez erneut etwas in Richtung Tönnies: „Er sagte: ‚Das ist Cristiano Ronaldo.‘ Nach dem Motto: Dafür kostet er auch so viel." Das Spiel endet 6:1 für die Blancos. „Florentino Pérez hat mich getröstet nach der heftigen Klatsche."

Pérez machte sich die Chance zunutze, baute die Ehrentribüne von Madrid zum wichtigsten Treffpunkt der spanischen Politik und Finanzwelt auf, zu einem Hotspot des Lobbyismus. Und genau darin besteht letztlich der große Unterschied zwischen dem Original Bernabéu und der Kopie Pérez.

Letzterer hat sich als erfolgreicher Geschäftsmann hervorgetan. Er hat seine Firmen und somit sich zu Reichtum geführt. 2007 landete er beim

*Forbes*-Ranking auf Platz 536 der reichsten Menschen der Welt. Sein Privatvermögen soll damals 1,9 Milliarden Dollar betragen haben.

Er war, und genau das hat ihn so gefuchst, bevor er Real-Präsident wurde, zwar einer der größten Arbeitgeber Spaniens, dafür aber weitestgehend unbekannt. Trotz seiner Verdienste um seine Firmen stand er nicht so im Rampenlicht, wie er es sich wünschte. Aus Geltungssucht heraus sicherte er sich Madrids Präsidentenbüro, den Mittelpunkt des Landes.

Paul Breitner sagte einmal über Bernabéu und die damalige Junta Directiva: „Von denen hatte es niemand nötig, eine Position bei Real Madrid auszunutzen, um Geschäfte zu machen. Das waren überdimensional reiche Männer. Damals galt: Das Wichtigste und Größte, was ein Spanier in seinem Leben erreichen kann, war nicht, Staatspräsident zu werden oder Ministerpräsident, sondern Präsident oder Vorstand in seinem Heimatklub. Wenn man dieses Ziel erreicht hatte, und dann auch noch bei Real Madrid, war man auf dem absoluten Höhepunkt angekommen. Da brauchte man diese Position nicht mehr zu nutzen, um Geschäfte voranzutreiben."

Emilio Butragueño bezeichnete Pérez einmal ehrfürchtig als „höheres Wesen. Er hat Visionen weit über das übliche Maß hinaus." Joan Laporta, von 2003 bis 2010 Präsident des Rivalen Barcelona, wetterte dagegen, Pérez sei „herrschsüchtig".

Pérez selbst behauptete einmal, er bringe bei Real Madrid lediglich seine „Erfahrung als Geschäftsmann" ein. Das entspricht aber nicht den Tatsachen – was *AS*-Sportchef Roncero, der langjährige Madrid-Begleiter, bestätigt: „Real ist ein sehr präsidialer Verein. Pérez bestimmt alles. Als Jorge Valdano ging, übernahm Pérez auch die Oberhand über den sportlichen Bereich. Er und der Generaldirektor José Angel Sánchez machen die Transfers. Für einen Trainer ist es nicht einfach, neben Pérez zu arbeiten, weil sein Einfluss überall hineinwirkt."

Zum Beispiel sei es allein Pérez' Entscheidung gewesen, im Januar 2015 Lucas Silva vom EC Cruzeiro Belo Horizonte zu verpflichten. „Das war allein Pérez' Sache. Carlo Ancelotti, zu dem Zeitpunkt Trainer, wollte ihn nicht und hat ihn auch nicht spielen lassen", sagt Roncero. „Der Trainer ist hier ein Psychologe und ein Kabinenanführer, aber kein Vereinsanführer."

Auch die Verpflichtung des vermeintlichen norwegischen Supertalents Martin Ødegaard fiel unter die Rubrik „Präsidenten-Entscheidung".

Ancelotti bekannte dazu in seinem Buch „Quiet Leadership – Wie man Menschen und Spiele gewinnt", das er nach seinem Aus bei Real Madrid verfasste: „Als Trainer muss man die Vision der Klubeigner respektieren. Florentino Pérez ist bekannt für sein Galácticos-Konzept, wonach stets die größten und teuersten Superstars der Welt geholt werden. So kamen und gingen ständig Spieler, ohne dass das unbedingt meine Wahl gewesen wäre. Trotzdem war es meine Aufgabe, dafür zu sorgen, dass die Mannschaft funktioniert – ganz gleich, welche Spieler man mir aufs Auge drückte. Es wäre Zeit- und Energieverschwendung, sich gegen etwas zu wehren, das bereits geschehen ist – man muss damit zurechtkommen. […] Wenn der Präsident beschließt, dass der Junge aus Norwegen für eine PR-Aktion drei Spiele mit der ersten Mannschaft absolvieren muss, dann werde ich mir einen Weg überlegen, das zu bewerkstelligen."

Wie Pérez tickt, zeigte sich auch im Januar 2015, als er zur FIFA-Gala Ballon d'Or nach Zürich reiste. Im Vorfeld der Preisvergabe fand ein Empfang für alle Nominierten sowie deren Begleiter statt. Selbstverständlich war in diesem Jahr Toni Kroos, der zuvor herausragend gespielt hatte und mittlerweile zum Starensemble von Madrid gehörte, vor Ort. Als Pérez den Deutschen traf, stellte der Präsident seinem Begleiter Kroos wie folgt vor: „Das ist Toni. Real Madrid hat viele Spieler wegen ihres Ruhms gekauft oder wegen der Anzahl von Trikots, die wir verkaufen können. Aber diesen Spieler haben wir nur wegen des Fußballs gekauft, den er spielt."

Da ist es wieder, das Hollywood-Prinzip, das sich seit Pérez' Anfängen 2000 extremer denn je durch den Verein zieht.

# KAPITEL 16

# DAVID BECKHAM,
# DAS MARKETINGOBJEKT

Figo und Zidane fielen ohne Zweifel, wie auch später Kroos, in die Kategorie Spieler, die wegen ihrer sportlichen Fähigkeiten gekauft wurden. 2003 folgte dann allerdings ein Mann, bei dem die Kategorisierung nicht ganz so klar ist – David Beckham. „Dieser Mann ist zu schön, er kickt zu gut, seine Frau hat zu runde Brüste, sie haben zu viel Geld und zu süße Kinder", schrieb der *Stern*, als die königliche Verpflichtung perfekt war. Und: „David der Große beglückt also die Königlichen, die ihren Kronprinzen gierig erwarten. Sie zählen im Geist schon die Schätze, die seine Anhänger aus der ganzen Welt herbeitragen werden, um einen Zipfel seines Zaubers zu erhaschen. Er ist der erste Fußballer, dessen Gesicht wichtiger ist als seine Beine."

Tatsächlich sind seine Fußballkünste umstritten. Er ist ohne Frage ein Freistoß-Genie, aber genauso ist er ein Sexsymbol. Er ist eitel, hat einen Schrank nur für weiße und einen nur für blaue Hemden. Er wird genauso belächelt wie bewundert, angeschmachtet wie verachtet.

Der Sohn eines Küchenmonteurs und einer Friseurin ist ein weltweites Objekt der Begierde. Mit seiner Unterschrift fusionierten zwei Weltmarken – wobei sich die Frage stellt, welche Marke auf wen mehr angewiesen war. Auf Sardinen wurde die Verpflichtung von Beckham bei einem Geheimtreffer zwischen Madrids José Ángel Sánchez und den

Manchester-Abgesandten Peter Kenyon und David Gill perfekt gemacht. „Es gibt keinen Zweifel, dass uns seine Medienprojektion helfen wird, die Marke Real Madrid auf dem angelsächsischen Markt, in Asien und den USA zu konsolidieren", gab Präsident Pérez immerhin unumwunden zu.

Der Ball schien nur Nebensache zu sein. Beckham, der mit blondem Zopf nach Madrid kam, war wichtiger in seiner Funktion als Werbeträger. Seinetwegen verlangten die Hoteliers im WM-Quartier der Engländer auch lange nach der WM 2002 in Japan und Südkorea einen Beckham-Zimmer-Aufpreis von 35 Euro, damit man in dem Bett, in dem er lag, schlafen durfte. Über 300.000 Mal wurde seine Autobiografie in Japan verkauft. Er war ein universell einsetzbares Testimonial – das für japanische Kosmetik ebenso funktionierte wie für Schokolade.

Beckham war im Hauptberuf Fußballer, im Nebenberuf Idol – oder umgekehrt. Als Fußballer schien er jedenfalls deutlich früher an seine Grenzen zu stoßen denn als Marketingobjekt. Kein Wunder also, dass die Legende Valdano Beckham sogar als „ziemlich billigen" Einkauf bezeichnete, ungeachtet der 37,5 Millionen Euro, die Madrid an Manchester überweisen musste. Und auch ungeachtet der knapp sechs Millionen Euro Gehalt, damals viel Geld, die Real ihm jährlich zu überweisen hatte. Wobei derselbe Valdano auch Jahre später gegenüber der *Süddeutschen Zeitung* zum Beckham-Transfer bekannte: „Präsident Florentino Perez erbte damals nicht nur einen angestaubten Rolls-Royce, sondern einen Verein mit 500 Millionen Euro Schulden. Mit den Galácticos half die Wirtschaft dem Fußball, später half der Fußball der Wirtschaft. Aber wenn man übertreibt, schwindet der Unterschied zwischen Medizin und Gift. Mit David Beckham wurde eine rote Linie überquert, was mit ihm persönlich, einem vorbildlichen Profi, nichts zu tun hatte. Aber der Fußball geriet aus dem Fokus."

Fachleute diskutierten, ob man einen Beckham überhaupt benötige, hatte Madrid doch bereits Luís Figo auf der rechten Sturmseite, der brillante Ecken, Flanken und Freistöße schlagen konnte, und sichere Elfmeter sowieso.

Die Madrilenen feierten den Transfer als weiteren Sieg über Barcelona, hatte deren Präsident Joan Laporta doch angekündigt, im Falle eines Wahlsiegs Beckham zu verpflichten.

Für Beckham stellte Real Madrid sowohl Chance als auch Herausforderung dar. In seiner lesenswerten Autobiografie „David Beckham", die er zusammen mit dem *Times*-Journalisten Matthew Syed geschrieben hat, gestand Beckham, am ersten Tag bei den Königlichen unglaublich nervös gewesen zu sein. Das ist bemerkenswert angesichts des Stellenwerts, den Beckham im internationalen Fußball genießt. Die Menschen schauen zu ihm auf, bewundern ihn. Er ist einer der größten Stars seiner Zeit. Dass jemand wie er überhaupt demütig und nervös ist, zeigt, wie alles-überstrahlend Real ist.

„Die letzten 15 Jahre war ich nur von Leuten umgeben gewesen, die mir vertraut waren. Die meisten meiner Mannschaftskameraden kannte ich noch aus der Jugendmannschaft und ich war mit ihnen zusammen erst zum Ersatzmann, dann zum Stammspieler der ersten Mannschaft aufgestiegen. Die Betreuer bei Manchester waren meine Familie. Nun kam ich zu einem Verein, bei dem ich weder die Spieler noch die Betreuer kannte."

Beckham fragte sich, wie er wohl aufgenommen würde, wie seine Kollegen auf ihn reagieren würden. Würde er von all den Megastars – diese Gedanken machte er sich wirklich – um ihn herum überhaupt akzeptiert werden?

Als Erstes wurde Beckham von Luís Figo begrüßt. Sofort schrieb er dem Engländer seine Handynummer auf, falls er Hilfe brauche oder Fragen habe. Keine Spur von Feindseligkeit gegenüber dem Konkurrenten. Dann kam Zinédine Zidane, schließlich Raúl.

Der Kapitän drückte ihm einen Zettel mit den wichtigsten Vokabeln in die Hand, Hausaufgaben mit den relevanten Begriffen, um im Training sofort folgen zu können. „Es war schwer gewesen, United zu verlassen, das Team, das in meinem Herzen für immer den ersten Platz einnehmen wird. United war der Klub, den ich von Kindesbeinen an geliebt hatte." Aber Madrid nahm ihn offenherzig auf. „Sie waren großartige Spieler, Legenden, aber sie waren auch sehr offen und konzentriert. Und so vergaß ich meine Ängste und genoss die Freude, für einen neuen Klub zu spielen."

Beckham machte Real glänzender und wurde für seine Künste gelobt. So schwärmte etwa Zinédine Zidane, damals noch Mitspieler: „Wir wussten, dass David am Ball unschätzbare Qualitäten hat. Außerdem schlägt er großartige Flanken. Doch man kann ihm gar nicht hoch genug anrechnen, wie hart er für das Team ackert. Und wie eisern sein Wille zum Sieg ist, wenn man an seiner Seite spielt.“

# JAHRHUNDERTTOR
## ZUM 100. GEBURTSTAG

Bernabéu, das Original, schuf eine Mannschaft mit Di Stéfano, Gento, Puskás, Kopa und Co. Bernabéu, das Original, schuf einen Seriensieger in Europa. Und Pérez? Für weltweites Aufsehen hat er ohne Frage gesorgt. Allein dafür hätte er einen Stern auf dem berühmten Walk of Fame auf dem Hollywood Boulevard verdient. Aber darüber hinaus?

Im ersten Jahr seiner Präsidentschaft marschierte Madrid durch die Primera División. Barcelona konnte nicht Schritt halten, wurde mit 17 Punkten Rückstand Vierter. Allerdings gab es auch das bereits erwähnte Aus im Champions-League-Halbfinale gegen Bayern München und in der Copa del Rey, dem spanischen Pokalwettbewerb, war bereits in der zweiten Runde Endstation.

Dann kam die Saison 2001/2002, keine Spielzeit wie jede andere, denn 2002 wurde Madrid 100 Jahre alt. Nach dem Verständnis der Königlichen sollte das natürlich nicht nur am 6. März, dem eigentlichen Ehrentag, gefeiert werden. Das erschien im Madrid-Kosmos viel zu klein, zu wenig prunkvoll, zu normal. Das gesamte Jahr sollte ein unglaubliches werden, groß, glänzend und bombastisch. Sie wollten sich selbst mit dem spanischen Pokal beschenken, mit der spanischen Meisterschaft und natürlich mit dem Champions-League-Sieg. Sonderbriefmarken wurden gedruckt,

Münzen geprägt, ein Real-Museum eingerichtet in einem Zug, der durch das ganze Land in 46 Städte rollte.

König Juan Carlos I. entschied, dass das Pokalendspiel am offiziellen Geburtstag von Real Madrid im Estadio Santiago Bernabéu gespielt wurde. Niemand zweifelte auch nur im Geringsten daran, dass die Blancos in dieser Nacht den Silberpokal von ihm überreicht bekommen würden. 17 Mal schon hatte Real Madrid ihn bis dato gewonnen ... doch der 18. Triumph fand nicht statt (zumindest nicht in dieser Nacht).

Deportivo La Coruñas Diego Tristán stürmte bereits nach drei Minuten erstmals auf das Madrider Tor zu, scheiterte nur knapp an Torwart César Sanchez. Nach sieben Minuten traf dann Sergio für die unartigen Geburtstagsgäste, die offensichtlich nicht gekommen waren, um brav zu gratulieren, mitzuspielen und Madrid glänzen zu lassen. Zidane köpfte nur an die Latte. Dafür traf Juan Carlos Valerón erneut für die Gäste. Real gelang nicht mehr als der Anschlusstreffer durch Raúl. Am Ende schüttelte König Juan Carlos I. dem „Falschen" die Hand zum Sieg. Statt einem königlichen Geburtstagskind gratulierte er Francisco Javier González Pérez, genannt Fran. Den Gastgebern konnte er nur Medaillen um den Hals hängen, in dieser Nacht ungefähr so viel wert wie eine Teilnahmeurkunde bei Bundesjugendspielen. Präsident Pérez flüsterte er Worte des Mitleids zu, Roberto Carlos bekam den Kopf getätschelt, während die mitgereisten Fans von Deportivo La Coruña höhnisch und voller Ironie ein Geburtstagsständchen sangen: „Cumpleaños Feliz".

Es war eine Niederlage für die Ewigkeit, auf die bald darauf die nächste Enttäuschung folgte. Nach einer Niederlage am 34. Spieltag gegen Osasuna verloren die Madrilenen die Tabellenführung in der Liga. Von den verbleibenden vier Spielen konnten sie im Ligaendspurt nur eines gewinnen, bei zwei Niederlagen und einem Unentschieden. Auch der zweite eingeplante Titel war damit weg. Feiern durfte stattdessen der FC Valencia – die zweite Königs-Klatsche.

Und selbst der Abschluss des vermeintlichen Superjahres verlief anders, als es die Blancos geplant hatten. Am 18. Dezember 2002 wollte Real Madrid zunächst eine Gala im Bernabéu feiern, gegen eine Weltauswahl spielen und sich hinterher selbst auf die Schultern klopfen. Bei der FIFA hatte Madrid beantragt, dass an diesem Tag nirgendwo sonst auf der Welt

Fußball gespielt werden sollte. Der Weltverband hatte diesem Antrag tatsächlich stattgegeben. Doch dieses „Geschenk" der FIFA fand nicht bei allen Anklang. Weil Real es so will, sollen die Menschen rund um den Globus den Atem an- und ihre Beine stillhalten? Ein unerhörtes Diktat, so dachten viele, darunter auch der Journalist Ralf Wiegand, der in seinem Kommentar der *Süddeutschen Zeitung* zum Boykott aufrief und schrieb: „Zu den Bällen! Jedermann hat sich am Abend des 18. Dezember zu sammeln und mit Bällen und Fußballschuhen sternförmig zu den öffentlichen Grünflächen zu ziehen." Real Madrid sei, so Wiegand, „genauso wenig die Wurzel des Fußballspiels, wie Hollywood die Filmkunst erfunden hat oder Dieter Bohlen den Buchdruck. Dass die vermeintlich besten Spieler beim vermeintlich besten Verein spielen, mag man bestaunen – ehrfürchtig und vor allem ohne Ball strammstehen, noch dazu auf Anordnung der FIFA, muss man nicht."

Der FC Barcelona, Madrids ärgster Rivale, hatte genauso wenig Freude am Beschluss der FIFA. Die dem Verein nahestehenden Sportzeitschriften suchten nach Mannschaften, die irgendwo auf der Welt am 18. Dezember Fußball spielen würden, und druckten entsprechende Weltkarten ab. Joan Gaspart, der Präsident von Barcelona, schlug sogar vor, ein ausgefallenes Champions-League-Spiel gegen Newcastle United am 18. Dezember spielen zu lassen, doch die UEFA lehnte ab. Letztendlich wurde aber trotz FIFA-Beschluss an jenem Tag gekickt, in England und in Italien sogar um Punkte. „Heutzutage ist der Terminkalender so vollgepackt, dass sich ein vollständiger Stopp des Spielbetriebs als nicht machbar erwies", musste Pérez hinterher zähneknirschend eingestehen.

Auch sonst lief wie schon im gesamten Jahr nicht alles rund. Oliver Kahn sorgte für großen Ärger in Spanien, weil er entgegen seiner Zusage nicht im Tor der Weltauswahl stand. Angeblich hatte er sich eine Zerrung zugezogen, eine Version, die ihm die spanischen Medien nicht abnahmen. „Kahn lässt Madrid im Regen stehen", schrieb die *AS*. Sie vermuteten vielmehr, er sei beleidigt. Am Vortag war er zur FIFA-Gala eingeladen worden, gehörte wie Zinédine Zidane und Ronaldo zu den Nominierten für den Weltfußballer des Jahres. Den Sieg errang Ronaldo vor Kahn. Auf einer Pressekonferenz musste der Deutsche über 50 Minuten warten, ehe der Brasilianer und der Franzose erschienen, angeblich standen sie im Stau. Während Kahn wartete, musste er sich Fragen über seine mürrische Art gefallen lassen. Auch *El Mundo* prügelte auf ihn ein, machte ihn zum „Bösen der Gala". Ob es letztlich an der Unpünktlichkeit von Zidane und Ronaldo lag, an den Provokationen der spanischen Presse oder tatsächlich an einem kleinen Zwicken, lässt sich nicht zweifelsfrei klären. De facto stand Kahn nicht im Tor, dafür ein Mann namens Bizarro. Kahn saß nicht einmal auf der Tribüne. Stattdessen weilte er zum Golfspielen auf Mallorca.

Er verpasste einen Abend, an dem der Wettergott den Königlichen nicht wohlgesonnen war. Es regnete ununterbrochen, und zwar so heftig, dass Startenor Plácido Domingo seine extra für Real Madrid komponierte Hymne nicht wie geplant vor dem Anpfiff präsentieren konnte. Die aufgebaute Bühne wurde wieder abgebaut, ebenso die tropfenden Notenständer. Erst in der Halbzeitpause, als aus dem Wolkenbruch ein feiner Regen geworden war, konnte Domingo singen – auch wenn es sehr nach Playback aussah, begleitet von einem Luftgeiger-Orchester. „Dein Spiel ist ein Gedicht. Lass das Universum wissen, wie Madrid spielt. Madrid kommt zum Kämpfen. Madrid kommt zum Siegen", heißt es unter anderem in der Strophe der Jahrhunderthymne „Hala Madrid".

Bis zum Auftritt von Domingo war das Spiel der Königlichen gegen die Weltauswahl, in der unter anderem Michael Ballack und Miroslav Klose spielten, alles andere als ein Gedicht. Mit 0:3 lag das Team von Vicente del Bosque zurück, der daraufhin ein paar seiner müden Stars vom Feld holte und gegen hungrige Reservisten austauschte, die zumindest die Jahrhundert-Schmach verhinderten und noch ein 3:3 erkämpften. „Danke, dass ihr alle zu unserem Geburtstag gekommen seid", bedankte sich Präsident Pérez artig, wohl wissend, dass nach dieser Nacht wieder der triste Alltag Einzug halten würde.

Mäßige Königs-Gala, kein Meistertitel, kein Pokalerfolg: Das Jahr des 100. Geburtstags wäre ein absoluter Reinfall geworden, hätten die Königlichen nicht wenigstens ihren Lieblingstitel, die Champions League, gewonnen.

Spielort: Glasgow, Hampden Park. 42 Jahre nach der Demütigung für Eintracht Frankfurt, dem 7:3 für Real Madrid. Gegner: Bayer Leverkusen. 2002 spielte die Werkself eine großartige Saison. Kein Team in der Bundesliga spielte schöner. Die Mannschaft von Klaus Toppmöller war auf dem Weg zu einer sensationellen Saison, rauschte durch die Bundesliga, den DFB-Pokal und durch Europa. Liverpool, Juventus und Barcelona wurden mit Angriffszügen auseinandergenommen, die die besten Spieler Europas staunen ließen. Doch am Ende wurde Dortmund Meister, Schalke Pokalsieger. Die Champions League war Leverkusens letzte Chance, genauso, wie sie Reals letzte Chance war.

Vor dem Spiel erinnerte Klaus Toppmöller seine Spieler an die Kämpferqualität von Boxlegende Muhammad Ali und zitierte Winston Churchill, den früheren Premierminister Großbritanniens: „Gebt nie, nie, niemals auf." Leverkusen musste auf den verletzten Jens Nowotny und den gelbgesperrten Zé Roberto verzichten, der auf dem Weg ins Finale fünf Treffer vorbereitet und einen selber erzielt hatte. Real spielte in Bestbesetzung. Auf der Tribüne saßen König Juan Carlos und der ehemalige 007-Darsteller Sean Connery. Trainergrößen wie Rinus Michels, Arsène Wenger, Marcello Lippi und Fabio Capello schauten zu. Auch die Veteranen von 1960 waren gekommen, Alfred Pfaff und Erwin Stein, Alfredo Di Stéfano und Ferenc Puskás.

Nach nur fünf Minuten wurde ein langer Einwurf von Roberto Carlos zu einem Steilpass auf Raúl, der den Ball an Jörg Butt vorbeistreichelte. Ungelenk sah der Leverkusener Torwart dabei aus. Doch Bayer gab nicht auf. Bereits fünf Minuten später gelang Leverkusen der Ausgleich. Lúcio wuchtete einen Kopfball nach Flanke von Bernd Schneider an Madrids Torwart César vorbei. Leverkusen spielte besser, aber Madrid traf erneut, besser gesagt Zidane, der teuerste Fußballer der Welt – mit einem Jahrhundert-Tor, wie die einen sagen, dank eines Jahrhundert-Patzers, wie andere behaupten.

Zweimal hatte Leverkusens Schlussmann Jörg Butt bislang in seiner Karriere gegen Zidane gespielt. „Im Grunde lief es in allen Begegnungen gegen Zidane auch ganz gut für mich", sagte er. Gleich in seinem ersten Champions-League-Spiel überhaupt stand Butt Zinédine Zidane, damals in Diensten von Juventus Turin, im September 2000 gegenüber. Butt war beim Hamburger SV. Das Spiel endete 4:4. Zidane traf nicht, konnte nur einen Treffer von Filippo Inzaghi vorbereiten. Dafür traf Torwart Butt per Elfmeter. Im Rückspiel gewann der HSV sogar in Turin – Zidane flog nach 29 Minuten wegen einer Tätlichkeit vom Platz.

In zwei Duellen konnte Zidane Jörg Butt also nicht schlagen. Der Mann mit dem Zauberfuß holte keinen Sieg, erzielte sogar weniger Tore als Tormann Butt. Im wichtigsten aller Duelle glänzte dann allerdings Zidane. In der 45. Minute wartete der Franzose auf die Hereingabe von Roberto Carlos, nutzte die Zeit, in der er ungedeckt an Leverkusens Strafraumgrenze stehen konnte, um sich auf seinen Abschluss vorzubereiten, und zog dann per Direktabnahme ab. Es war 21:30 Uhr, als der spanische Fußballkommentator Manolo Lama die Szene beschrieb: „Roberto bietet sich an. Solari hat den Ball. Da ist er endlich bei Roberto. Auf geht's, Roberto, auf geht's, Roberto. Roberto wird ihn flanken. Roberto flankt ihn. Da ist Zinédine. Zinédine holt aus. Zinédine schießt und Tooooooor! Tooooor! Ich liebe dich, Zinédine, ich liebe dich, Zinédine. Es lebe die Frau, die dich zur Welt brachte."

Es sind nur wenige Millimeter, um die Butts Faust den Ball verfehlte. „Ich bin kein Hätte-wenn-und-aber-Typ. Da hätte ich viel zu tun bei der langen Karriere, die ich hatte, wenn ich alle knappen Szenen hinterfragen würde. In der Szene fehlten ein paar Millimeter. Das ist so. Daran kann ich nichts ändern. Ich hatte in meiner Karriere auch oft genug das nötige Glück, die entscheidenden Millimeter, dank derer ich verdammt gut ausgesehen habe. An diesem Abend nicht. So ist es. Aber ich habe mich bis zu Ihrer Frage nie mit diesem Hätte-ich-doch-die-Hand-an-den-Ball-bekommen-wären-wir-vielleicht-Gewinner-geworden-Gedanken beschäftigt." Dazu Zidane: „Ein Tor auf diese Art in der Champions League zu erzielen, das passiert dir einmal im Leben, mir passierte es in dieser Nacht im Finale. Dieser Volley war ein großer Moment für mich."

Nach der Pause rannte Leverkusen weiter an. Real konterte, ein offener Schlagabtausch. In der 68. Minute verließ Madrids Schlussmann César den Platz, nachdem ihn Lúcio am Knöchel verletzt hatte. Für ihn kam Iker Casillas – eine denkwürdige Einwechslung. „Eigentlich hätte Casillas gar nicht im Tor stehen sollte, der dann aber reinkam, uns beste Chancen zerstört hat und der das Glück an diesem Tag hatte, an jeden Ball noch ranzukommen", erzählt Butt.

Casillas parierte gegen Bastürk, gegen Berbatow, er allein entschied über Sieg und Niederlage. 1989 war Casillas zu Real Madrid gekommen, seit 1999 gehörte er zur ersten Mannschaft. Dieser 15. Mai 2002, diese 30 legendären Minuten im Hampden Park, gelten als seine Geburtsstunde. „Ich bin zu 1.000 Prozent Real, schon als kleiner Junge", gestand Casillas während seiner aktiven Zeit bei Real Madrid, für das er in 769 Pflichtspielen zwischen den Pfosten stand. „Mein Blut ist weiß. Ich bin mit meinem Vater als Fan früher zu jedem Heimspiel gegangen und empfinde es jetzt noch als Privileg, alle zwei Wochen im Bernabéu-Stadion spielen zu dürfen. Ich würde mit Real sogar in die zweite Liga gehen."

An diesem Abend machte er Leverkusen zum Zweiten aller Klassen. Zum dritten Mal binnen elf Tagen reichte es nur zum Vize. Madrids Kapitän Hierro gab hinterher Toppmöller die Hand und umarmte Carsten Ramelow. Vicente del Bosque zollte den Unterlegenen höchsten Respekt: „Wenn man sieht, was diese Mannschaft geleistet hat, dann muss man sich schon wundern."

Man sei „enttäuscht im Himmel angekommen", sagte Bayer-Boss Reiner Calmund, dem es bis heute schwerfällt, das Spiel von damals anzuschauen. „Ich war vorm Champions-League-Finale 2014 von Puls4, einem österreichischen Fernsehsender, verpflichtet worden, um über das Spiel Atlético gegen Real Madrid zu sprechen. Dann haben die im Vorlauf noch mal unser Spiel von 2002 gezeigt, die Tore von Raúl und Zidane. Das war schlimm. Das tat so weh. Aber am schlimmsten war es, diesem Casillas dabei zuzuschauen, wie er mit seinen Fußspitzen und Fingern und sonstigen Gräten eine Chance nach der nächsten abgewehrt hat. Raúl war gut. Zidanes Tor war unglaublich. Aber Casillas hat uns den Titel geraubt. Der hat an diesem Abend von Glasgow alles richtig gemacht, war mehr als perfekt. Ohne Casillas hätten wir Madrid den Titel noch entrissen."

Am liebsten hätte Calmund im Studio von Puls4 die Augen geschlossen. „Aber so bitter dieser Casillas für uns war, so beeindruckend war für alle Nicht-Leverkusen-Fans seine Leistung. Es gab kein legales Mittel, um ihn an diesem Abend zu überwinden."

Wenn man so kurz davorstehe, sagt Calmund, „wird man gierig und will den Henkelpott auch mitnehmen". Er sei aber froh, dass es eine Niederlage immerhin gegen Real Madrid war. Das habe es ein bisschen hinnehmbarer gemacht. „Wir haben gegen die Ausnahmekicker verloren, gegen die Galaktischen, gegen die größte Mannschaft der Welt, gegen

Figo, Raúl, Roberto Carlos und Zidane, gegen die größten Stars, die es auf dem Erdball gibt. Natürlich macht es das leichter, weil einem eine Niederlage gegen die Galaktischen einfacher verziehen wird, insbesondere nach unserem Auftreten."

In der Nacht der bitteren Pleite gab Calmund dann den Party-Befehl. „In Glasgow haben wir wild gefeiert. Wir hatten auch was zu feiern. Wir haben eine Saison gespielt, die nie jemand von uns erwartet hätte. Wir haben uns gegen Madrid internationalen Respekt erarbeitet. Wir haben nicht nur mitgehalten, wir haben richtig gut gespielt, waren zeitweise sogar besser. Daher haben wir bis in die frühen Morgenstunden Vollgas gegeben. Beim Ausziehen frühmorgens im Hotel sind mir goldene Schnipsel aus der Hose gefallen. Seither habe ich eine Konfetti-Allergie."

Calmund hat ein Schnipsel-Trauma, Real Madrid den achten Champions-League-Titel. Damit ist das Jubiläumsjahr gerettet. Außerdem folgen noch der Gewinn des europäischen Supercups gegen Feyenoord Rotterdam im August in Monaco sowie der Gewinn des Weltpokals Anfang Dezember gegen den Südamerikameister Olimpia Asunción.

Die Anfangsjahre von Pérez als Präsident waren dementsprechend zwar nicht perfekt, aber durchaus erfolgreich – erst Meister, dann Champions-League-Sieger. Auch die dritte Pérez-Saison brachte nach einem relativ bescheidenen Start Titel. Lange rangierte die Mannschaft in der Liga nur auf Rang 3, acht Punkte hinter San Sebastián. Auch der Start in die Champions League war holprig. Nach einer Niederlage gegen den AC Mailand und einem Unentschieden gegen Lokomotive Moskau standen sie in der zweiten Gruppenphase auf dem letzten Platz. Doch Trainer del Bosque gelang es, das Ruder noch einmal herumzureißen. Von den folgenden vier Champions-League-Spielen verlor Real keines mehr und holte drei Siege, sodass die Blancos als Tabellenzweiter die K.-o.-Runde erreichten. Dort schalteten sie im Viertelfinale Manchester United aus. Erst im Halbfinale war Schluss. Nach einem 2:1-Sieg gegen Juventus Turin gab es im Rückspiel eine 1:3-Niederlage.

In der Liga gelang es Madrid, die Tabellenspitze zurückzuerobern und am letzten Spieltag die Meisterschaft mit zwei Punkten Vorsprung vor Real Sociedad zu gewinnen. Barcelona landete abgeschlagen mit 28 Punkten Rückstand auf einem indiskutablen sechsten Platz.

Doch trotz des Titels wurde del Bosque von Präsident Pérez entlassen. 35 Jahre lang war er bei Real Madrid, zunächst als Jugendspieler. Nach einer kurzen Ausleihe wurde er 1973 zurückgeholt, um die erste Mannschaft zu verstärken. Dort spielte er unter anderem mit Günter Netzer und Paul Breitner zusammen. Mit Real Madrid gewann er zwischen 1975 und 1980 fünfmal die Meisterschaft. Im Finale des Europapokals der Landesmeister stand er 1981 auf dem Platz, als Madrid gegen Liverpool verlor. Del Bosque galt als Dauerläufer, als unermüdlicher Kämpfer im Mittelfeld, nicht filigran, aber robust. Er war einer, der seinem Spielmacher Glanztaten ermöglichte, indem er ihm die Drecksarbeit abnahm und Freiräume schuf.

Nach seiner aktiven Laufbahn trainierte del Bosque von 1987 bis 1990 die Nachwuchsmannschaft La Castilla, wurde Koordinator der Talentschmiede. Dann fungierte er als Notnagel, durfte auf die Trainerbank, wenn Real Madrid mal wieder einen Cheftrainer entlassen hatte und keinen adäquaten Star-Ersatz fand. So auch 1994, nach dem Rauswurf von Benito Floro, als del Bosque für drei Monate Interimstrainer war. Als die Tage von John Toshack im November 1999 gezählt waren, wurde del Bosque wieder befördert. Toshack hatte acht Spieltage in Folge keinen Sieg geholt, Real dümpelte in der Liga nur auf Rang 8 herum. Sieben Punkte betrug bereits der Rückstand auf Platz 1. Lediglich der FC Málaga hatte zu diesem Zeitpunkt mehr Gegentore (20) kassiert als Real Madrid (19). Auch unter del Bosque gab es in den folgenden vier Ligaspielen keinen Sieg. Am Ende wurde Madrid Fünfter. Dafür führte del Bosque die Mannschaft zum Champions-League-Titel. Nacheinander wurden Manchester United, Bayern München und schließlich Valencia aus dem Weg geräumt.

Aus dem Notnagel del Bosque war ein Erfolgstrainer geworden, der nun tatsächlich einen Vertrag als Cheftrainer erhielt. In dreieinhalb Jahren holte er sieben Titel, darunter zwei Champions-League-Erfolge und zwei Meisterschaften. Der Mann mit dem Seehundschnäuzer verstand es, das Starensemble geräuschlos zu dirigieren und es zu einem filigranen Räderwerk zu formen. Er war der perfekte Gegenpol zum Stargehabe der Königlichen. Manche verspotteten ihn wegen seiner massigen Statur und seines gemütlichen Auftretens als andalusischen Landwirt. Doch gerade seine zurückhaltende Art war immer seine Stärke. Er war bodenständig, unaufdringlich und bescheiden – doch für Florentino Pérez offensichtlich zu bodenständig, zu unaufdringlich und zu bescheiden.

Jedenfalls rettete 2003 del Bosque der Gewinn der Meisterschaft nicht. Als Real Madrid Athletic Bilbao am letzten Spieltag mit 3:1 besiegt hatte, ging das Licht im Estadio Bernabéu aus. Laser flimmerten durchs Stadion. Konfetti rieselte auf die Tribüne und den Rasen herab. Aus den Boxen wummerte „Campeones, campeones, olé, olé, olé". Die Meistershirts waren gedruckt, lagen bereit. Draußen wartete vor dem Stadion ein Doppeldeckerbus, mit dem es später zum Cibeles-Brunnen gehen sollte. Alles war angerichtet für eine rauschende Meisterparty, doch meisterliche Stimmung kam überhaupt nicht auf.

Del Bosque rechnete mit seiner Entlassung, zu lange schon hatten sich die Vereinsobersten mit der ausstehenden Vertragsverlängerung Zeit gelassen. Auch passte nicht allen Spielern die Philosophie des Vereins, vor allem die bevorstehende Verpflichtung von David Beckham wurde sehr kritisch gesehen. Nach nur einer Ehrenrunde verschwanden die Stars daher in der Kabine, nicht mal zehn Minuten hatte ihre Party gedauert. Sportdirektor Valdano wollte das nicht akzeptieren, stritt sich mit Kapitän Hierro in der Umkleide. Doch statt einer weiteren Ehrenrunde zuzustimmen, drohten die Spieler, den Empfang im Rathaus zu boykottieren. Noch nie gab es so viele so lange Gesichter bei einer Meisterfeier – das wohl traurigste Fest der Klubgeschichte.

Del Bosque wurde entlassen. Auch Kapitän Hierro musste gehen, war er doch als Rädelsführer des Spieleraufstands ausgemacht worden. Eigentlich war seine Vertragsverlängerung reine Formsache. Nun hieß es überraschend, er habe mit 33 Jahren seine Altersgrenze erreicht.

Bis Sommer 2003 war Real Madrid unter Florentino Pérez ein Erfolgsmodell. Die Blancos hatten mittlerweile Routine im Feiern, holten jedes Jahr mindestens einen Titel. Die 250 Millionen Euro, die Pérez unter anderem für Luís Figo, Zinédine Zidane und den brasilianischen Ronaldo – der mit vollem Namen Ronaldo Luís Nazário de Lima heißt –, ausgegeben hatte, erwiesen sich als gut investiertes Geld. 23 Tore hatte Ronaldo erzielt. Am Anfang pfiffen ihn die Zuschauer aus. Er sei nur ein Nachtschwärmer, ständig verletzt und sowieso viel zu dick, schimpften die Kritiker. Nun, als del Bosque ihn im letzten Ligaspiel nach zwei Treffern in der 83. Minute auswechselte, zollten ihm die Madrilenen Tribut, indem sie sich applaudierend von ihren Plätzen erhoben. Es hätte alles so schön sein können im Sommer 2003, wäre nur nicht die Entscheidung gefällt worden, sich von del Bosque zu trennen.

Es war eine Torheit, wie sich herausstellen sollte. Eigentlich war es Pérez' Plan gewesen, im kommenden Jahr das Double zu gewinnen – nicht das aus nationalem Pokal und Meisterschaft, sondern das Königs-Double, also Meisterschaft und Champions League. „Das wäre der absolute Höhepunkt meiner Amtszeit", sagte Pérez. Doch stattdessen begann mit dem Rauswurf des zu zurückhaltenden, zu bodenständigen und zu bescheidenen del Bosque der Niedergang von Real Madrid. Drei Jahre lang gelang es den Königlichen nicht mehr, den Meistertitel zu holen.

# KAPITEL 18

# MADRID WIRD
# ZUM DURCHLAUFERHITZER

m Jahr eins nach del Bosque wurden die Madrilenen Vierter in der Liga. In der Champions League verloren sie im Viertelfinale gegen den AS Monaco. Im Copa-del-Rey-Finale gab es eine Niederlage gegen Real Saragossa. In der darauffolgenden Saison schieden die Blancos sowohl im Pokal als auch in der Königsklasse im Achtelfinale aus. In der Liga wurde man Zweiter hinter Barcelona. Nachdem die Königlichen auch in der dritten Saison nach del Bosque durch die Spielzeit irrten, zog Pérez überraschend die Reißleine. Kurz nach einem 1:6 im Pokal gegen Saragossa und einem 0:1 zu Hause gegen Arsenal London trat der zwischenzeitlich wiedergewählte Präsident am 27. Februar 2006 zurück.

Doch auch mit Pérez' Nachfolger Ramón Calderón kam Madrid nicht zur Ruhe. Der Verein war zu der Zeit ein Durchlauferhitzer, auf der Trainerbank ebenso wie auf dem Spielfeld. Entsprechend fasste David Beckham seine vier Jahre bei Madrid zusammen: „Als ich in Madrid ankam, war gerade Carlos Queiroz Trainer, den ich von unserer gemeinsamen Zeit bei United kannte. Dann ging er und José Antonio Camacho kam, auf den Mariano García Remón folgte. Danach kam Vanderlei Luxemburgo, der für Juan López Caro Platz machte, der wiederum von Fabio Capello abgelöst wurde. All diese Wechsel geschahen in nur drei Spielzeiten. Im Vergleich zu United, wo Sir Alex seine konstante, dominante und Sicherheit ausstrahlende Kraft entfaltete, konnte einem da schon schwindelig werden. Diese Turbulenzen waren auch unserem Kampf um Titel nicht gerade förderlich. In den ersten beiden Spielzeiten wurden ständig Taktik und Trainingsmethoden geändert. Jeder von uns hatte Probleme, zur Ruhe zu kommen."

Im Januar 2007 lag Madrid in der Meisterschaft hinter Barcelona und dem FC Sevilla zurück. Nachdem die Mannschaft gegen Deportivo La Coruña die dritte Niederlage im vierten Spiel kassiert hatte, wurde es unruhig im Verein. Präsident Calderón bestellte Trainer Fabio Capello zum Rapport zu sich. Die Vereinsführung vermisste Einsatzbereitschaft und Professionalität bei den Spielern, die Arbeitsmoral der millionenschweren Stars passe nicht mehr, so die Kritik. Capello reagierte, nominierte für die bevorstehende Pokalpartie gegen Betis Sevilla Stars wie Ronaldo, David Beckham, Antonio Cassano und Michel Salgado nicht. Der Trainer kämpfte um seine Autorität, auch weil aus der Führungsetage Gerüchte gestreut wurden, einige Profis würden alkoholisiert zur Arbeit erscheinen. Iker Casillas sah sich gezwungen, gegen die Behauptungen vorzugehen, und erklärte über den klubeigenen TV-Sender: „Bei uns in der Kabine stinkt es nicht nach Alkohol."

Ob nun wahr oder unwahr: Madrid drohte in einem Sumpf von Intrigen und Machtkämpfen unterzugehen. Die Galaktischen verloren immer mehr von ihrem Glanz – auf und vor allem auch neben dem Platz.

Und dann teilte auch noch David Beckham mit, er werde den Verein im Sommer verlassen. „Real hat mich aufgefordert, eine Entscheidung über meine Zukunft zu fällen, und mir ein Angebot über einen Vertrag bis 2008 vorgelegt. Aber nach Rücksprache mit meiner Familie und trotz der Option, zu einem großen europäischen oder englischen Verein zu wechseln, habe ich mich für L. A. entschieden", begründete Beckham seine Entscheidung, nach vier Jahren zu Los Angeles Galaxy zu gehen. Für Capello war sie schlicht und ergreifend nicht hinnehmbar: „Er wird nicht mehr für uns spielen, sondern nur noch bei uns trainieren", polterte der Trainer. „Wir können nicht auf einen Spieler zählen, der einen dicken Vertrag mit einem anderen Verein abgeschlossen hat." Doch selbst die *AS* schrieb daraufhin: „Señor Capello, so geht das nicht. Real bringt sich damit weltweit in Misskredit." Als dann auch noch bei Präsident Calderón die Sicherungen durchbrannten, er den 31 Jahre alten Guti als „ewiges Talent" verspottete, Beckham als „mittelmäßigen Hollywood-Schauspieler" verunglimpfte und die übrigen Profis als ungebildete Trottel darstellte, war das Chaos perfekt. Die Spieler waren aufgebracht, zitierten den Präsidenten zum Trainingsplatz, wehrten sich gegen die ihrer Ansicht nach überzogenen Beschimpfungen.

Und dann war da noch der Fall Ronaldo. 2002 für 45 Millionen Euro aus Mailand geholt, sollte und wollte er nun nur noch weg. Vom dreifachen Weltfußballer war nicht mehr viel übrig, „Il Fenômeno" tanzte nicht mehr so mit dem Ball wie kein anderer. Applaus wie in der Meistersaison 2003 gab es schon lange nicht mehr. Capello hatte mit ihm gebrochen, gab ihm für alles Übel bei Real immer die Schuld, so behauptete es zumindest Ronaldo, ganz gleich, ob er etwas damit zu tun habe oder nicht. Er war ein Weltstar a. D. und wollte Capello, der ihm eine Abmagerungskur verordnet hatte, nicht mehr in seinem Nacken spüren. Ende Januar 2007 floh er zum AC Mailand. Zur Ruhe kam der Verein trotzdem nicht. Nach dem 1:0-Sieg Madrids gegen Saragossa zeigte Capello pöbelnden Madrid-Anhängern den Mittelfinger und sorgte für den nächsten Skandal. Als Madrid dann auch noch am 7. März gegen Bayern München aus der Champions League flog, schien die Entlassung von Capello nur noch eine Frage der Zeit zu sein. Doch weil der – so heißt es jedenfalls – für die sofortige Trennung eine extrem hohe Abfindung forderte, durfte er überraschenderweise doch weitermachen.

Und plötzlich die Sensation: Madrid entdeckte die Leidenschaft und das Kämpfen wieder für sich. Beckham, der Abgeschobene, wurde rehabilitiert und durfte entgegen Capellos Ansage doch wieder spielen. „Die spanischen Spieler gingen zu Fabio Capello und drängten ihn, mich in die Startelf zurückzuholen. Das war ein echtes Vertrauensvotum zu meinen Gunsten und beeindruckte den Trainer sehr", schrieb Beckham in seiner Autobiografie. Als er Ende April gegen Valencia eingewechselt wurde und die Vorlage zum Siegtreffer gab, flehte *Marca:* „Bitte geh noch nicht weg."

Zwischenzeitlich lag Real elf Punkte hinter Barcelona zurück. Am 26. Spieltag waren es noch fünf Zähler. Madrid war hinter Barça, Sevilla und Valencia nur Vierter. Fünf Spieltage vor dem Saisonende lagen die Madrilenen zwei Punkte hinter Barcelona auf Platz 2. Madrid bog plötzlich Spiele um, in denen es bereits 1:3 hinten lag. Dank einer beeindruckenden Aufholjagd und Toren von Raúl, van Nistelrooy und Higuaín wurde Espanyol Barcelona 4:3 besiegt. Nach seinem Siegtor in der 89. Minute schwärmte der Argentinier: „Lieber so ein Tor als eine wilde Nacht mit Pamela Anderson." Dank Higuaín war Madrid vier Spieltage vor Schluss Tabellenführer, punktgleich mit Barça.

Auch am vorletzten Spieltag waren die Blancos und der FC Barcelona noch punktgleich. Doch dann gerieten die Königlichen nach 32 Minuten durch Milito gegen Real Saragossa in Rückstand. Van Nistelrooy konnte ausgleichen, doch in der 64. Minute traf erneut Milito. Zur selben Zeit führte Barcelona nach zwei Toren von Lionel Messi mit 2:1 gegen Espanyol Barcelona. Dann passierte Unglaubliches. Um 22:44 Uhr traf erneut Ruud van Nistelrooy zum 2:2 – immerhin ein Punkt für Madrid, das allerdings aufgrund des Spielstands in Barcelona zu diesem Zeitpunkt zwei Punkte auf die Katalanen verloren hatte. Doch deren Spiel lief noch. 22:45 Uhr, die 90. Spielminute, ein letzter Angriff, Tamudo traf, Ausgleich in allerletzter Sekunde für Espanyol. Real und Barça gingen beide mit 73 Punkten in den letzten Spieltag.

Real musste zum RCD Mallorca. Wieder gerieten die Königlichen in Rückstand. Erst in der 68. Minute gelang ihnen der Ausgleich. Ein 1:1 wäre allerdings zu wenig gewesen, da Barcelona bei Gimnàstic de Tarragona bereits mit 4:0 nach Treffern von Puyol, Robinho und zweimal Messi führte. Die Zeit rannte Real davon … bis zur 80. Minute: Da brachte Diarra Madrid in Führung. Drei Minuten später erhöhte Reyes sogar auf 3:1. Barça gewann 5:1, hatte das bessere Torverhältnis. Allerdings entscheidet in Spanien bei Punktgleichheit das direkte Duell – und da lag Madrid nach einem 2:0 und einem 3:3 vorne. Real war Meister.

# KAPITEL 19

# „WIR SIND REAL,
## DAS SCHICKT SICH NICHT
## FÜR UNS"

**W**ährend dieser turbulenten Monate verhandelte Christoph Metzelder mit Madrid. „Vor meiner offiziellen Unterschrift bin ich nie vor Ort gewesen", so Metzelder. „Wenn ich nach Madrid geflogen wäre, hätte es am nächsten Tag in der Zeitung gestanden. Irgendjemand hätte bestimmt irgendjemand anderem einen Gefallen geschuldet und meine Anreise der Presse gesteckt. So läuft das Geschäft nun mal. Daher war ich nie in Madrid. Wir konnten es nicht gebrauchen, dass unsere Verhandlungen öffentlich werden, weil sich bei Real nicht alle über den Transfer einig waren. Zwar wollte Mijatović mich und ich wollte zu Real. Aber hätte Madrid die Meisterschaft auch noch verspielt, wäre Mijatović am Ende der Saison höchstwahrscheinlich weg gewesen. Er brauchte den Titel. Also brauchte ich indirekt auch den Titel. Nur so konnte mein Wechsel funktionieren. Ohne den Gewinn der Meisterschaft wäre alles Besprochene möglicherweise hinfällig gewesen. Mein Wechsel war also auf der einen Seite klar, auf der anderen Seite aber auch noch offen – eine komische Situation. Daran erkennt man aber auch, wie Real Madrid funktioniert, wie schnell sich alles ändern kann. Als Spieler freust du dich auf den Wechsel zu diesem gigantischen Verein, aber gleichzeitig besteht die Gefahr, dass die Leute, die dich wollen, plötzlich wieder weg sind und sich alles ändert. Da bleibt dir nichts anderes übrig als zu hoffen und heimlich die Daumen zu drücken."

Als der Titel perfekt war und sein Mentor Mijatović Sportdirektor blieb, unterschrieb Metzelder den Vertrag in einem italienischen Restaurant in Berlin. Dort wohnte sein Manager, der auch sämtliche Verträge für ihn aushandelte und prüfte. Im Juni erklärte Real-Präsident Ramón Calderón schließlich offiziell: „Metzelder hat unterschrieben."

Beim ersten Abendessen nach Metzelders Ankunft in Madrid saß er Mijatović gegenüber, als der ihn plötzlich lächelnd fragte: „Bei Borussia Dortmund wirst du bestimmt ganz gut verdient haben, oder?" Metzelder wunderte sich, nickte und fragte, was Madrids Sportvorstand mit der Frage bezweckte. „Weil du dein erstes Gehalt bei uns erst am 1. Januar 2008 bekommst." Die Zahlungsmodalitäten sind in Europa keinesfalls identisch. Während Gehälter in Deutschland monatlich bezahlt werden, kassieren Profis in England ihr Salär meist wöchentlich, in Spanien hingegen nur zweimal im Jahr. Metzelder erklärt: „Im Fußball bekommen die Vereine zweimal im Jahr ihre Fernsehgelder. Sie bekommen einmal im Jahr ihre Champions-League-Prämien. Die Sponsorengelder kommen meist am Anfang der Saison. Es gibt zwischendurch mal Monate, in denen ein Verein kaum ein Heimspiel hat, also fast keine monatlichen Einnahmen. In Deutschland ist es daher für einige Vereine eine Herausforderung, trotzdem liquide zu sein und jeden Monat pünktlich die Gehälter zu zahlen. Bei Real Madrid ist es daher so, dass am 1.1. und am 1.7. die Gehälter bezahlt werden."

Auch inhaltlich unterscheiden sich die Verträge. Während sie in Deutschland stark leistungsbezogen sind, werden – zumindest war es bei Metzelder so – bei Madrid „keine Auflaufprämien und auch keine Siegprämien" bezahlt. „Es gab nur Prämien für Titel. Und du hast eine Garantieeinkunft. Ob du gesund bist oder verletzt bist, ob du spielst oder nicht." In Deutschland zahlen die Vereine im Falle von Verletzungen zumeist sechs Wochen lang weiter das Gehalt. Anschließend trägt der Verein kein Risiko mehr, weil die Berufsgenossenschaft einspringt beziehungsweise eine private Krankenversicherung, sofern Spieler sie abgeschlossen haben.

Nach dem Medizincheck im Juli 2007 sagte Madrids Chefmediziner Alfonso del Corral über Metzelder: „Sein Zustand ist perfekt, um für Real Madrid zu spielen." Schnell überschlug sich Präsident Calderón vor Lob: „Er ist einer der solidesten und intelligentesten Verteidiger des internationalen Panoramas."

Metzelders erster Tag in Madrid war, wie bei allen, überwältigend. „Ich kam am Flughafen an und lief etlichen Fotografen und Kamerateams direkt in die Arme. Damit hatte ich nicht gerechnet. Dann wurde ich im Bernabéu vom Präsidenten vorgestellt, wo bereits ein paar Tausend Fans warteten. Bei der offiziellen Vertragsunterzeichnung schüttelte ich Alfredo Di Stéfano die Hand. Einfach alles wurde von A bis Z zelebriert. Und all das sollte mir von Anfang an klarmachen: ‚Du spielst jetzt beim größten Verein der Welt.' Und diesen Anspruch hat ein Real-Spieler vom ersten Tag an zu verteidigen. Madrid weiß um die Stärke seiner Marke. Und diese Marke wird gepflegt und verteidigt. Madrid ist einfach größer, professioneller und gigantischer als alles andere, was ich im Fußball kenne. Die Botschaft, die Real seinen Spielern vermittelt, ist unmissverständlich: ‚Verteidige unser weißes Trikot auf der ganzen Welt.'" Diese Botschaft gilt nach wie vor, so wie sie Bernabéu einst vorgegeben hatte.

Damit auch ja kein Spieler vergisst, wie er Real zu repräsentieren hat, hatte Präsident Calderón einen Kodex verfasst, der an jeden verteilt wurde. „Wir haben ein gebundenes Buch bekommen. Das hat Calderón damals erstmalig aufgelegt. Es wurde an jeden Spieler ausgeteilt. Darin stand, was der Verein von seinen Spielern erwartet, zum Beispiel Fairness auf dem Platz. Es wird dort nicht gerne gesehen, dass man einen Spieler umtritt oder den Schiedsrichter beleidigt. Das sind alles Dinge, wo man sagt: ‚Wir sind Real Madrid, wir sind der größte Verein der Welt, das schickt sich nicht für uns.' Jedem wird schon sehr klar vermittelt, dass man etwas Besonderes ist. Das ist so eine positive Arroganz, die man auch den Spielern vom FC Bayern München nachsagt. Ich habe den Kodex noch in irgendeiner Umzugskiste."

Metzelder war bereit, das weiße Trikot auf der ganzen Welt zu verteidigen. Bereits drei Wochen vor dem offiziellen Trainingsbeginn war er vor Ort, trainierte auf eigene Kosten mit einem Fitnesstrainer. Dann ging er mit seinem neuen Trainer Bernd Schuster essen. „Da merkte ich zwischen den Zeilen, dass er nicht so überzeugt von mir war. Er sagte Sätze wie: ‚Ich habe mit Jürgen Klinsmann über dich gesprochen. Das war sehr gut für dich, weil er dich sehr gelobt hat.' Zwischen den Zeilen stand eindeutig: ‚Ich habe Zweifel!'"

Heute redet Metzelder offen und freimütig. Als er früher, zu Beginn seiner Real-Zeit, nach seinem Trainer Schuster befragt wurde, äußerte er diese Zweifel verständlicherweise nicht. Damals fielen Sätze voller Bewunderung und voller Respekt wie: „Ich glaube, dass er zu 60 Prozent schon Spanier ist. So wie er sich in der spanischen Sprache bewegt, hat man das Gefühl, er ist dort eher zu Hause als in Deutschland."

Inzwischen bewertet er die Dinge anders. Einen Teil der Vorbereitung verbrachte Madrid in Österreich. Von dort aus ging es nach Hannover, zum ersten richtigen Testspiel. „Wir hatten das Abschlusstraining in Österreich", erinnert sich Metzelder. „Der Co-Trainer verteilte die Leibchen an die Mannschaft, die am nächsten Tag in Hannover beginnen sollte. Das waren offensichtlich Sergio Ramos und ich als Innenverteidiger. Dann sind wir nach Hannover geflogen, hatten unsere Teambesprechung, in der er die Aufstellung an die Tafel schrieb – ich war nicht dabei." Damals dachte Metzelder noch, Schuster werde in der Halbzeit die Formation kräftig durchmischen und so allen etwas Einsatzzeit schenken. „Doch es kam anders. Er hat mich als deutschen Nationalspieler bei dem ersten offiziellen Testspiel in Deutschland 90 Minuten auf der Bank sitzen gelassen. Ab dem Moment wusste ich: ‚Das wird richtig schwierig.'"

Es bleibt nicht die einzige Situation, die Metzelder spanisch vorkam. Nachdem Fabio Cannavaro im ersten Ligaspiel gegen Atlético Madrid verletzt ausgewechselt werden musste, spielte der deutsche Nationalspieler zunächst. Er lief gegen Villarreal und Almería auf, auch in der Champions League im Hinspiel gegen Werder Bremen. Dann zwangen ihn Patellasehnenprobleme zu einer kurzen Pause. Metzelder kam wieder zurück, spielte im Hinspiel gegen Piräus, gegen Valencia, wo er eine Riesenchance vergab, und gegen Sevilla. Dann bereitete sich die Mannschaft auf das Rückspiel in Piräus vor. An einem Montag, es war Metzelders Geburtstag, fand das Abschlusstraining statt. Standardsituationen standen auf dem Programm. Wie schon vor dem Test gegen Hannover erhielten Metzelder und Cannavaro, die in den Wochen zuvor gemeinsam die Innenverteidigung gebildet hatten, die Leibchen. In der Kabine kam Schuster aber auf Metzelder zu und erklärte: „Du hast so viel gespielt in den letzten Wochen. Du bleibst dieses Mal zu Hause." „Ab dem Tag war ich draußen", sagt Metzelder. „Ich bin mir aber bis heute noch nicht mal sicher, ob das wirklich Bernd Schusters Entscheidung war. Im Training noch in der Startelf und plötzlich fliege ich ganz aus dem Kader? Von da an wechselten sich Pepe und Heinze neben Cannavaro ab und ich war einfach raus. Das waren seltsame Entscheidungen." Und plötzlich bekam ein Zitat von Bernd Schuster nach dem Spiel in Valencia in der Woche zuvor einen anderen Zungenschlag, als er in der Kabine auf Deutsch zu Metzelder sagte: „Hättest du die Chance mal reingemacht. Das wäre für uns beide ganz gut gewesen."

Metzelder lernte während seiner ersten Monate weitere wichtige Lektionen: „Ich habe es unterschätzt, was es bedeutet, ablösefrei zu kommen." Während er, weil er zuvor seinen Vertrag bei Dortmund bewusst auslaufen ließ, Madrid keine Ablöse kostete, zahlten die Madrilenen für seinen direkten Konkurrenten Pepe 30 Millionen Euro an Porto, für Gabriel Heinze immerhin noch zwölf Millionen an Manchester United. Für Chelseas Arjen Robben wurden 36 Millionen auf den Tisch gelegt. Amsterdam kassierte für Wesley Sneijder 27 Millionen. Weil viele Fans denken, je mehr ein Spieler gekostet hat, desto besser ist er, war die Vorfreude auf Pepe, Heinze und Co größer als auf Metzelder. Die Erwartungshaltung war geringer – und die Wertschätzung ebenfalls. „Ich hatte von Anfang an nicht diese Lobby, die ich als deutscher Nationalspieler in Deutschland hatte", sagt Metzelder rückblickend – ganz nüchtern, ohne Groll, weil er auch zugeben kann: „Die Konkurrenz war am Ende besser."

Als er unterschrieb, dachte er, er müsse sich im Kampf um einen Platz in der Innenverteidigung nur gegen Fabio Cannavaro und Sergio Ramos behaupten. „Mir war nicht klar, dass bei Real Madrid bis zum 31. August null Uhr Transferpolitik gemacht wird, dass sie wirklich bis zur letzten Sekunde hellwach sind und jederzeit bereit, noch einen Deal abzuwickeln. Pepe und auch Gabriel Heinze, der ja auch in der Innenverteidigung spielen kann, wurden beide erst nach mir geholt. Die beiden Einkäufe haben meine Situation im Verein natürlich erschwert."

Eine weitere wertvolle Erfahrung, die Metzelder machen musste, war: „Ich habe eine Position bei Real Madrid gespielt, die undankbar ist. Die Fans im Bernabéu bejubeln zwar auch eine veritable Grätsche. Das Gespür, dass jemand die Drecksarbeit machen muss, ist schon da. Bei der geballten Offensivgewalt ist das Verteidigen nicht ganz so leicht. Es ist bisweilen undankbar, wenn du Mann gegen Mann an der Mittellinie stehst. An der Aufgabe sind schon namhafte Verteidiger gescheitert, wenn ich an Walter

Samuel oder Jonathan Woodgate denke." 23 Millionen Euro legte Real für Samuel auf den Tisch. Nach nur einem Jahr wurde er an Inter Mailand weiterverkauft. Woodgate kam für 18,3 Millionen Euro von Newcastle United. Nach nur 14 Spielen in zwei Jahren wurde er wieder verliehen.

Real-Experte und Buchautor Enrique Ortego geht sogar noch ein Stückchen weiter, was das Ansehen von Offensiv- im Vergleich zu Defensivspielern angeht. „Es geht in erster Linie um das Toreschießen und die, die es schaffen, sind eben die Helden. Man kann fast sagen, dass ein Abwehrspieler oder Torwart ein Antiheld ist, denn er verhindert, dass der Held zum Erfolg kommt, indem er ein Tor schießt und sich der wichtigste Effekt einstellt, nämlich das Tor. Stürmer und Mittelfeldspieler sind technisch besser und erregen deshalb mehr Aufsehen. Der Abwehrmann ist eher physisch stark und individuell technisch schwächer. Es ist auch das Gesetz des Fußballs, dass eher über die offensiven und nicht über die defensiven Spieler gesprochen wird. Deutschland und die Bayern mit Franz Beckenbauer sind einer der wenigen Vereine, die man wegen der Defensive in Erinnerung hat."

Metzelder kam unter Schuster nicht wirklich klar bei Madrid – und Schuster kam bei Madrid nicht lange klar. Real-Experte Tomás Roncero findet kaum versöhnliche Worte für ihn, selbst Jahre nach seinem Engagement: „Für Schuster ist der Fußball nicht hauptsächlich. Er spielt lieber Golf. Er ist ein guter Trainer und war ein toller Spieler, aber der Fußball an sich hatte nie Priorität in seinem Leben."

Ende November verloren die Madrilenen 1:3 gegen den FC Getafe. Im nächsten Ligaspiel folgte die zweite Pleite in Folge, durch die Madrid neun Punkte Rückstand auf Tabellenführer Barcelona hatte, die ihrerseits 20 Spiele in Folge ungeschlagen waren. Bereits in der Halbzeit, als Real 1:3 gegen Sevilla zurücklag, forderten die Fans lautstark den Rücktritt von Präsident Calderón. Auf der Pressekonferenz nach dem Spiel, das 3:4 endete, wurde Schuster gefragt, ob er mit seinem Team nun in der Pflicht stehe, Barcelona im bald anstehenden Duell zu besiegen. Seine fatale Antwort: „Das Spiel in Barcelona kümmert mich zurzeit weniger als jede andere Partie. Da ist es zurzeit unmöglich, zu gewinnen. Die überrollen alles. Das ist ihr Jahr. Wir werden versuchen, ein vernünftiges Bild abzugeben. Aber so, wie wir jetzt drauf sind, brauchen wir über mehr nicht zu reden." Man munkelt bis heute, Schuster habe mit dieser dümmlichen Aussage seine Entlassung provozieren wollen.

Die Reaktionen waren jedenfalls heftig. Die Kapitulation vor dem Erzrivalen war ein Affront sondergleichen. Die *Frankfurter Allgemeine* schrieb damals, dass Schuster „Reals genetischen Code verleugnet" habe. „Denn in den unsichtbaren Geschichtsbüchern, im kollektiven Gedächtnis der Fans, hat jeder Fußballverein seinen unwandelbaren Charakter. Der von Real Madrid besteht aus Mut, Kampfgeist und Angriffswillen. Wurde der Italiener Fabio Capello im Sommer 2007 gefeuert, weil die Mannschaft nicht schön genug spielte, muss Schuster jetzt gehen, weil er Reals genetischen Code verleugnete und keinerlei Hoffnung mehr ausgestrahlt hat."

Raúl widersprach seinem Cheftrainer am nächsten Tag öffentlich. Man dürfe Real nie abschreiben, erklärte er. Da war Schuster aber bereits für Madrid abgeschrieben. Nach einem nur 30-minütigen Gespräch mit Sportdirektor Predrag Mijatović, der nie Schuster-Befürworter war, wurde der Deutsche am 9. Dezember gefeuert und durch Juande Ramos ersetzt.

Einmal hatte Schuster die Meisterschaft gewonnen, ebenso den spanischen Supercup. Nun bekam er die Quittung für das blamable Ausscheiden im spanischen Pokal und die katastrophale erste Saisonhälfte, in der er seine Mannschaft nur auf den fünften Rang hatte führen können.

Auch sein Nachfolger, Juande Ramos, stolperte letztlich über eine Barcelona-Blamage. Zunächst startete Ramos mit einem Sieg gegen Zenit St. Petersburg, schied aber bereits eine Runde später, im Achtelfinale, gegen Liverpool aus der Champions League aus. Ihm gelang in der Liga zwar eine Serie von 18 ungeschlagenen Spielen, davon 17 Siege, doch dann folgte ein 2:6 zu Hause gegen Barcelona. Dabei hatte Ramos vor dem Spiel versprochen, er habe einen „Anti-Barça-Plan". Nun musste er zugeben: „Die großen Mannschaften haben uns überholt. Das müssen wir anerkennen – auch wenn es wehtut." Bis zum Ende der Saison, die abgeschlagen auf dem zweiten Platz endete, durfte Ramos noch bleiben. Dann waren seine Tage ebenso gezählt wie die von Predrag Mijatović.

# KAPITEL 20

# „ICH WÜRDE MADRID NICHT MAL EINEN VIRUS VERKAUFEN"

Was folgte, war der wohl größte Umbruch in der Vereinsgeschichte. Mit Manuel Pellegrini kam ein neuer Trainer, mit Jorge Valdano ein neuer Sportdirektor. Und mit Florentino Pérez kehrte der Präsident mit seinen ehrgeizigsten Ambitionen zurück.

Pellegrini sprach davon, dass er und seine Mannschaft „eine ästhetische Verantwortung gegenüber dem Publikum" hätten. Um dieser gerecht zu werden, wurde die Mannschaft mal wieder kräftig umgekrempelt. Über 100 Millionen Euro kassierten die Königlichen mit ihren Spielerverkäufen, Geld, das mit vollen Händen wieder ausgegeben wurde. Vor allem gelang es Real in diesem Sommer endlich, Cristiano Ronaldo zu verpflichten. Als er im Santiago Bernabéu vorgestellt wurde, schrieb die *Frankfurter Allgemeine*: „R9 steigt auf die Real-Erde hinab." Treffender konnte man es nicht ausdrücken, abgesehen davon, dass Ronaldo ab der nächsten Saison mit der Trikotnummer 7 spielte. Immerhin warteten die Real-Fans seit drei Jahren auf diesen Moment! Seit drei Jahren versuchten die Verantwortlichen der Madrilenen, Ronaldo von Manchester United wegzulocken. Seit drei Jahren stritten die beiden Klubs unerbittlich um den Ausnahmespieler, ein dreijähriges Theater, bei dem zwischendurch niemand mehr wusste, was er glauben sollte. Sogar die FIFA war zwischenzeitlich eingeschaltet worden.

2003 war David Beckham von der Insel gelockt worden. 2006 entrissen die Königlichen Manchester United Ruud van Nistelrooy. 2007 folgte mit Gabriel Heinze die dritte Spielerabwerbung. Und nun Ronaldo. „Ich würde Madrid nicht mal einen Virus verkaufen", polterte Alex Ferguson entnervt. Der *Guardian* sprach von einem „vernichtenden Schlag", der Madrid gelungen sei.

Das englisch-spanische Wechseldrama begann bereits nach der Weltmeisterschaft 2006 in Deutschland. Im Viertelfinale traf Portugal auf England, Ronaldo auf Wayne Rooney, das Duell zweier Mannschaftskollegen von Manchester United. Nachdem Rooney dem Portugiesen Ricardo Carvalho in den Unterleib getreten hatte, forderte Ronaldo die Rote Karte für ihn. Der Treter bekam die geforderte Bestrafung und während er das Feld verließ, zwinkerte Ronaldo seinen Kollegen auf der portugiesischen Bank zu. Als er dann auch noch mit dem letzten Strafstoß das Elfmeterschießen entschied, wurde Ronaldo zum Staatsfeind. Die englische Boulevardzeitung *The Sun* eröffnete eine Kampagne gegen ihn, bildete Ronaldos Gesicht auf einer Zielscheibe ab und forderte die Leser auf, mit Dartpfeilen auf ihn zu werfen. Kurz machte es den Anschein, als werde Ronaldo nicht nach England zurückkehren. Er selbst befeuerte diesen Eindruck, als er sagte: „Ich kann nicht in Manchester bleiben unter diesen Umständen." Erstmals wurden Gerüchte laut, er werde zu Real Madrid gehen. Doch Ronaldo besann sich, nicht von der Insel zu flüchten. Er wollte nicht ängstlich erscheinen.

Doch im Januar 2007 ging das Hin und Her richtig los. Ramón Calderón, damals noch Präsident von Real Madrid, erzählte, er sei sich mit seinem damaligen Sportdirektor Predrag Mijatović und Trainer Fabio Capello einig, Cristiano Ronaldo nach Spanien holen zu wollen. Man sei bereit, Manchester 40 Millionen Euro zu bezahlen. Die Summe ließ Manchesters Trainer Alex Ferguson kalt, obwohl sie mehr als dem doppelten Einkaufspreis entsprach. „Wir verkaufen nur Spieler, die wir verkaufen wollen. Und Cristiano wird uns auf gar keinen Fall verlassen", verkündete der Trainer. Ronaldo selbst sagte, dass er vom „Interesse von Madrid" wisse. Er habe mit Alex Ferguson und Co-Trainer Carlos Queiroz geredet „und sie haben mir verboten, mit Real Madrid zu sprechen".

Im April 2007 verlängerte er seinen Vertrag bei den Engländern dann vorzeitig um fünf Jahre. Neun Monate war Ruhe, bis Ronaldos Mutter

Dolores sich in einem Trikot von Real fotografieren ließ – sicherlich von Ronaldo-Berater Mendes instrumentalisiert, um Druck aufzubauen – und im Januar 2008 erzählte, sie werde „als glückliche Frau sterben, wenn mein Sohn irgendwann einmal bei Madrid unterschreiben würde".

Tatsächlich traf sich Mendes Anfang April mit Madrids Sportdirektor Mijatović. Wenige Tage später sagte Bernd Schuster, inzwischen Madrid-Trainer: „Ich weiß, dass Manchester ihn nicht abgeben will. Aber ich habe das Gefühl, dass es klappen kann." Mijatović selbst verdeutlichte: „Wir wollen Cristiano zum Aushängeschild von Real Madrid machen." Als Cristiano Ronaldo dann auch noch Mitte Mai erklärte, er habe „schon tausendmal gesagt, dass es mein Traum ist, irgendwann in Spanien zu spielen", brodelte die Gerüchteküche wieder fleißig. „Manchmal", so der Portugiese, „erfüllen sich Träume nicht, aber ich träume trotzdem weiter. Ich bin glücklich bei Manchester United, aber keiner weiß, was die Zukunft bringt." Inzwischen sei Madrid, so hieß es, bereit, 80 Millionen Euro für den Superstar zu bezahlen. Ihm selbst sollte der Wechsel mit einem Jahresgehalt von 9,5 Millionen Euro netto vergütet werden.

Auch während der Vorbereitungen auf die Europameisterschaft in Österreich und der Schweiz 2008 nahmen die Spekulationen um Ronaldo nicht ab. Real machte weiterhin kein Geheimnis daraus, ihn haben zu wollen, sehr zum Ärger von Manchester. Ferguson schimpfte, die Königlichen hätten „weder Moral noch Prinzipien". Gegenüber der *Times* erklärte er sogar: „Madrids aggressives Verhalten ist ein Überbleibsel aus Francos Zeiten, in denen Real als Regierungsklub alle Wünsche erfüllt bekommen sollte."

Ferguson drohte, bei der FIFA Klage wegen „inakzeptablen Verhaltens" einzureichen. Doch selbst das schreckte Madrid vor weiteren Provokationen nicht ab. Als Calderón auch noch verkündete, „die Sklaverei ist schon vor langer Zeit abgeschafft worden" und einen Spieler könne „nichts aufhalten", wenn er gehen wolle, machte United seine Drohung wahr und reichte Klage ein. „Am 27. Mai hat United klargestellt, dass wir uns über Real Madrid beschweren werden, sollte sich der Verein weiter in die Zukunft von Ronaldo einmischen. Leider hat sich Real Madrid auch danach nicht zurückgehalten."

Doch selbst die Klage erzielte nicht die erhoffte Wirkung. Zunächst sorgte wieder einmal Ronaldo, der mit seinen Portugiesen bei der EM im

Viertelfinale gegen Deutschland ausschied, selbst für weitere Unruhe, indem er verkündete, dass die Chance eines Wechsels zu Madrid hoch sei. „Man bekommt nur einmal im Leben die Möglichkeit, zu Real zu wechseln, und jeder, auch United, weiß, was ich will und wovon ich träume." Mittlerweile boten die Königlichen 85 Millionen Euro, mehr als das Doppelte des ursprünglichen Gebots. Manchester sah sich gezwungen, seinerseits erneut klarzustellen, Ronaldo nicht abgeben zu wollen: „Immer wieder gibt es Spekulationen, dass Ronaldo im Laufe des Sommers zum spanischen Verein Real Madrid wechsle. Der Klub hat daher beschlossen, seinen Standpunkt in der Angelegenheit noch einmal zu wiederholen: United wird sämtliche Angebote ignorieren."

Nun mischte sich sogar FIFA-Präsident Sepp Blatter ein, der sich Anfang Juli auf die Seite der Madrilenen schlug: „Wenn der Spieler woanders spielen möchte, sollte man eine Lösung finden", sagte der damals mächtigste Mann im internationalen Fußball. Es sei keine ideale Situation, jemanden gezwungenermaßen zu halten. „Langzeitverträge", so Blatter, seien „moderne Sklaverei".

Die Situation schien sich für United zu verschlechtern. Daher bat Ferguson, was zu dem Zeitpunkt niemand wusste, Cristiano Ronaldo zu einem vertraulichen Gespräch. Darin teilte der Schotte, wie er Jahre später in seinem Buch „Meine Autobiografie" enthüllte, ihm mit: „Dieses Jahr kannst du nicht wechseln, nicht nachdem Calderón das Thema auf diese Weise zur Sprache gebracht hat. Ich weiß, dass du zu Real Madrid willst. Aber ich würde dich eher erschießen als dich jetzt an diesen Kerl zu verkaufen. Wenn du weiter gute Leistung zeigst und uns keine Schwierigkeiten machst, lassen wir dich gehen, sobald einer kommt und uns eine entsprechende Ablösesumme anbietet." Ferguson erklärte Ronaldo auch, warum er so strikt gegen einen sofortigen Verkauf sei: „Wenn ich das mache, ist meine ganze Ehre futsch."

Ronaldo verstand und erklärte seinerseits in mehreren Interviews Anfang August: „Ich kann bestätigen, dass ich in der kommenden Saison für Manchester United spielen werde. Alex Ferguson hat sich meine Ansichten angehört und ich mir seine. Für mich ist es am besten, in England zu bleiben. Und bevor jemand sagt, dass ich unglücklich bin, möchte ich ein paar Sachen klarstellen. Wer auch immer so etwas sagt oder schreibt, liegt falsch. Ich werde mit ganzem Herzen dabei sein. Ich werde einhundert Prozent für Manchester United geben und ich werde das rote Trikot so in Ehren halten, wie ich es immer getan habe. Es ist richtig, dass ich den ganzen Rummel teils selbst verursacht habe, als ich öffentlich über meinen Wunsch sprach, nach Madrid zu gehen. Und eine Zeit lang hatte ich gehofft, dass United mir grünes Licht für den Wechsel geben würde – ich würde Sie alle und mich selbst ja belügen, wenn ich etwas anderes behaupte. Ich kann nicht gegen den Willen meines jetzigen Klubs wechseln. Das verstehe ich. Deshalb werde ich nun mit Herz und Seele weiter für United spielen." Dass Manchester das Real-Angebot abgelehnt habe, zeige, wie sehr der Verein ihn wolle. „Ich habe das nicht sofort so verstanden, aber mittlerweile sehe ich, dass das eine große Ehre ist." Ronaldo gab dabei sogar zu, verantwortlich für den öffentlich ausgetragenen Disput zwischen Manchester und Madrid zu sein: „Deshalb trage ich, ohne es gewollt zu haben, auch Verantwortung für den Konflikt zwischen den beiden Vereinen."

Doch nicht nur bei ManU sorgten die Bemühungen und Äußerungen für Unmut. Auch bei einigen Spielern von Madrid kam es nicht gut an, wie sehr sich Real offenbar um Ronaldo bemühte. Robinho war, als er drei Jahre zuvor nach Madrid kam, begeistert empfangen worden. Er galt als neuer Pelé. Seine Kunststücke wurden von den Fans bejubelt. Nun aber entpuppte Robinho sich als gekränkte Diva, weil er Konkurrenz bekommen sollte. Ende August, exakt zwölf Stunden, bevor der Transfermarkt schloss, provozierte der Brasilianer die Königlichen bis aufs Blut. Er bestellte ohne Wissen seines Arbeitgebers die Presse ins Hotel Eurobuilding, um Präsident Calderón und vor allem Trainer Schuster zu attackieren. „Ich dachte, ich würde zehn Jahre in Madrid bleiben. Doch Real Madrid war sich sicher, dass Cristiano Ronaldo von Manchester United kommen würde, also war mein Verbleib egal, wurde meine Vertragsverlängerung nicht verhandelt. Ich habe auch meinen Stolz", polterte er. „Ich habe dem Präsidenten, den Vorständen und dem Trainer erklärt, dass ich wegwill. Und der Presse sage ich es jetzt auch, zum x-ten Mal: Ich will hier weg!"

Bernd Schuster, der sich zuvor vor seinen Spieler gestellt und ihn als guten Jungen verteidigt hatte, der jedoch leider von Agenten, die nur an ihre persönliche Provision denken würden, schlecht beraten sei, bekam noch eine besondere Breitseite von Robinho ab. „Schuster ist nicht mein Vater. Schuster ist bloß mein Comandante. Und er wird mich zu nichts zwingen. Er wird schon wissen, was er davon hat, einen Spieler im Team zu haben, der mit dem Kopf bei einem anderen Verein ist." Am Tag der Pressekonferenz erklärte Calderón noch patzig, die Personalplanung sei abgeschlossen, Robinho werde bleiben. Einen Tag später ließ der Präsident ihn für 40 Millionen Euro zu Manchester City ziehen, obwohl Ronaldo in diesem Sommer nicht kam.

Am 7. August erschien ein Bericht der *Marca*, die wissen wollte, dass es zwischen Manchester und Madrid ein heimliches Abkommen gebe, dass Ronaldo gesichert zum 1. Juli 2009 nach Spanien wechseln dürfe. Im Dezember druckte *El Mundo* dann ein Gespräch zwischen einem Vorstandsmitglied von Real Madrid und Pedro Trapote, einem Vertrauten von Präsident Ramón Calderón, ab, das belegen sollte, dass der Wechsel bereits perfekt sei. Das Vorstandsmitglied erkundigte sich, warum man die Verpflichtung noch nicht offiziell verkünden könne. „Es wäre der beste Zeitpunkt, denn es läuft schlecht und die Leute brauchen etwas, das sie jetzt aufmuntert." Darauf soll Trapote geantwortet haben: „Nein, es ist am besten, nichts zu sagen, denn es gibt einige Klauseln, die uns davon abhalten, es jetzt zu verkünden. Es wäre ein guter Zeitpunkt, aber wir sollten es nicht tun."

Folglich wurde weiter fleißig spekuliert, sodass sich Ronaldo im Januar 2009 gezwungen sah, ein erneutes Treuebekenntnis zu Manchester abzugeben: „Ich will hierbleiben. Ich fühle mich hier wie zu Hause. Die Fans sind toll zu mir, ich liebe sie. Wie ich gesagt habe, ich fühle mich hier zu Hause. Was die Leute im Augenblick erzählen, ist nicht wahr. Wer auch immer so etwas behauptet, ist ein Lügner. Es gibt doch ständig Spekulationen, und zwar nicht bloß über mich, sondern über die Zukunft von Spielern überall auf der Welt."

Dann musste Calderón gehen, weil er bei der Verabschiedung des Vereinsbudgets Delegierte hatte abstimmen lassen, die gar nicht stimmberechtigt waren. So oft hatte er über Ronaldo gesprochen, so viele Versuche hatte er unternommen, um Ronaldo zu holen, ebenso wie Mijatović, der es während seiner Amtszeit ebenfalls nicht schaffte, den Portugiesen nach

Madrid zu locken. Calderón wurde Vergangenheit, Mijatović verschwand, Capello und Schuster waren schon lange nicht mehr da. Nur die Sehnsucht, Ronaldo im weißen Trikot spielen zu sehen, blieb, sodass Florentino Pérez, Calderóns Nachfolger, kurz nach dem verlorenen Champions-League-Finale gegen Barcelona verkündete: „Wir werden eine wirklich spektakuläre Mannschaft aufbauen. Es gehört zur Tradition von Real Madrid, dass die besten Fußballer der Welt für unseren Verein spielen." Natürlich werde man sich weiter um Cristiano Ronaldo bemühen.

Dann ging es mit einem Mal ganz schnell. Am 11. Juni 2009 gab Manchester United bekannt, einem Angebot von Real Madrid über 94 Millionen Euro für Ronaldo zugestimmt zu haben. Weitere 15 Tage später hieß es in einer offiziellen Bekanntgabe der Königlichen: „Real Madrid und Manchester United haben sich endgültig auf einen Vertrag über den Transfer der Rechte an dem Spieler Cristiano Ronaldo zum 1. Juli geeinigt. Der Spieler wird einen Sechsjahresvertrag bei Real Madrid unterschreiben und am 6. Juli im Stadion Santiago Bernabéu vorgestellt." Damit war das Kapitel Ronaldo und England nach langem Hickhack endlich abgeschlossen. Die Sehnsucht der Real-Fans wurde nach diesen Jahren zwischen Hoffen, Vorfreude, Enttäuschung, Ernüchterung und völligem Gefühlschaos endlich erfüllt.

Mijatović beharrt bis heute darauf, zusammen mit Ramón Calderón einen gewichtigen Anteil an Ronaldos Wechsel gehabt zu haben. „Wir haben es geschafft, Cristiano Ronaldo zu verpflichten. Es war unser Verdienst. Das einzige, was schade war, ist, dass wir nicht mehr die Entscheidungsträger waren, als die Verpflichtung dann in trockenen Tüchern war. Auf eine gewisse Art und Weise können wir uns damit schmücken, dass unser letztes Werk die Verpflichtung von Cristiano Ronaldo war." Detaillierter will er leider auch heute nicht darauf eingehen. „Es waren Monate an Arbeit, die dafür nötig waren. Aber wie Sie sicher verstehen können, kann ich das ganze Prozedere hier nicht öffentlich machen."

Mijatović verrät überdies nur noch: „Cristiano hat dafür gesorgt, dass der Wechsel zustande kam. Wenn ein Spieler klipp und klar dem Verein mitteilt, dass er gehen will, dass er wachsen will, dass er eine andere Herausforderung will, hast du im Grunde keine andere Chance als dem Wechsel zuzustimmen. So war es ja dann auch mehr oder weniger. Dann musst du nur noch einen Verein finden, der so einen Wechsel stemmen kann und die finanzielle Power hat. In der damaligen Zeit gab es nur Real Madrid, das in der Lage war, so viele Millionen zu zahlen. Er war total davon überzeugt, hierher kommen zu wollen. Und das ist die wichtigste Voraussetzung. Ohne seinen absoluten Willen wäre es nicht gegangen. Das ganze Verdienst an diesem Wechsel schreibe ich Cristiano Ronaldo gut. Denn er hat gekämpft und alles dafür getan, um hierher zu kommen. Es war ein absolutes Top-Geschäft für ihn und für den Verein." Mijatović war damals „in jeder Sekunde davon überzeugt, dass Ronaldo hier triumphieren würde. Aber dass er jetzt schon den Rekord von Raúl gebrochen hat und so viele Tore erzielt, das hätte selbst ich mir nicht erträumen lassen." Er genieße es, obwohl er nicht mehr im Amt war, als der Deal vollzogen wurde, „trotzdem und genauso, Cristiano zu sehen und seine Tore zu bejubeln. Das macht mich sehr, sehr glücklich." Und er fügt hinzu: „Wenn wir jetzt so über ihn reden, habe ich den Eindruck, als wenn wir über einen Außerirdischen sprechen."

240 Spiele hatte Ronaldo in sechs Jahren für Manchester United bestritten, dabei 117 Tore erzielt und 65 Treffer aufgelegt. Dreimal gewann er die englische Meisterschaft und einmal die Champions League. 2008 wurde er als Weltfußballer und Europas Fußballer des Jahres ausgezeichnet. Dann stieg R9 auf die Real-Erde hinab – in einer Art und Weise, wie nur Real Madrid seine Spieler präsentieren kann.

# KAPITEL 21

# HAUPTSACHE,
# DIE SHOW STIMMT

us Angst vor einem Massenansturm landete das Privatflugzeug, in dem er saß, nicht am öffentlichen Madrider Flughafen in Barajas, sondern auf dem Militärstützpunkt Torrejón de Ardoz, von wo aus normalerweise der spanische König Juan Carlos abhebt. Gleich vier Limousinen kamen, um Ronaldo abzuholen und zum Stadion zu bringen. Dort wurde er dann, an einem Juli-Abend 2009, auf der wohl größten, am besten ausgeleuchteten Bühne der Welt vorgestellt. Es war ein wunderschöner, warmer Sommerabend. Seit dem Nachmittag hatten Zehntausende Fans vor dem Stadion ausgeharrt, bis sich die Tore um 19 Uhr öffneten. Nach nur einer Stunde mussten sie wieder geschlossen werden, weil alle Plätze, bis auf die in einem einzigen Block, in dem Renovierungsarbeiten stattfanden und der deshalb gesperrt war, besetzt waren. Für diejenigen, die es nicht ins Santiago Bernabéu geschafft hatten, wurde eine Leinwand vor dem Stadion aufgebaut.

Um 21 Uhr betrat Florentino Pérez in Begleitung von Real-Legende Alfredo Di Stéfano die Bühne, die für die Präsentation am Südende des Stadions aufgebaut worden war. „Was heute Abend hier passiert, setzt neue Maßstäbe. Der unglaubliche Ansturm auf unser Stadion ist Zeugnis für den Geist von Real Madrid. Ich danke euch, dass ihr gekommen seid, um selbst bei diesem einzigartigen Augenblick dabei zu sein, auf dem

Höhepunkt unserer Wünsche und Träume", verkündete der Präsident, ehe er Eusébio, Europas Fußballer des Jahres 1965 und, wie Pérez schwärmte, „einer der besten Spieler aller Zeiten", ankündigte, „der für alle Zeiten zum Symbol des schönsten Fußballs in Portugal und Europa geworden ist".

15 Jahre trug Eusébio, der den Spitznamen „Pantera Negra" hatte, das Trikot von Benfica Lissabon, dessen Rekordtorjäger er mit 474 Pflichtspieltreffern ist. Die „schwarze Katze" wurde Torschützenkönig bei der Weltmeisterschaft 1966. Nun war er der Edel-Statist bei der großen Ronaldo-Show. „Viele von euch sind sehr jung, aber ihr sollt wissen, dass wir dank der unglaublichen Beziehungen, die der Fußball schaffen kann, hier auf der Bühne zwei Freunde fürs Leben haben", fuhr Pérez fort. „Gleichzeitig sind sie zwei der besten Spieler, die es je gegeben hat: Eusébio und unser Ehrenpräsident Alfredo Di Stéfano. Es gibt nur wenige Auserwählte auf dieser Welt, die sich auf Augenhöhe mit diesen Giganten des Fußballs befinden. Heute Abend dürfen wir gemeinsam mit diesen beiden stolz einen Spieler begrüßen. Heute Abend freut sich Real Madrid ganz außerordentlich, jemanden vorstellen zu dürfen, der die Hoffnungen und Träume von Millionen von Fans auf der ganzen Welt entfachen kann. Nun ist der Moment gekommen. Begrüßen wir in seiner neuen Heimat – Cristiano Ronaldo."

Mittlerweile war es 21:17 Uhr. Ronaldo trat aus dem Spielertunnel, er trug das weiße Trikot mit der Nummer 9. Er umarmte erst Pérez, dann Eusébio und schließlich Di Stéfano. Er drehte sich um, applaudierte und strahlte. „Sí, Sí, si, Cristiano ya está aquí", schrien die 80.000, „Ja, ja, ja, Cristiano ist schon da." 40.000 waren ins San Siro gekommen, als Ronaldinho von Barça zum AC Mailand gewechselt war. 50.000 kamen, um bei der Präsentation von Kaká dabei zu sein, den Pérez kurz zuvor für 63 Millionen Euro vom AC Milan geholt hatte. Nun übertrafen die Real-Fans sogar den Rekord aus dem Jahr 1984, als 65.000 Tifosi des SSC Neapel bei der Ankunft von Diego Maradona dabei waren.

„Mein lieber Cristiano, von heute an sind dies deine Fans. Die gleichen Fans, die Real in seiner gesamten Geschichte geholfen haben, den Gipfel der Fußballwelt zu erstürmen", rief Pérez, während Ronaldos bisher schönste Fußballmomente auf einer gigantischen Leinwand gezeigt wurden. Wie er im Trikot von Manchester United Tore schießt. Wie er den

Champions-League-Pokal in die Luft reckt. Wie er den Ballon d'Or küsst. „Sie werden von dir fordern, dass du dein Bestes gibst, aber im Gegenzug werden sie dir alles geben. Deine professionelle Einstellung, deine Hingabe an den Sport und dein unbestreitbares Können haben dir geholfen, einen deiner größten Träume wahr werden zu lassen. Wir freuen uns riesig, dass du dich entschieden hast, für Real Madrid zu spielen. Herzlich willkommen bei deinem Real Madrid."

500 Journalisten hatten sich für dieses Event akkreditieren lassen. Die sechs wichtigsten TV-Sender des Landes schickten 171 Live-Minuten in die spanischen Haushalte. Real inszenierte sich einmal mehr auf beeindruckende Weise.

Dann kam endlich Ronaldo selbst zu Wort: „Guten Abend. Ich bin sehr glücklich, hier sein zu dürfen. Heute habe ich mir einen Traum erfüllt, den ich schon als Kind hatte – für Real Madrid zu spielen. Ich hätte nie gedacht, dass so viele Leute vorbeikommen würden, nur um mich zu sehen. Das ist überwältigend. Ich danke euch. Und jetzt will ich alle bitten, mit mir zusammen zu sprechen. Ich werde bis drei zählen und alle sagen mit mir: ‚Hala Madrid'. Eins – zwei – drei – hala Madrid." Und 80.000 Menschen folgten seiner Aufforderung: „Auf geht's, Madrid!"

Dann wurde noch ein bisschen getrickst. Ronaldo bewies, dass der Ball ebenso gut seinem Kopf wie seinen Füßen gehorcht. Er schrieb Autogramme, lief eine Ehrenrunde zu den Klängen von Johann Strauss' Radetzky-Marsch. Ein paar Tausend Fans hielten es nicht mehr aus, sie wollten ihrem Ronaldo noch näher sein und übertölpelten die Sicherheitsleute, sodass sie ihr Idol umringen konnten. „Dieser ganze Tag ist einer der schönsten in meinem Leben. Es ist ein Privileg, hier sein zu dürfen", sagte er.

Immer wieder kommt das Hollywood-Prinzip durch. Wenn Real Madrid auf dem Transfermarkt zuschlägt, ist es spektakulär, teuer, erregt die Gemüter. Nach Figo holte Pérez Zidane, später Beckham, nun Ronaldo. 2013, vier Jahre nach dieser Inszenierung, war die Szenerie im Santiago Bernabéu sehr ähnlich, nur der Protagonist war ein anderer. Sogar die Begrüßungsworte, die Pérez an seinen Auserwählten richtete, unterschieden sich nicht sonderlich. „Sie freuen sich auf dich und deinen Fußball. Sie werden immer hinter dir stehen. Das ist dein Stadion, dies ist dein

Trikot. Sieh dich um: Wir sind dein Haus, dein Wohnzimmer, deine Familie. Willkommen bei Real Madrid", so begrüßte Florentino Pérez Gareth Bale, für den er etwa 100 Millionen Euro an Tottenham überwiesen hatte. Irgendwann sagte Pérez dann auch noch: „Wir tun alles, um die Legende aufrechtzuerhalten."

Wenn Real Madrid den roten Teppich ausrollt, ist das Rot noch etwas röter als anderswo. Es wird geklotzt und nicht gekleckert, vor allem unter Pérez. Sein Vorgänger Calderón hatte es auch versucht, allerdings weniger erfolgreich. Als Signal an die Mannschaft hatte er im Kabinentrakt einen Spruch an die Wand schreiben lassen: „Wenn wir kämpfen, können wir verlieren. Tun wir es nicht, sind wir zur Niederlage verdammt." Als Signal an die Welt schaffte er ein eigenes Flugzeug für Real Madrid an, eine Prestige-Anschaffung, vor allem um die Skeptiker, die behaupteten, er sei nicht groß genug für das Präsidentenamt, verstummen zu lassen. Die McDonnell Douglas MD-83 mit 139 Sitzen taufte Alfredo Di Stéfano auf den Namen „La Saeta", den Pfeil. Auf dem Leitwerk prangte das Wappen der Blancos. „Die Anschaffung, so mutmaße ich, diente dazu, den Anspruch zu unterfüttern: Wir sind der größte Verein der Welt. Wir haben sogar ein eigenes Flugzeug", erklärt Metzelder, der in der Maschine flog.

Eine der ersten Dienstreisen ging im November 2007 nach Bremen. Madrid verlor 2:3. Markus Rosenberg, Boubacar Sanogo und Aron Hunt ließen mit ihren Treffern die königliche Auswärtsreise zu einer Pleite werden. Es war ein schlechtes Omen für „La Saeta" – und nicht die letzte Panne für den Pfeil. In der darauffolgenden Saison wurde Real Zenit St. Petersburg in der Königsklasse zugelost. Die Flugstrecke konnte der Flieger nicht bewältigen. „Es kam heraus, dass das Flugzeug schon über 20 Jahre alt war und schon ausrangiert in der Wüste stand. Es war unmodern, laut. Nach nicht einmal einem Jahr hatte ‚der Pfeil' ausgedient und wir flogen wieder Charter", sagt Metzelder

Es war ein Fall von „Gewollt, aber nicht gekonnt", nicht Madrid-like. Deshalb krempelte Pérez den Klub mit Beginn seiner zweiten Amtszeit auf allen Ebenen auch spürbar um.

„Unter Calderón und Mijatović stand der Sport im Vordergrund. Wir waren in Österreich im Trainingslager, hatten Vorbereitungsspiele nur in Europa. Interkontinentalreisen gab es nicht", beschreibt Metzelder die

Unterschiede. „Als Florentino Pérez wiederkam, hatten wir nach dem langfristig eingeplanten Trainingslager in Irland eine Nordamerikareise mit Spielen in Kanada und den USA. Calderón war jemand, der die globale Vermarktung nicht so forciert hat. Unter Florentino ging es dann direkt wieder nach Nord- und Südamerika oder Asien."

Der Vermarktungsstratege Pérez nahm dafür sogar, so die Erfahrung Metzelders, billigend in Kauf, dass Real keine perfekte Vorbereitung hatte. „Der Grundgedanke bei Real ist: Die Mannschaft ist qualitativ so gut, es ist egal, wo die Vorbereitung stattfindet. Die höhere Belastung wird in Kauf genommen, weil der Verein weiß, dass die Titel nicht im August, September oder Oktober verteilt werden. Man hat billigend in Kauf genommen, dass der Start ein bisschen stotternd verläuft. Man hat aber am Ende so viel individuelle Klasse, dass man trotzdem um Titel mitspielt."

An dieser Philosophie hat sich bis heute nichts geändert. In der Vorbereitung auf die Saison 2016/17 war Madrid in Australien, China und München. „Ganz optimal ist so eine Reise aus sportlicher Sicht mit Sicherheit nicht. Eine ideale Vorbereitung sähe anders aus. Am besten wäre es für uns, wenn wir vier Wochen in Madrid unsere Vorbereitung machen", sagt auch Toni Kroos. „Aber das geht natürlich nicht. Ich spiele bei Real Madrid, bei einem Verein, der weit über die spanischen und europäischen Grenzen hinausgeht, der Märkte auf der ganzen Welt bedienen muss. Uns Spielern ist allen klar, dass das ganze Geld auch irgendwo herkommen muss, das der Verein ausgibt. Daher nehmen wir es hin und verstehen es. Für uns Spieler ist es schon eine Belastung. Aber wir wollen uns nicht beschweren."

# KAPITEL 22

# DER CLÁSICO VERSETZT MEHR
## ALS EIN LAND IN AUFRUHR

I n der Saison 2009/10, Ronaldos erster für Madrid, schien die Vorbereitung gepasst zu haben. Real gewann die ersten fünf Spiele in der Liga. Vom 25. bis zum 30. Spieltag war die Mannschaft von Pellegrini Tabellenführer. Doch dann verloren die Madrilenen zu Hause mit 0:2 gegen Barcelona. Platz 1 war weg, am Ende fehlten drei Punkte zum Titel. 31 Begegnungen hatte Madrid in der Liga gewonnen, nur viermal verloren. 96 Punkte hatte es am Ende, ein neuer Vereinsrekord. Doch weil Barcelona ebenfalls eine Rekordsaison spielte und unglaubliche 99 Punkte holte, blieb nur Rang 2.

Ronaldo hatte eine starke erste Saison bei den Königlichen gespielt. Obwohl er zwei Monate verletzt war, erzielte er 33 Tore, davon 26 in der Liga. „Er hat die Gabe, den Gegner aus dem Gleichgewicht zu bringen", schwärmte Mitspieler Iker Casillas. Trotzdem war Ronaldo traurig und frustriert, dass er Madrid in seinem ersten Jahr zu keinem Titel führen konnte. In der Champions League schieden die Blancos trotz des Superstars zum sechsten Mal in Folge im Achtelfinale nach einem 0:1 und einem 1:1 gegen Olympique Lyon aus. Die Reaktionen waren entsprechend spöttisch und vernichtend. So schrieb die Zeitung *El País*: „Fußball kann man nicht kaufen. Lyon bringt das monströse Projekt von Florentino Pérez auf einen neuen Tiefpunkt."

„Es gab viele Neuverpflichtungen, und man kann nicht über Nacht ein Team daraus formen. Wir haben den einen oder anderen fantastischen Spieler, das ist unbestritten, aber unsere Mannschaft ist noch nicht so eine komplette Einheit und so eingespielt wie Barcelona", wird Ronaldo in Luca Caiolis fantastischer Biografie „Ronaldo – Die Geschichte eines Besessenen" zitiert. „Barcelona hat 99 Punkte in der Liga geholt. Es ist ja ganz klar, dass sie verdiente Meister sind. Jeder, der Fußball mag, wird zugeben, dass man ihre Leistung bewundern muss. Als Fußballbegeisterter würde ich ja lügen, wenn ich sagen würde, dass ich ihnen nicht gerne beim Spielen zugucke. Wir haben noch keine perfekte Mannschaft und sind noch nicht so aus einem Guss wie Barcelona, aber da werden wir noch hinkommen. Wir brauchen lediglich Zeit, um Titel einzufahren, und ich bin davon überzeugt, dass die kommende Saison vollkommen anders laufen wird."

Zunächst demonstrierte Pérez aber erneut seine ausgeprägte Hire-and-Fire-Mentalität. Pellegrini musste gehen. Und es kam ein Mann, der im Estadio Santiago Bernabéu im Mai 2010 seine Brillanz unter Beweis stellte: Jose Mourinho.

Ausgerechnet an diesem mythischen Schauplatz des Weltfußballs spielten im Duell um die europäische Königsklasse zwei Vertriebene: Arjen Robben für Bayern München und Wesley Sneijder für Inter Mailand, beide zuvor von Madrid vom Hof gejagt. Die Zuschauer sahen einen Arjen Robben, der viel einstecken musste. Und sie sahen einen Diego Milito, der zweimal für Inter traf. „Ich denke nicht, dass wir dieses Finale hätten besser vorbereiten können", sagte der damalige FCB-Trainer Louis van Gaal hinterher. „Inter hat genau so gespielt, wie wir es erwartet hatten. Exakt die Aufstellung, das System, die Spieler, die wir als besonders gefährlich eingeschätzt hatten, waren es auch. Alles hatten wir vorbereitet." Doch trotz der perfekten Vorbereitung gewann am Ende das Mourinho-Team. Dank einer taktischen Meisterleistung hatte der Portugiese es zum Titel geführt.

Als nur noch wenige Augenblicke zu spielen waren, die Nachspielzeit bereits lief, rief Mourinho Marco Materazzi zu sich. Der Trainer wollte zwei Dinge: Zeit schinden und dem Innenverteidiger mit der Einwechslung in diesem historischen Spiel für seine außergewöhnlichen Leistungen für Inter in den vergangenen Jahren danken. Als Milito, der dafür runter musste, Richtung Seitenlinie trabte, sagte Materazzi, was Mourinho Tränen in die Augen trieb: „Trainer, bleib bitte! Du wirst bei Real niemals so geliebt wie bei uns." „Ich muss gehen", entgegnete Mourinho nur knapp. Bereits vor dem Spiel hatte er öffentlich mit einem Wechsel zu Real Madrid kokettiert. Direkt nach dem Abpfiff bestätigte er dann auch öffentlich, was er seinen Spielern bereits offenbart hatte. So nickte er bei einem Interview mit *Sat.1* auf die Frage, ob es sein letztes Spiel als Trainer von Inter gewesen sei und er zu Real Madrid wechseln werde. In der Mixed Zone schimpfte Mailands Präsident Massimo Moratti, als er nach Mourinho gefragt wurde: „Ich habe die Champions League gewonnen. Mourinho geht mir jetzt gerade am Arsch vorbei."

Massimo Moratti ging Mourinho am Arsch vorbei, Florentino Pérez ging wegen der immer größer werdenden Dominanz von Barcelona der Arsch auf Grundeis. Reals größter Konkurrent hatte in derselben Zeit, in der sich Madrid von Trainerentlassung zu Trainerentlassung hangelte, fünf Meisterschaften geholt, zudem zweimal die Champions League gewonnen.

Ronaldo allein reicht nicht, dachte sich Pérez, und holte für 18 Millionen Euro Ablöse den Startrainer, der überall, wo er bis dato gearbeitet hatte, Trophäen lieferte. Pérez stattete den spektakulärsten Trainer der Welt mit einer Macht aus, die nie zuvor ein Trainer bei den Blancos hatte. Bis dahin hatte nie ein Trainer eine Mannschaft überstrahlt. Der Name Real, mit all seiner Historie, war immer größer. Das Team mit seinen Helden war der Star. Doch Pérez sah sich, aufgrund der schwachen Phase zuvor, in der es niemandem gelungen war, Real nahe an die europäische Spitze zu führen, zu diesem Schritt gezwungen. Und der Präsident akzeptierte es zudem auch noch, die Identität und Tradition der Mannschaft, die immer mit Offensivfußball begeistert hatte, zu verraten, und nahm Mourinhos Konterfußball hin, der eigentlich so gar nicht zu Real Madrid passte, so groß war die Verzweiflung.

Oftmals wird Mourinho nur auf seine provokante Art reduziert, was ihm nicht gerecht wird. Dafür hat er zu viel gewonnen. Die *Times* schrieb in einem Porträt über ihn: „Mourinho denkt so oft an Taktik wie andere Männer an Sex. 24 Stunden täglich, sieben Tage die Woche."

Seine Trainerkarriere begann er als Co-Trainer von Bobby Robson bei Sporting Lissabon. Der brauchte einen Dolmetscher, Mourinho sah die

Chance seines Lebens und ergriff sie. Aus nächster Nähe studierte der Portugiese Stars bei der Arbeit, wie sie auf Kritik reagieren, wie auf Lob, welche Kabinenansprache wirkt. Sieben Jahre dauerte seine „Ausbildung", weil Robson Mourinho von Porto mit zum FC Barcelona nahm und weil dieser blieb, als Robson ging und Louis van Gaal kam.

Mourinho lernte und verstand, dass sich der moderne Fußball in Statistiken zerlegen lässt. Dass zum Beispiel ein Drittel der Tore nach Standardsituationen fällt, also nach Eckbällen oder Freistößen. Dass die ersten vier Sekunden nach einem Ballverlust entscheidend sind, weil der Gegner dann ungeordnet über das Feld hastet, auf der Suche nach dem eingebläuten Defensivsystem.

Basierend auf solchen Erkenntnissen kreierte Mourinho eine defensive Taktik mit sieben verteidigenden Spielern und nur drei angreifenden. Dafür setzte er vor allem auf kräftige, große Spieler, ein kompletter Gegensatz zu Pep Guardiola, der auf kleine, wendige, technisch hochversierte Spieler setzt.

Mourinho hat mit seiner Art des Fußballs Titel gehamstert. Porto ist Meister geworden, hat den nationalen Pokal gewonnen und die Champions League. Chelsea führte er zur englischen Meisterschaft und ebenfalls zum Pokalsieg. Inter Mailand wurde unter ihm nicht nur Champions-League-Sieger, sondern in der Saison auch Meister und Pokalsieger.

Nun kam er als Heilsbringer nach Madrid und trat mit dem Anspruch an: „Ich mache Real wieder zur Nummer 1." Am meisten, so begründete er seine Entscheidung für die Königlichen, habe ihn Madrids „Geschichte und die Frustration der vergangenen Jahre gereizt". Und er sagte süffisant: „Je größer das Schiff, je stärker der Sturm. Glücklicherweise war ich immer auf großen Schiffen. Jetzt bin ich bei Real Madrid, das als das größte Schiff des Planeten angesehen wird."

Alex Ferguson charakterisierte Mourinho so: „Er sieht sich als der junge Revolverheld, der in die Stadt kommt, um den alten Sheriff herauszufordern." Tatsächlich gestand Mourinho einmal: „Es gefällt mir, wenn alle Gewehre auf mich gerichtet sind." Und er sagte auch: „Mein Klub will keinen Trainer, der sympathisch ist, sondern einen, der Trophäen gewinnt."

Entsprechend trat er in Madrid auf, ein bisschen wie ein Giftmischer und Brandstifter, streitsüchtig, arrogant. Er könnte, so wurde einmal geschrieben, der George Clooney der Südkurve sein. Doch Mourinho gibt viel lieber den Bad Boy. Blitzschnell wechseln seine Gesichtszüge von entspannt und zufrieden auf angriffslustig und verärgert. Er kann gelangweilt oder pampig schauen wie wenige andere.

Vom ersten Moment an stellte sich Mourinho vor seinen Landsmann Ronaldo. „Cristiano ist ein Phänomen. Niemand sollte rumheulen, wenn er seinen Urlaub mit Paris Hilton verbringt oder sich einen Ferrari kauft. Jemand, der so hart arbeitet wie er, ist ein Profi aus einer anderen Welt." Gleichzeitig appellierte Mourinho an seine Ehre und versuchte so, ihn zu noch größeren Leistungen zu pushen. „Ich glaube nicht, dass er zufrieden ist, wenn er einfach nur eine klasse Saison spielt oder in der Liga 26 Tore schießt. Er hat noch keinen Titel geholt."

In Ronaldos zweitem Jahr schien Real schnell auf Titelkurs zu sein. Von den ersten 19 Pflichtspielen verlor die Mannschaft keines. 15 wurden gewonnen, dabei 49 Treffer erzielt. Als Tabellenführer reisten sie am 29. November ins Camp Nou, um im Clásico gegen Barcelona anzutreten. Real hatte 32 Punkte, Barcelona 31. Die Medien erwarteten den engsten Clásico aller Zeiten. Immerhin war es Mourinho ja erst vor wenigen Monaten gelungen, Barcelona mit Inter Mailand zu besiegen. Nun sollte er in Spanien die Machtverhältnisse wieder zurechtrücken.

Der erste Clásico fand am 13. Mai 1902 statt. In einem Vorgängerwettbewerb der Copa del Rey schlug Barcelona Madrid in der spanischen Hauptstadt 3:1. 1916 kam es dann zum ersten Skandal. Im Pokal gewannen beide Mannschaften ihre Heimspiele, sodass ein Wiederholungsspiel nötig wurde. Weil das 6:6 endete, musste ein weiteres Duell ausgetragen werden. Als Madrid mit 4:2 führte, verließen die Spieler der Katalanen aus Protest gegen den Schiedsrichter und seine Entscheidungen den Platz. Im Laufe des weiteren Wettbewerbs zogen die Blancos ins Pokalfinale ein, das ausgerechnet in Barcelona ausgetragen wurde. Die katalanischen Fans pfiffen Madrids Spieler gnadenlos aus, beschimpften sie und pöbelten sie an. Die Stimmung war angsteinflößend. 0:4 verloren die Madrilenen gegen Atlético Madrid. Nach dem Spiel konnten sie nur unter Polizeischutz das Stadion verlassen.

Im Februar 1929 spielten die beiden Mannschaften dann erstmals in der Primera División gegeneinander. Madrid gewann in Barcelona mit

2:1. Sechs Jahre später erlebten die Katalanen in der Hauptstadt eine sportliche Demontage. Mit 8:2 schlug Madrid Barcelona. Dann brach der spanische Bürgerkrieg aus, die Meisterschaft musste für drei Jahre ausgesetzt werden. Weil zunächst das „Campionat de Catalunya", die katalanische Meisterschaft, ein Konkurrenzwettbewerb, weiter ausgetragen wurde, versuchte Madrid, daran teilzunehmen, doch Barcelona legte ein Veto ein.

Was dann im Juni 1943 geschah, wird von vielen Experten als Wurzel der tiefen Feindschaft zwischen beiden Klubs angesehen. Sie trafen im Pokal aufeinander, Barcelona gewann das Hinspiel 3:0, musste dann zum Rückspiel in Madrid antreten. Was folgte, war ein politischer Eingriff des Franco-Regimes, wohl nicht auf Geheiß des Vereins, sondern um Barcelona zu attackieren, das als Zentrum des katalanischen Widerstands gegen Franco und seine Faschisten ausgemacht worden war. Der Chef der Staatssicherheit, ein Mann namens José Finat y Escrivá de Romani, suchte vor dem Spiel die Barça-Kabine auf und drohte den Spielern. Das Regime habe ihnen ihre unpatriotische Haltung aus dem Hinspiel verziehen, erwarte jetzt aber eine entsprechende Leistung. Im Spiel flogen permanent Gegenstände auf den Platz, sodass Luis Miro, der Barça-Torwart, sich kaum traute, in der Nähe seines Tores zu stehen. Nahezu jeder Schuss war ein Treffer. Bereits zur Halbzeit stand es 8:0 für Madrid. Wenn Barcelona versuchte, einen Treffer zu erzielen, unterband der Schiedsrichter frühzeitig jegliche Chance darauf. Nach der Halbzeitpause wollten die Gäste nicht mehr weiterspielen. Doch ihr Versuch eines Spielboykotts wurde von Uniformierten, die mit Verhaftungen drohten, unterbunden. Am Ende verlor Barça mit 1:11. Nach den ungeheuerlichen Vorfällen mussten am Ende auf Druck des spanischen Verbands beide Präsidenten, sowohl Marqués de la Mesa de Asta von Barcelona als auch Madrids Antonio Santos Peralba, zurücktreten.

In der Saison 1960/61 war es dann Barcelona, das von Schiedsrichter-Fehlentscheidungen profitierte. In der ersten Runde des Europapokals der Landesmeister trafen die beiden Konkurrenten aufeinander. Madrid führte im Hinspiel drei Minuten vor dem Ende mit 2:1, als Schiedsrichter Arthur Ellis seinen Linienrichter, der Abseits anzeigte, ignorierte und auf Strafstoß nach einem Foul an Sándor Kocsis entschied. Im Rückspiel wurden Madrid dann von Schiedsrichter Reg Leafe gleich vier Treffer aberkannt, sodass Barcelona mit 2:1 gewann und eine Runde weiterkam. Hinterher schimpfte Bernabéu: „Leafe war Barças bester Spieler."

1968 und 1970 kam es dann zu massiven Ausschreitungen. Zunächst flogen im Santiago Bernabéu Glasflaschen, nachdem Barcelona in Führung gegangen war und diese nicht mehr hergab. Dem Pokalsieger war es unmöglich, eine Ehrenrunde im Bernabéu zu absolvieren. Zwei Jahre später kam es dann sogar zum Platzsturm, nachdem Schiedsrichter Emilio Guruceta nach einem Foul an Madrids Manuel Velázquez, das deutlich vor dem Strafraum stattfand, auf Elfmeter entschied. Als Guruceta auch noch den protestierenden Barça-Kapitän Eladio vom Platz schickte, waren die Zuschauer nicht mehr zu halten. Die Polizei musste einschreiten, das Spiel wurde abgebrochen.

Aber es gab auch noch sportliche Schlagzeilen, 1974 etwa, als die Katalanen, angeführt von Johan Cruyff, in Madrid mit 5:0 gewannen. 2005 erhoben sich im Estadio Bernabéu die Zuschauer, um Ronaldinho – wohlgemerkt ein Spieler von Barcelona – Applaus zu spenden für seine atemberaubende Leistung beim 3:0-Sieg der Katalanen.

Der Clásico hat mittlerweile Dimensionen erreicht, die weit über Spanien hinausgehen. Er ist ohne Übertreibung das wichtigste Fußballspiel des Vereinsfußball-Universums. Bis zu 400 Millionen Menschen schauen inzwischen auf der ganzen Welt zu. In über 30 Länder der Erde wird das Spiel übertragen. Bis zu 700 Journalisten lassen sich zu diesem Duell akkreditieren.

„Wir wissen, dass uns die ganze Welt zusieht. Man muss das Spiel seines Lebens machen, weil die Leute das von einem erwarten", sagte einmal Barcelona-Star Dani Alves über die Bedeutung des Aufeinandertreffens. Für Spaniens Weltmeister Andrés Iniesta sind „Clásicos Fußballkriege, wenn auch nur auf dem Platz". Für den spanischen Sportjournalisten Joan Poqui ist es gar ein „Kampf der zwei Spanien", der Hauptstadtklub Madrid gegen Katalonien.

„Kein Mensch auf der Welt, der nicht dran beteiligt war, wird je verstehen, was es bedeutet, Clásico zu spielen", sagt Arjen Robben. „Jeder, der versucht, die richtigen Worte zu finden, wird daran scheitern, egal wie kreativ seine Worte sind. Die wahre Dimension des Clásico verstehen nur die Spieler und Trainer, die die Vorbereitung darauf erlebt haben, die auf dem Rasen standen, die hinterher die Bewunderung oder Verachtung zu spüren bekommen haben. Wenn ich daran denke, wie es sich angefühlt hat, Barcelona zu schlagen, bekomme ich heute noch Gänsehaut. Der Clásico hat seine eigenen Dimensionen. Er ist größer als groß. Er lässt gestandene Stars kribbelig werden. Er versetzt mehr als ein Land in Aufruhr."

Auch Mesut Özil wurde völlig überrumpelt von dem, was er bei seinem ersten Clásico erlebte: „Vor meinem ersten Mal wusste ich ja gar nicht, was mich erwartet. Ich war darauf vorbereitet, dass es ein besonderes Spiel werden würde, ein Derby, so ähnlich wie Bremen gegen Hamburg oder Schalke gegen Dortmund, vielleicht ein bisschen größer. Ich war also auf etwas Besonderes vorbereitet. Aber dann überrollte es mich trotzdem und haute mich einfach um. Der Clásico ist größer als alles, was man sich vorstellen kann. Dieser Hype um diese Begegnung, das hast du bei keinem Fußballspiel auf der Welt sonst. Du fährst – jedenfalls ist es bei Heimspielen so – mit dem Bus zum Stadion. Tausende Menschen begleiten dich auf der Straße, laufen nebenher. Der Bus schleicht nur, kommt wegen der Menschenmassen kaum vorwärts. Die zünden Feuerwerke. Die singen. Die rütteln am Bus. Kurz bevor der Bus dann ins Stadion einbiegt, rasten die Menschen komplett aus. Sie schütteln den Bus durch, trommeln von außen dagegen. Das war lauter als ein Konzert, bunter als Karneval. Beim Spiel geht es dann weiter. Bei jeder guten Aktion flippen die Leute aus. Wenn du zur Ecke antrittst, hast du das Gefühl, dass dir zehntausend Menschen direkt ins Ohr brüllen."

Nun also stand Mourinho vor seinem ersten Clásico. Er sollte die Dominanz Barcelonas brechen, sollte Madrid wieder zur Nummer 1 machen. Doch es kam ganz anders. In der neunten Minute traf Xavi für die Gastgeber. In der 17. erhöhte Pedro auf 2:0 für Barcelona. Dann traf David Villa binnen zwei Minuten zweimal – 4:0 für Barcelona. Den Schlusspunkt setzte Jeffrén in der 90. Minute. Zwischendurch geriet Ronaldo mit Pep Guardiola aneinander. Der Barça-Trainer verhinderte einen schnellen Einwurf von Ronaldo, ließ den Ball vor dessen Füßen fallen, anstatt ihn zu übergeben. Daraufhin schubste der Portugiese Guardiola, es kam zu einer kurzen Rangelei, in die auch Andrés Iniesta und Víctor Valdés eingriffen. In der 92. Minute flog Sergio Ramos vom Platz, nachdem er Messi gefoult hatte. Auf dem Weg in die Kabine legte er sich mit Carlos Puyol und Xavi an.

Nie zuvor hatte eine von Mourinho trainierte Mannschaft so hoch verloren. „Das ist eine Niederlage, die man leicht verarbeiten kann. Das ist keine Niederlage von der Art, bei der man eigentlich den Sieg verdient hätte oder ständig nur das Aluminium getroffen hat", wiegelte Mourinho hinterher ab. „Eine Mannschaft ist bis an ihre Leistungsgrenze gegangen, die andere hat sehr schlecht gespielt. Das muss man positiv sehen. Wenn man wichtige Titel holt, hat man jedes Recht, vor Freude zu weinen. Wenn man so verliert wie wir heute, dann hat man kein Recht zu weinen, sondern muss sich an die Arbeit machen. Am liebsten würde ich gleich wieder spielen."

Zwei Versionen machten nach diesem Spiel die Runde. Einmal hieß es, Mourinho habe ganz bewusst diese Niederlage in Kauf genommen. Es sei eine ungewöhnliche Maßnahme gewesen, um all diejenigen, die intern Mourinhos defensive Taktik beklagten, von der Richtigkeit seiner Idee zu überzeugen. Mourinho habe ihnen so knallhart gezeigt, dass man mit einer hohen Verteidigung gegen Barcelona nicht bestehen könne. Fortan habe die Mannschaft ihm vertraut. Andere behaupteten, die 0:5-Klatsche habe Mourinho so sehr gedemütigt, dass er sich wie besessen darangemacht habe, Barças Code zu entschlüsseln. Und diese Klatsche sei schuld daran, dass die späteren Clásicos derart ausuferten.

Nach dem Spiel platzten die Stars von Barcelona jedenfalls fast vor Stolz. Xavi strahlte: „Sie kamen gar nicht an den Ball. Wir hatten sie eingelullt." Barcelonas Torwart Víctor Valdés jubelte: „Mir wurde schwindelig, wenn ich dem Weg des Balles folgte. Schließlich beschloss ich, nicht mehr so genau hinzusehen, meine Jungs hatten ihn sowieso." Für Guardiola stand hinterher sogar fest, dass dieses Spiel „nicht nur wegen des Ergebnisses in Erinnerung bleiben und in die Fußballgeschichte eingehen wird, sondern auch wegen der Art und Weise, wie wir es erreicht haben. Es ist nicht einfach, gegen eine so starke Mannschaft so gut zu spielen – gegen eine Mannschaft, die ihre Gegner im eigenen Land und in Europa abfertigt. Wir müssen auf diese Leistung stolz sein. Es ist ein Sieg mit weltweiter Ausstrahlung, weil wir das auf unsere ganz besondere Art gemacht haben und kein anderer Klub der Welt den eigenen Leuten so viel Vertrauen schenkt wie wir."

Mesut Özil stand beim 0:5 gegen Barcelona auf dem Platz – zumindest die ersten 45 Minuten. Da lag Real 0:2 hinten. „Dieses 0:5 war meine schlimmste Niederlage überhaupt", gibt er sehr ehrlich zu. „Ich kam mir schlecht vor. Es war eine Schande, wie wir aufgetreten sind. Diese Niederlage war unverzeihlich. Dafür sind Worte wie ‚Enttäuschung' zu klein. Die ganze Welt hat zugeschaut. Wir haben alle Mitarbeiter im Verein enttäuscht: die Ärzte und Physiotherapeuten, die ihr Bestes gegeben hatten, um uns körperlich auf das Spiel vorzubereiten. Selbst vor den Busfahrern und Zeugwarten mussten wir uns in Grund und Boden schämen; natürlich auch gegenüber allen Fans, die Geld für die Anreise und die Tickets ausgegeben hatten."

Und er erklärt selbstkritisch weiter: „Mein Anspruch und der von allen, die bei Real Madrid spielen, ist es, dass wir die besten Fußballer der Welt sind. Real Madrid ist eine Ansammlung von Superstars, eine Vereinigung der Besten der Besten. Aber diese Besten haben damals weder ihr Bestes gegeben noch gut gespielt, nicht einmal mittelprächtig. Wir haben schlicht und ergreifend versagt. Nach so einer Demütigung bekommst du Selbstzweifel. Anscheinend, so schoss es mir zumindest durch meinen Kopf, war ich doch nicht so gut, wie ich immer dachte. Vielleicht hatte ich mich einfach nur maßlos überschätzt." Das Schöne am Fußball sei eigentlich, so verdeutlicht Özil, dass der Beruf so schnelllebig ist. „Wir können meist binnen kürzester Zeit wieder zu Helden aufsteigen, unsere Fehler oder unser Versagen ausbügeln. Aber diese Peinlichkeit hielt an. Sie blieb in den Köpfen."

Zumindest Mourinho versuchte jedoch alles, um dem entgegenzuwirken: „Er hat uns nicht angeschrien. Er hat uns nicht kritisiert. Er hat nicht geschimpft. Er war ganz ruhig und sagte lediglich: ‚Das war ein Spiel. Nur ein verfluchtes Spiel! Vergesst, was heute passiert ist! Wir sind Real Madrid! Davon lassen wir uns nicht entmutigen! Das nächste Spiel gewinnen wir! Und das übernächste auch!' Es waren sowieso alle am Boden zerstört. Er hat sofort gewusst, wie er uns aufbauen muss. Er wusste, welche Worte die richtigen waren."

Vor allem vor dem nächsten Match bewies der Portugiese ein unglaublich gutes Gespür für die richtige Mannschaftsansprache: „Heute gibt es keine taktische Besprechung. Heute zählt mein Sohn", sagte Mourinho, ehe er seinen Spielern erklärte, wie es seinem Sprössling „Zuca", der damals zehn Jahre alt war, nach der Barça-Demütigung ergangen war. „Er ist weinend nach Hause gekommen, weil sein Vater mit 0:5 geschlagen wurde. Ich will, dass wir heute für den Stolz meines Sohnes spielen." Die Spieler erfüllten Mourinho seinen Wunsch und schlugen Valencia mit 2:0.

In der gesamten restlichen Saison verlor Madrid lediglich weitere drei Male. In der Champions League traf Real erneut auf Lyon, konnte dieses Mal allerdings gewinnen. Nach 2.562 Tagen, 74 Spielen, neun Trainern und fünf Präsidenten stand die Mannschaft erstmals wieder im Viertelfinale. Im Viertelfinale wurde Tottenham besiegt, im Halbfinale wartete Barcelona.

Doch zunächst stand noch das Rückspiel in der Liga zwischen den beiden Mannschaften an. Die Katalanen hatten inzwischen acht Punkte Vorsprung in der Meisterschaft. Barcelona hatte zuvor 16 Spiele in Folge gewonnen, eine unglaubliche Serie und neuer Rekord in Spanien. 1960/61 war es Real Madrid mit Di Stéfano und Gento gelungen, 15 Spiele am Stück zu gewinnen. Madrid stand tief, sehr tief. Die Königlichen schienen nur darauf aus zu sein, das Spiel des Gegners zu zerstören. Raúl Albiol foulte David Villa, flog vom Platz. Messi verwandelte den Elfmeter. Kurz vor Schluss wurde Madrids Marcelo im Sechzehnmeterraum gefoult, dieses Mal trat Ronaldo zum Strafstoß an und traf zum 1:1 – sein erster Treffer im siebten Spiel gegen Barcelona. Kurz vor dem Schlusspfiff verstolperte Messi, der im Spiel fünfmal von Pepe gefoult worden war, einen Ball nahe der Außenlinie. Aus Frust darüber drosch er den Ball weg, rein ins Publikum, wo er sogar einen Zuschauer traf. Der Schiedsrichter zeigte keine Karte.

Nach dem Spiel schimpfte Mourinho: „Ich habe es satt, jedes Spiel gegen Barça mit zehn Mann zu Ende zu bringen. Als wir noch zu elft waren, war es ein sehr ausgeglichenes Spiel. Und dann, wie so oft, wird es mit zehn gegen elf praktisch unmöglich, gegen eine Mannschaft zu gewinnen, die bei Ballbesitz die beste der Welt ist. Wieder einmal ist mir besonders aufgefallen, dass die Schiedsrichter mit zweierlei Maß messen."

Damit brach Mourinho mit einem Real-Kodex, dass nämlich nur der Verein schuld an Niederlagen ist, die Spieler selbst, und die Gründe für das Versagen eben nicht bei anderen, schon gar nicht beim Schiedsrichter, gesucht werden. „Wir sind Madrid, das schickt sich nicht für uns", hieß es im einst von Calderón verfassten Kodex. Mourinho trat diesen Wert mit Füßen.

Allerdings tat er das mit größter Berechnung. Mesut Özil verriet in seiner Autobiografie „Die Magie des Spiels": „Wenn er vor der Presse eine Show abgezogen hat, die vielleicht komisch war, dann war es Taktik und Kalkül. Dann hat er sein Showgesicht gezeigt. Sein echtes, das die Spieler kennen, ist zu einhundert Prozent ein ganz anderes. Vor uns Spielern war er ein Trainer, durchaus sogar einfühlsam und mit sanften Zügen. Der Medien-Mourinho ist ein anderer Mensch als der, der den Fuß in eine Mannschaftskabine setzt." Wenn Mourinho vor die Presse getreten ist, führt Özil weiter aus, „war er wie ein Hollywoodregisseur, der sein Publikum mit unterschiedlichen Kniffen in Staunen, Entsetzen, Lachen oder Verwunderung versetzt hat. Mourinho weiß doch genau, wie das Spiel mit den Medien funktioniert. Er weiß, dass jedes einzelne Wort bewertet wird, dass jede Geste kommentiert wird, jede Äußerung von der Weltpresse interpretiert und gedeutet wird. Sein großer Vorteil war immer, dass er wie ein Gedankenleser war. Er wusste genau, welchen Einfluss Schlagzeilen auf die Mannschaft haben, welche Wirkung es hat, wenn über einen Spieler ständig geschrieben wird und über andere gar nicht. Entsprechend hat er ein Katz-und-Maus-Spiel mit den Medien veranstaltet, hat sich zur Not auch zum Gespött gemacht, um jeglichen Druck von uns fernzuhalten. Er ist einer der cleversten Trainer der Welt. Er wusste, wenn sich die Stimmung bei *Marca* oder *As* gegen uns wendete, was zur Folge gehabt hätte, dass Unruhe ins Team gekommen wäre. Dann startete er ein entsprechendes Ablenkungsmanöver. Ihm war es da auch völlig egal, wenn die Gegenattacke auf seine Kosten ging und sein Ansehen durch vermeintlich provokante Aussagen litt. Er war ein Abfangjäger, ohne den die Mannschaft ständig irgendwelche Kratzer abbekommen hätte und ohne den kein so ruhiges Arbeiten möglich gewesen wäre."

Nur vier Tage später stand der nächste Clásico auf dem Programm. Dieses Mal, kurz vor dem Aufeinandertreffen der beiden Superklubs in der Champions League, spielten sie untereinander noch den spanischen Pokal aus.

Die komplette erste Hälfte gelang es Madrid, Barças Spiel zu zerstören. Die Katalanen schafften es nicht einmal, aufs Tor zu schießen. Doch auch Ronaldo brachte es in 90 Minuten nur auf einen Torschuss. Wieder war die Partie intensiv. Der Schiedsrichter musste sechs gelbe Karten wegen harter Attacken verteilen. Messi wurde zudem für taktische Sperenzien verwarnt, weil er bei einem Freistoß zu geringen Abstand gehalten hatte.

In der 100. Minute schlug Di María eine Flanke von links, Ronaldo schraubte sich in die Luft und köpfte das 1:0 für Real. Barcelona war geschlagen. Zum ersten Mal seit fast zwei Jahrzehnten holte sich Madrid wieder die Copa del Rey – ein „Titelchen", das aber umso schwerer wog, weil die Königlichen es gegen die Übermannschaft von Pep Guardiola geholt hatten.

„Natürlich ist der spanische Pokal von der Wertigkeit her nicht so hoch anzusiedeln wie die Meisterschaft", sagt Özil. „Aber da wir ihn gegen die eigentliche Übermannschaft geholt haben, gegen die Dauersieger, gegen ein nahezu perfektes Team, wertet das den Erfolg natürlich auf."

Nach dem Abpfiff flüchtete Messi weinend Richtung Kabine. Er war am Boden zerstört, ein Endspiel verloren zu haben. Das Gefühl, nach einem Finale nicht der strahlende Held zu sein, kannte er nicht mehr. „Seine Tränen waren ein ganz wichtiges Signal für uns. Denn spätestens nach diesem Sieg nahm Barcelona uns endlich wieder richtig ernst. Wir haben uns durch einen harten und intensiven Kampf den Respekt zurückerobert, der zuletzt gefehlt hat", so Özil.

Am 27. April fand der dritte Clásico binnen zwölf Tagen statt. Das Hinspiel im Champions-League-Halbfinale wurde im Bernabéu gespielt. Am Abend vor dem Spiel rastete dieses Mal Pep Guardiola aus. Auf der obligatorischen Pressekonferenz vor dem Spiel explodierte er: „Erst mal guten Abend allerseits", begrüßte er die Medienvertreter, um dann, nach unzähligen Provokationen von Mourinho, seinerseits zu reagieren: „Da Señor Mourinho mich immer so nett duzt und ‚Pep' zu mir sagt, werde ich nun ‚José' zu ihm sagen. Morgen Abend um 20:45 Uhr steht ein Spiel an. Abseits des Platzes hat er ja schon das ganze Jahr über gewonnen. Ich schenke ihm dafür den Titel des Champions. Den kann er gerne mit nach Hause nehmen. Wir werden spielen und gewinnen oder verlieren. Normalerweise spricht alles dafür, dass er gewinnt. Wir geben uns schon mit unseren winzig kleinen Erfolgen, die auch noch Bewunderung hervorrufen, zufrieden. Im Presseraum ist er der verdammte Boss. Nur er. Er weiß mehr als die ganze Welt zusammengenommen. Da kann ich nicht mit ihm konkurrieren."

Auf dem Platz ging es wieder heiß her. Es wurde gegrätscht, gefoult, beleidigt und getreten wie wild. Permanent kam es zu Rudelbildungen. Es wurde geschubst, es wurde geschauspielert. So manches Mal musste man sich Sorgen um die Gesundheit der Spieler machen. Selbst als die Mannschaften nach dem Halbzeitpfiff auf dem Weg in die Kabine waren, ging es hoch her. Zunächst schubste Reals Alvaro Arbeloa Barças Seydou Keita. Daraufhin ging Barças Ersatztorwart José Manuel Pinto auf Arbeloa los und sah Rot. 16 Minuten nach Wiederanpfiff sprang Pepe mit gestrecktem Bein in Dani Alves – glatt rot. Nur Mourinho wollte das nicht akzeptieren. Erst klatschte er höhnisch Beifall in Richtung Schiedsrichter, dann meckerte er minutenlang auf Thorsten Kinhöfer, den vierten Offiziellen, ein. Dafür wurde er auf die Tribüne geschickt. Von dort sah Mourinho Messis große Auftritte. Binnen elf Minuten traf er zweimal. Barça gewann mit 2:0 im Bernabéu.

Schuld an Madrids Niederlage waren natürlich wieder die anderen, vor allem der deutsche Schiedsrichter Wolfgang Stark. Zumindest sah es Mourinho so. „Real Madrid ist raus aus der Champions League. Wir werden mit ungebrochenem Stolz ins Camp Nou fahren. Trotzdem packt mich wieder einmal ein wenig der Ekel. Mich ekelt es, in dieser Welt zu leben, aber es ist nun mal unsere Welt. Wir werden ohne Pepe fahren, der nichts getan hat, und ohne Ramos, der auch nichts falsch gemacht hat, und ohne den Trainer, der nicht auf der Bank sitzen darf, und mit einem Hinspielergebnis, das praktisch nicht zu drehen ist." Selbst wenn Real im Rückspiel ein Tor erzielen werde, da war sich Mourinho sicher, „dann wird man uns wieder vernichten. Ich frage nur: Warum? Ich verstehe es nicht! Würde ich dem Schiedsrichter und der UEFA meine Sicht der Dinge erzählen, dann wäre meine Karriere sofort vorbei. Keine Ahnung, ob es daran liegt, dass sie [Barcelona] UNICEF unterstützen oder weil sie sympathischer sind oder weil Villar [der Präsident des spanischen Fußballverbands und Vizepräsident der UEFA] so großen Einfluss bei der UEFA hat. Tatsache ist aber, dass sie etwas besitzen, gegen das man kaum etwas tun kann – Macht." Guardiola sei, so Mourinho, ein fantastischer Trainer. „Aber wenn ich die Champions League gewonnen hätte wie er, würde ich mich dafür schämen. Er hat sie dank eines Skandals an der Stamford Bridge geholt. Und dieses Jahr wird er sie zum zweiten Mal holen – dank eines Skandals im Bernabéu." Man müsse verdorben sein, wenn man sich über solche Erfolge freuen könne.

50.000 Euro Strafe musste Mourinho für diese Unterstellungen bezahlen. Zudem sperrte ihn die UEFA für fünf Spiele. Doch auch Spieler wie Ronaldo waren davon überzeugt, dass Real benachteiligt wurde. „Sie haben ja alles gesehen, was vorgefallen ist. Als wir beide noch zu elft waren, haben wir vielleicht nicht toll gespielt, aber wir hatten die Partie im Griff. Aber es ist immer das Gleiche gegen Barcelona. Kann das noch Zufall sein?" Ein 0:0 wäre ein gutes Ergebnis gewesen. „Wir hätten im Rückspiel ein Auswärtstor schießen können." Abgesehen davon sei es ja der Plan gewesen, Kaká in den letzten 20 Minuten des Spiels zu bringen. „Aber dann ist Pepe vom Platz geflogen." Und die Taktik sei über den Haufen geworfen worden.

Beim Rückspiel war der gesperrte Mourinho dann nicht einmal im Stadion. Er beschloss, das Spiel im Hotelzimmer zu schauen. Dieses Mal gab es keinen Platzverweis und keine Sensation. Das Spiel endete 1:1. Madrid war wie erwartet raus.

Vier Clásicos in 18 Tagen, sieben Tore waren dabei gefallen, unglaubliche 25 gelbe Karten gezeigt worden. Es gab vier Platzverweise, dazu die Bestrafung von Mourinho. Zweimal trennten sich Real und Barcelona unentschieden, einmal gewann Madrid, einmal die Katalanen.

Aus Zehntausenden Madrider Kehlen waren Messi, Piqué und Dani Alves als „Hijos de la Puta" beschimpft worden, Hurensöhne. Xavi, Iniesta und Villa wurden in Ruhe gelassen, weil sie geholfen hatten, Spanien zum Weltmeister zu machen. Die Anhänger von Barcelona skandierten „Fill de Puta", vor allem an Ronaldo und Pepe gerichtet, die gleiche Beleidigung, nur auf Katalanisch. Zudem stimmten sie Spottgesänge über Mourinho an, indem sie ihn als „Traductor" bezeichneten, als Übersetzer – eine herablassende Anlehnung an seine Anfänge.

Schon vor Mourinho war der Clásico unglaublich groß. Mit ihm wurde er noch extremer. Jedes Spiel glich einer Schlacht. In jeder Sekunde musste man Sorge haben, dass die Situation eskaliert. Mourinho schürte Hass, sodass die aufgeheizte Stimmung sogar bis in die spanische Nationalmannschaft überschwappte. Er befeuerte die Rivalität so sehr, dass es zu einer Glaubensfrage wurde, die das ganze Land beschäftigte, ob man zu Mourinho und Madrid oder zu Guardiola mit Barcelona hält.

Bei YouTube gibt es Filme, die die „schmutzige Seite" des Clásico zeigen, seine Kämpfe, Fouls und roten Karten – zehn Minuten voller Hass.

# „ÜBER RONALDO DISKUTIERT JEDER.
## MESSI SIEHT MAN GERNE ZU."

Am 21. April 2012 traf Real Madrid im Camp Nou wieder auf Barcelona. Das Hinspiel hatten die Katalanen gewonnen, eine von nur zwei Niederlagen für die Blancos bis dahin. 85 Punkte hatte die Mannschaft von Mourinho, war Tabellenführer. Barcelona hatte als Zweiter 81 Zähler. Je 41 Mal hatten sowohl Messi als auch Ronaldo zu diesem Zeitpunkt getroffen.

Der Clásico sei, so bestätigt auch der Schriftsteller Ortega, „das wichtigste Spiel, das im Fußballuniversum zelebriert wird, weil die zwei besten Spieler der Welt gegeneinander spielen. Messi und Cristiano. Abgesehen vom Potenzial der zwei Mannschaften, abgesehen davon, dass mindestens ein halbes Dutzend Weltklassespieler auf dem Platz stehen. Die zwei Aushängeschilder sorgen dafür, dass es ein Weltereignis wird."

Tausendfach ist die Frage diskutiert worden, wer der Bessere ist. Selten überschneiden sich die großen Zeiten großer Fußballer miteinander: Pelé (1958 bis 1970) – Franz Beckenbauer (1972 bis 1976) – Diego Armando Maradona (1986 bis 1990). Doch Messi und Ronaldo jagen gleichzeitig nach neuen Rekorden. Sie spielen bei den größten Erzrivalen Spaniens. Während der eine von Nike ausgestattet wird, trägt der andere Adidas. Ronaldo lässt sich von Armani einkleiden, Messi von Dolce & Gabbana. Es ist ein Duell der Gegensätze, in allen Bereichen.

Es gibt sogar Universitätsseminare, in denen ihre Medienpräsenz analysiert wird.

Wie groß der Unterschied zwischen den beiden ist, bringt Marketingexperte Stephan Schröder auf den Punkt: „Cristiano Ronaldos Attitüde passt perfekt zu Real Madrid. Er ist, wie der Verein, nie langweilig. Jede seiner Bewegungen ist ein Genuss. Seine Fans lieben ihn, wenn er sich zum Freistoß aufstellt. Seine Gegner tun es als arrogante Faxen ab. De facto bietet er jedem etwas. Der Scheinwerfer ist immer auf ihn gerichtet. Er ist der perfekte Spieler für Real, auch hundertmal besser als Lionel Messi. Ohne Zweifel ist der ein brillanter Fußballer. Aber Messi ist nicht wirklich spannend. Er ist viel unscheinbarer, bietet keinen Raum für Diskussionen. Alle sind sich einig, dass Messis Ballbehandlung einmalig ist. Aber sonst? Eigentlich gibt es nichts, worüber man sich ernsthaft echauffieren könnte. Messi ist, daran ändert auch sein kleiner Stylewandel seit 2015 mit dem großen Tattoo nichts, ein freundlicher Kerl, selbst nach größten Triumphen zurückhaltend. Über Ronaldo diskutiert jeder. Messi sieht man gerne zu."

Ronaldo gegen Messi gehört zu den größten Sportler-Duellen aller Zeiten: Ayrton Senna gegen Alain Prost, Björn Borg gegen John McEnroe, Magic Johnson gegen Larry Bird. Jeder redet über sie. Für Guti, immerhin bis 2010 Mitspieler von Ronaldo, ist Messi der Bessere. „Cristiano ist seiner Sache in den richtig wichtigen Spielen teils nicht gewachsen. Messi passiert das nie. Die echten Cracks sind aber diejenigen, die auf höchstem Niveau über sich hinauswachsen." Ángel Dealbert, der ehemalige Verteidiger von Valencia, sieht es so: „Ronaldo ist ein kompletterer Spieler als Messi. Er hat zwei gleich gute Füße und ein brillantes Kopfballspiel. Er kann seine Bewacher abschütteln und ausspielen. Messi ist nicht ganz so gut, wenn Kopfbälle oder der rechte Fuß gefragt sind." Fabio Capello sagt diplomatisch: „Es lässt sich nur schwer sagen, wer besser ist. Beide sind auf unterschiedliche Art sehr gut. Messi ist unberechenbar und keiner kann, was er kann. Dafür ist Cristiano kraftvoll und unglaublich schnell." Zidanes Urteil ist da eindeutiger: „Ronaldo ist ein Spieler von einem anderen Planeten. Er ist wie ein Alien. Was er kann, ist einmalig."

Cristiano Ronaldo behauptet, wenn er auf das Duell mit Messi angesprochen wird, es interessiere ihn nicht sonderlich. „Meine Persönlichkeit und mein fußballerischer Stil sind völlig anders. Mich interessiert nur mein eigenes Spiel und mit Real Madrid zu gewinnen. Der Vergleich interessiert mich nicht die Bohne." Sehr wohl ist es aber ein wunder Punkt, wenn Messi bei der Weltfußballer-Wahl vor ihm landet.

Im Oktober 2013, kurz vor der Wahl, löste Sepp Blatter einmal eine diplomatische Fußballkrise aus, als er es wagte, bei einer Rede vor Studenten der Oxford Union Society Cristiano Ronaldo zu veräppeln. Messi sei ein „guter Junge", den jeder Vater und jede Mutter gerne bei sich zu Hause hätte. Der Argentinier spiele, „als würde er tanzen", sei schnell, schieße Tore und sei zudem bescheiden, wie Blatter befand, ehe er, wohl um die Studenten zu amüsieren, Ronaldo mit einigen zackigen Bewegungen imitierte. Der gebe mehr Geld beim Friseur aus, sagte Blatter, ohne Ronaldo direkt zu nennen, aber in deutlicher Anspielung, und trete auf dem Feld „wie ein Kommandant" auf. „Ich kann nicht sagen, wer der Beste ist. Ich mag beide, aber ich bevorzuge Messi", sagte er dann auch noch.

Das Video landete im Internet, verbreitete sich rasend schnell. Eine Welle der Empörung überrollte den Präsidenten. Carlo Ancelotti, Ronaldos Trainer, kritisiert die Aussagen Blatters als „respektlos". Madrids Präsident Florentino Pérez forderte den FIFA-Präsidenten in einem Brief sogar dazu auf, sich zu entschuldigen und seine Worte zurückzunehmen. Der portugiesische Fußballverband beklagte, Blatter habe die „Achtung vor ganz Portugal" vermissen lassen. Und Portugals Ikone Paulo Futre, Fußballer des Landes 1986 und 1987, polterte sogar: „Als jemand, der im Fußball so viel zu sagen hat, eine derartige Show abzuziehen, ist für mich nicht in Worte zu fassen. Blatter hat den besten Spieler der Welt und eine große Persönlichkeit verspottet. Jetzt erklärt sich, weshalb er den Ballon d'Or nicht öfter gewann. In Portugal braucht Blatter sich nicht mehr blicken zu lassen. Er hat unser momentan wichtigstes Sportsymbol attackiert und seinen Hass gegen ihn und uns Portugiesen demonstriert." Ronaldo selbst schrieb auf Twitter: „Dieses Video zeigt den Respekt und die Haltung, die die FIFA mir, meinem Klub und meinem Land entgegenbringt. Das erklärt alles." Die beleidigte Majestät kündigte sogar an, nicht bei der FIFA-Gala zur Weltfußballer-Wahl erscheinen zu wollen. Es folgte, ebenfalls über die sozialen Netzwerke verbreitet, die offizielle

Blatter-Entschuldigung: „Lieber Cristiano, ich entschuldige mich, sollte dich meine unbedachte Antwort bei einer privaten Veranstaltung am Freitag verärgert haben."

Seit 2008 dominieren der Portugiese und der Argentinier die Wahl zum Weltfußballer. 2008 landete Ronaldo, damals noch bei Manchester United, vor Messi auf Rang 1. 2009 war es umgekehrt. Auch 2010, 2011 und 2012 hieß der Gewinner des Ballon d'Or Messi. 2013 und 2014 war dann wieder Ronaldo der Beste der Welt. 2015 gewann Messi, 2016 durfte sich Ronaldo zum vierten Mal über die Auszeichnung freuen.

In der Clásico-Nacht des 21. April 2012 gewann Ronaldo. In der 17. Minute ging Real durch Sami Khedira in Führung. Alexis Sánchez glich 20 Minuten vor dem Ende aus. „Drei Minuten später bekam Mesut Özil den Ball", erinnert sich Sami Khedira und erklärt die nachfolgende Szene: „Er stand ein paar Meter hinter der Mittellinie, relativ weit rechts außen. Di María passte ihm den Ball zu, lief im Vollsprint seinen drei Gegnern davon und erwartete, dass Mesut ihm in den Lauf spielen würde. 98 Prozent aller Fußballer hätten das auch genauso gespielt. Mesut aber nicht! Er hatte blitzschnell gesehen, dass Cristiano Ronaldo im Rücken von Javier Mascherano startete. Das sehen schon nicht ganz so viele. Dann aber auch noch den Ball über 60 Meter hinter Mascherano in den Lauf von Cristiano zu spielen, das ist große Kunst!" – die von Ronaldo entsprechend vollendet wurde. Mit rechts schob er den Ball an Víctor Valdés vorbei. Es war sein 42. Saisontor.

Dreimal nacheinander war Barcelona Meister gewesen. Nun führte Real mit sieben Punkten Vorsprung. Am Ende hatten die Königlichen sogar neun Zähler mehr als Konkurrent Barcelona. „Jetzt sind wir in der Fußball-Elite angekommen", jubelten Khedira und Özil abends auf der Meisterfeier.

# KAPITEL 24

# ZWEI TITEL UND
# EIN MÜRBER GUARDIOLA

ch habe in Portugal, England und Spanien insgesamt sieben Meisterschaften gewonnen. Diese war die schwerste", sagte Mourinho. Nur
zwei Spiele hatte seine Mannschaft auf dem Weg dahin verloren, 121
Tore erzielt. Ronaldo hatte alle 45 Minuten getroffen. In seinen ersten drei
Jahren hatte er in 144 Spielen 146 Tore erzielt. Kein Real-Spieler hat die
100-Tore-Marke in weniger Spielen erreicht. Und er hatte es sogar geschafft,
gegen alle 19 gegnerischen Mannschaften zu treffen. „Die Saison war
spektakulär. Die Mannschaft war phänomenal", lobte Ronaldo, der in der
Saison 161 Mal aufs Tor schoss, also alle 13 Minuten.

Spektakulär war dann auch das Supercup-Finale im August. Nach
einem 2:2 im Hinspiel musste Madrid im Rückspiel in Barcelona antreten.
Iniesta brachte die Katalanen in Führung, Ronaldo glich aus. Messi traf,
Benzema sorgte für den erneuten Gleichstand. Dann traf wieder Messi.
Es waren bereits 93 Minuten gespielt. Barcelona erkämpfte sich den Ball
an der Mittellinie. Xavi hob ihn lässig über Alonso, Fabregas holte den
Ball mit dem rechten Spann elegant aus der Luft, legte ihn sich vor, dann
flog Marcelo heran. Das linke Bein gestreckt, mit seinem rechten schnapp-
te er zu wie eine Schere. Mit voller Wucht und ohne Rücksicht auf die
Gesundheit des Spaniers streckte er ihn nieder, direkt zwischen den beiden Ersatzbänken von Barcelona und Madrid. Binnen weniger Sekunden

brach ein Tumult aus. Spieler in weißen und rot-blauen-Trikots bildeten ein Knäuel, in dem geschubst, gedroht, beleidigt und gepöbelt wurde. Betreuer und Anzugträger drehten durch. Guardiola zog seine Spieler weg. Mesut Özil schubste mit voller Wucht, ließ sich kaum bändigen.

In seiner Autobiografie „Mesut Özil – Die Magie des Spiels" erklärt der Weltmeister die Szene so: „Ein Großteil der Barça-Spieler wollte Marcelo an den Kragen. Sie stürmten auf ihn zu, bedrängten und beschimpften ihn in einer wirklich unangebrachten Art und Weise. Die rote Karte für ihn ist richtig. Die Heftigkeit, mit der er nach dem Foul attackiert wurde, nicht. Ich stellte mich vor ihn und wollte ihn schützen. Ich riss ihn zurück, damit er keine weitere Dummheit anstellte. In solchen Momenten ist man nicht mehr Herr seiner Sinne. Marcelo hatte alles für Real Madrid gegeben. Er hatte sich in jeden Zweikampf geworfen. Er hatte um jeden Ball gekämpft. Er hatte fantastisch gefightet und die Ehre des königlichen Trikots mit allem, was er hat, verteidigt. Wenn einem dann so ein Foul passiert und man so angegangen wird, dann können einem bei all den Emotionen und angesichts des hohen Adrenalinspiegels schon mal Dummheiten unterlaufen. Kein Spieler der Welt verteilt ja bewusst Kopfnüsse oder Ohrfeigen. Niemand schlägt andere Spieler absichtlich oder mit klarem Kopf. Das passiert in Ausnahmesituationen. Und genau davor wollte ich Marcelo schützen. Doch während ich vernünftig sein wollte, schlich sich mit einem Mal David Villa wie ein feiger Hund von hinten an und verpasste mir einen Klaps auf den Hinterkopf. Das Allerletzte! So etwas Feiges geht gar nicht, weder im Camp Nou noch im Estadio Santiago Bernabéu oder in sonst einem anderen Stadion der Welt. Auch nicht auf dem Bolzplatz. Jemandem von hinten eine zu verpassen, und sei es nur ein leichter Klaps, ist hinterhältig und mies. Man kann nicht ausweichen und sich nicht schützen, ganz davon abgesehen, dass jeder Schlag falsch ist. In dem Moment, als ich David Villa als Übeltäter ausgemacht hatte, sind bei mir alle Sicherungen rausgesprungen. Ich wollte Marcelo schützen und die Situation beruhigen und wurde plötzlich selbst attackiert. Statt meinem Mannschaftskameraden beizustehen wurde ich zum wilden Stier. Der Schlag an sich war nicht schlimm, nicht brutal, nicht sonderlich schmerzhaft. Aber diese Hinterhältigkeit hat mich rasend gemacht. Dafür wollte ich mir Villa schnappen. In dem Moment hat bei mir jegliche Vernunft ausgesetzt. Ich wollte es ihm einfach heimzahlen. Ohne jegliche Kontrolle bin ich über den Platz gerannt, wollte ihm eine verpassen. Ich fühlte mich in meinem Stolz verletzt und wollte mich dafür rächen. Ich habe mir geschworen, dass er diese Tat bereuen wird." Pepe und Ricardo Carvalho zogen Özil zurück. „Ich schrie sie an, sie sollten mich loslassen. Ich wollte mich losreißen. Ich war wirklich wie von Sinnen. Auch Barcelonas Adriano kam an und wollte mich beruhigen, was ich ihm, als Gegenspieler, heute hoch anrechne. Damals hatte ich natürlich wenig Verständnis."

Doch selbst nachdem Özil und Villa die Rote Karte bekommen hatten, war der Tumult nicht zu Ende. „Ich wollte ihn mir im Kabinengang schnappen, um ihm dort die angebrachte Abreibung zu verpassen. Dieses Mal waren es Marcelo und Mourinho, die mich zum Glück davon abhielten", berichtet Özil ganz offen über seine Emotionen. „Damals war ich total sauer auf alle, die mich festhielten. Ich war der Überzeugung, ich müsste David Villa eine Lektion erteilen. Heute bin ich unendlich froh, dass die Sache so ausgegangen ist. Vielleicht hätte ich mich in dem Moment für ein paar Sekunden besser gefühlt, indem ich Villa seine, wie ich dachte, gerechte Strafe verpasst hätte. Aber was wäre dann gewesen? Dann wäre ich vermutlich als Schläger in die Geschichte Real Madrids eingegangen! Als Rüpel! Als durchgeknallter Idiot! Sämtliche Torvorlagen wären in Vergessenheit geraten. Es wäre womöglich nicht mehr über meine fußballerischen Fähigkeiten gesprochen worden, sondern nur noch über meinen Blackout. Mein Image wäre zerstört gewesen – wegen eines einzigen Aussetzers."

Ronaldo stand während des gesamten Tumults als einer der wenigen außen vor und schaute sich das Drama an. Im Hintergrund schlich sich dann auch noch Mourinho an Barcelonas Co-Trainer Tito Vilanova heran und drückte ihm ganz unvermittelt den Zeigefinger seiner rechten Hand ins rechte Auge. Dafür wurde er später für zwei Spiele in dem Wettbewerb gesperrt, Vilanova für eines. Später wurde die Strafe aufgehoben. In der Pressekonferenz nach dem Spiel spottete der Real-Trainer: „Pito Vilanova? Wer soll denn das sein?" Pito, Mourinhos Abwandlung des Vornamens, ist das spanische Wort für „Pimmel". Erst ein Jahr später entschuldigte sich Mourinho für die Augenstecher-Attacke. „Das hätte ich nicht tun sollen. Ich bin kein Idiot, es steckt immer etwas dahinter.

Aber mit meinen Spielern arbeite ich viel daran, dass sie ihre Emotionen kontrollieren. Ich habe einen Fehler gemacht, da muss ich auch gar nicht nach Entschuldigungen suchen." Mourinho hat den Clásico in Schlachten verwandelt, unberechenbar im Ausgang, hochexplosiv auf und neben dem Platz. Er tat dies in einem Maße, an das kaum ein früherer Clásico herankommt.

In seiner dritten Saison lief es für die Königlichen nicht gut. Bis Ende Dezember verloren sie gegen Getafe, FC Sevilla, Betis Sevilla und Málaga. 16 Punkte betrug der Rückstand nach 17 Spieltagen, der schlechteste Saisonstart seit fünf Jahren. „Die Liga ist praktisch verloren", gestand Mourinho ein, eine Kapitulation, die eigentlich nicht dem Selbstverständnis von Madrid gerecht wird. Es hieß, die Mannschaft und Mourinho seien entzweit. Die Spieler seien müde, zermürbt und genervt von ihrem Trainer. Der Radiosender *Cadena Cope* behauptete im Januar, einige Spieler könnten ihn nicht mehr ertragen, darunter Benzema, Özil, Ronaldo, Higuaín und Di María. Vor allem hätten es aber Iker Casillas und Sergio Ramos satt, als undisziplinierte Rabauken wahrgenommen zu werden.

1990 kam Casillas als Neunjähriger zu Real Madrid. Er durchlief alle Jugendmannschaften. Im November 1997, gerade einmal 16 Jahre alt, saß er bereits bei einem Champions-League-Spiel auf der Bank. Weil außer Santiago Cañizares kein Schlussmann fit war, nahm Trainer Jupp Heynckes ihn mit zum Gruppenspiel gegen Trondheim im Lerkendal-Stadion. Als Casillas von seiner Nominierung erfuhr, saß er gerade auf dem Schulhof und aß sein Pausenbrot. Er dachte an einen schlechten Scherz und entgegnete dem Betreuer lapidar: „Oh sicher, ich muss nur vorher aufessen."

Ab der Saison 1999/2000 gehörte er als dritter Torwart zur Profimannschaft. Weil sich Bodo Illgner verletzt und Albano Bizzarri sich einige Patzer erlaubt hatte, stellte John Toshack im September 1999 Casillas gegen Athletic Bilbao ins Tor. Das Spiel endete 2:2. Casillas blieb erster Mann, stand auch im Champions-League-Finale gegen Valencia im Tor, das Madrid mit 3:0 in Paris gewann. Auch die Verpflichtung von César Sánchez Domínguez änderte zunächst nichts an der Hierarchie im Tor. Casillas blieb die Nummer 1, bis er im Champions-League-Halbfinale gegen Bayern patzte – sein vorübergehendes Aus. Erst als sich César ein Jahr später im bereits erwähnten Champions-League-Finale von Glasgow verletzte, kam Casillas zurück. „Zwei Handschuhe sicherten Reals Erfolg", schrieb *El País* hinterher.

Casillas ist stark auf der Linie und bei flachen Bällen. Nicht gerade seine Stärke sind hohe Bälle. Doch ganz besonders glänzt er bei den direkten Duellen Mann gegen Mann, wenn der Angreifer auf ihn zuläuft, so wie Arjen Robben im WM-Finale 2010 in Südafrika. Nach einem perfekten Pass von Wesley Sneijder sprintete Robben allein auf den spanischen Schlussmann zu. Vier Sekunden hatte er Zeit, sich zu überlegen, wohin ins Tor er den Ball schieben wollte. Robben lief und lief, uneinholbar für die spanischen Verteidiger. 15 Meter, 20 Meter, dann war er direkt vor Casillas. Der Gedanke, dem spanischen Torwart gegen den kleinen Zeh zu schießen, kam Robben mit Sicherheit nicht. Und doch traf er genau den, von wo aus der Ball nicht ins Tor, sondern ins Aus flog.

2006 renkte Casillas sich bei der Weltmeisterschaft den Ringfinger aus. Seither trägt er einen Spezialhandschuh, bei dem Ring- und Mittelfinger in einem Futteral stecken. „Ich habe mich so an die vereinten Finger gewöhnt, dass ich so weiterspiele", erklärte Casillas einmal und scherzte: „Ich bin wie einer von den Simpsons." Seit 2007 sind seine Hände, mit denen er fünfmal zum Welttorwart wurde, über 7,5 Millionen Euro versichert.

Im Dezember 2012 degradierte Mourinho Casillas erstmals seit zehn Jahren aus sportlichen Gründen. Im Januar 2013 brach er sich dann auch noch die Mittelhand. Als er im April wieder voll trainieren konnte, ließ ihn Mourinho trotzdem nicht wieder zurückkehren. Diego López blieb die Nummer 1. „Man will Casillas nicht mehr haben", schrieb *Marca*. Es hieß, Mourinho habe ihn degradiert, weil Casillas die angezettelten Schlammschlachten gegen Barcelona nicht mitgetragen habe. Statt mitzupöbeln habe er versucht, die Wogen zu glätten, sogar mit seinem spanischen Nationalmannschaftskollegen Xavi von Barcelona telefoniert.

Vermutlich lag es aber auch daran, dass Casillas' heutige Frau, die Fernsehmoderatorin Sara Carbonero, damals im TV über Probleme in der Kabine von Real Madrid sprach. „Die Spieler sind mit Mourinho nicht einverstanden", berichtete sie, „die Stimmung in der Kabine ist nicht gut." Für Mourinho muss es so gewirkt haben, als wolle ihm Casillas eins auswischen, ihn verraten und bloßstellen, indem er diese Informationen über seine Freundin an die Öffentlichkeit brachte.

„Wir hatten immer ein gutes Verhältnis, bis wir zum Beginn der letzten Saison schlechte Ergebnisse einfuhren", gab Casillas später in einem Interview zu Protokoll. Tatsächlich schrieben sich Mourinho und Casillas noch während der Europameisterschaft 2012 in Polen und der Ukraine regelmäßig freundschaftliche SMS. Doch nun herrschte Funkstille und es tobte ein Machtkampf zwischen dem Trainer und dem Torwart. „Unser schlechtes Verhältnis führte dazu, dass ein Riss durch die Mannschaft ging und die Leute Partei ergriffen", bekannte Casillas.

Roncero, der *AS*-Mann, fasst die Mourinho-Ära wie folgt zusammen: „Als Mourinho kam, war Madrid in einer schweren Phase. Das Selbstvertrauen war seit Mai 2009, als Madrid im Bernabéu 2:6 von Barcelona gedemütigt wurde, zerstört. Mourinho musste helfen, dieses Selbstvertrauen erst einmal wieder zurückzugewinnen, um mit Barcelona wieder in den Wettbewerb einsteigen zu können. Mourinho hat bei Madrid anfangs sehr gut gepasst. Abgesehen davon, dass Mourinho mit einem 0:5 im Camp Nou gegen Barça startete, was sehr hart war, bewaffnete er seine Mannschaft wieder. Er hat Madrid aggressiver gemacht und hat erreicht, dass die Lücke zu Pep Guardiolas Barcelona wieder kleiner wurde. Das war ein wichtiges Verdienst von ihm." In seinem letzten Jahr habe Mourinho „mit Madrid allerdings den Anschluss verloren. Daraufhin machte er etwas sehr Hässliches. Er schmiss zur Saisonmitte das Handtuch, gab auf, entfernte sich von der Mannschaft und zettelte einen Machtkampf mit den Schwergewichten der Kabine an, mit Iker Casillas, mit Sergio Ramos, mit Cristiano Ronaldo und Pepe. Real verlor die Meisterschaft mit 15 Punkten Abstand auf Barcelona und außerdem Mourinho, der ein hässliches Erbe hinterließ. Er entzweite die Mannschaft und das Publikum. Selbst zwei Jahre nach Mourinho wurde Casillas im Bernabéu noch ausgepfiffen. Mourinho hat die Saat des Teufels gesät, die dem Klub geschadet hat. Er war in den ersten beiden Jahren sehr gut, aber schrecklich im letzten."

Entsprechend präsentierte er sich auch nach seinem letzten Spiel als Trainer von Real Madrid. Im Finale des spanischen Pokals verloren die Königlichen daheim gegen Atlético Madrid mit 1:2 nach Verlängerung. Anstatt sich als würdiger Verlierer zu erweisen, verweigerte der wütende und frustrierte Mourinho seine Teilnahme an der anschließenden

Zeremonie, bei der immerhin der spanische König Juan Carlos die Medaillen überreichte. Statt Mourinho führte Co-Trainer Aitor Karanka die Mannschaft auf dem Weg zur Ehrentribüne an. Auf der anschließenden Pressekonferenz erklärte Mourinho immerhin selbstkritisch, dass er versagt habe und dies die schlechteste Saison seiner Karriere gewesen sei. Drei Tage später war Mourinho nicht mehr Trainer von Real Madrid. „Im gegenseitigen Einvernehmen" wurde die Zusammenarbeit beendet, wie Florentino Pérez behauptete, drei Jahre vor Ablauf des Trainervertrags und nur zwölf Monate, nachdem Mourinho verlängert hatte.

Barcelona war wieder Meister – mit 100 Punkten. Madrid hatte nur 85 Zähler gesammelt. In der Champions League war die Mannschaft erneut im Halbfinale ausgeschieden, dieses Mal gegen Borussia Dortmund. 1.007 Tage dauerte die Ära Mourinho bei Real Madrid. Einmal hat er die Liga gewonnen – nur ein einziges Mal, sagen die Kritiker. Auch der Gewinn des spanischen Pokals sei zu wenig für einen Mann mit seiner großen Klappe.

Man könnte die Mourinho-Zeit aber auch so zusammenfassen: Er hat nur zwei Spielzeiten gebraucht, um die unangefochtene Vorherrschaft von Barcelona, der Übermannschaft, zu beenden. Er hat Guardiola mürbe gemacht, sodass dieser Barcelona verließ, um sich fernab von Spanien, in New York, erst einmal wieder zu erholen. So jedenfalls sieht es Özil, den Mourinho 2010 nach Madrid lotste. Sein Fazit der Ära Mourinho lautet: „Er war erfolgreich. Bevor er kam, war Barcelona eine Übermacht. Das beste Barcelona aller Zeiten. Barcelona war wie ein Mercedes AMG GT S, bei dem alle Zahnräder perfekt ineinandergriffen, um den 510 PS starken Motor anzutreiben. Mit einem genialen Fahrer, der das Gefährt bei Höchstgeschwindigkeit ruhig über jede Straße manövrierte. Bei Madrid hingegen erstrahlte vor Mourinho, um im Bild zu bleiben, nur die Karosserie. Real war zu der Zeit wie ein LaFerrari, unter dessen Haube allerdings keine 963 PS steckten, sondern ein ramponierter Motor, zerfressen von Mardern, der dazu noch mit dem falschen Benzin betankt war. Barcelona war meilenweit von Real Madrid entfernt. Barcelona und Real Madrid, um es ganz deutlich zu sagen, lagen zu dem Zeitpunkt fußballerisch fast so weit auseinander wie der Mond und die Erde. Barcelona hat alles überstrahlt, jeden

Verein in den Schatten gestellt. Egal wie gut du gespielt hast, es hat nie gegen Barcelona gereicht. Die wussten auf alles eine Antwort. Die haben Madrid zur Verzweiflung getrieben. Und wir haben es dank Mourinho geschafft, Barcelona zu knacken. In nur zwei Jahren haben wir sie uns geschnappt. Das war eine unglaubliche Leistung. Wir waren als Mannschaft superstark. Mourinho hat aus uns eine starke Einheit gemacht. Er war der Trainer, der Barcelonas Übermacht beendet hat. Das war sein wichtigstes Verdienst."

Özil lässt auch keine Kritik an Mourinho, seinem Förderer, zu, widerspricht sogar vehement den Behauptungen, der Trainer sei streitsüchtig gewesen, habe die Mannschaft wegen Günstlingspolitik gegen sich aufgebracht. „Mourinho war immer ehrlich zu uns. Der hat uns immer seine Meinung gesagt. Der hat nie hinter dem Rücken der Spieler gelästert. Der war hart, aber sehr fair. Mourinho ist null hinterhältig. Mourinho ist ein ehrlicher Mensch. Das ist seine Stärke. Er kann loben, er kann aber auch kritisieren. Ich kenne Trainer, die mit Kritik Probleme haben, die sich nicht trauen, Spieler zu kritisieren. Aber nicht Mourinho. Und genau das kam immer gut an. Du kannst fragen, wen du willst: Ich garantiere dir, dass alle Spieler von damals keine Probleme mit Mourinho hatten. Weil er korrekt war."

Auch Aitor Karanka, seit 2015 Cheftrainer des FC Middlesbrough, verteidigt Mourinho. Früher spielte Karanka bei Real Madrid, gewann mit den Königlichen dreimal die Champions League. Nach seiner Karriere trainierte er unter anderem die U15 und die U16 der spanischen Nationalmannschaft, bis ihn José Mourinho 2010 zu seinem Co-Trainer machte. Und nicht nur das: Mourinho schickte ihn im Laufe der drei Jahre immer häufiger zu Pressekonferenzen, immer dann, wenn der Portugiese keine Lust hatte oder es ihm nicht wichtig genug erschien. Als berühmtester Co-Trainer aller Zeiten möchte Karanka trotz dieser Tatsache nicht bezeichnet werden. „Es stimmt, dass ich viele Pressekonferenzen gegeben habe und man deshalb über mich geredet hat. Ich habe es nie gemocht, im Rampenlicht zu stehen, und deshalb behalte ich lieber in Erinnerung, dass ich im sportlichen Bereich José und seinem Mitarbeiterstab behilflich sein konnte."

Das Wichtigste, was er von Mourinho gelernt habe, sei, „dass man ehrlich sein muss zu seinen Spielern. Viele Trainer sagen ihren Spielern, was sie hören möchten, und auf lange Sicht schadet das allen. Wichtig ist dabei vor allem eines: Die Mannschaft steht über jedem Individuum." Zudem ist Karanka von Mourinhos Persönlichkeit beeindruckt. „Um Real Madrid zu trainieren, musst du viele Qualitäten mitbringen, und eine davon ist Persönlichkeit. José arbeitete 24 Stunden am Tag. Er beherrscht alle Facetten. Er ist taktisch der Beste und auch in der Spielvorbereitung. Er führt die Umkleidekabine hervorragend, nicht umsonst reden alle großen Spieler überragend von ihm", lobt Karanka. Seine Zusammenfassung der drei Jahre klingt sehr ähnlich wie die von Özil.

„Dieses Barcelona war die Basis der Nationalmannschaft, die Weltmeister wurde und zweimal Europameister, und dazu kam Messi. Sie hatten alles gewonnen und am Ende waren wir aber die, die gewannen. José hat es geschafft, diese Gewinnermentalität zu implementieren bei einer Mannschaft, die lange nichts gewonnen hatte. Und vor allem hatte sie an Gewicht in Spanien verloren. Josés größtes Verdienst war es, die Liga mit 100 Punkten und 121 Toren zu gewinnen, den Pokal über 20 Jahre nach dem letzten Triumph und in drei Champions-League-Halbfinals zu kommen nach vielen Jahren, in denen es nicht erreicht wurde." Zu 127 Siegen hat der Portugiese die Madrilenen geführt. Demgegenüber stehen 28 Unentschieden und 23 Niederlagen. Pro Spiel hat Mourinho somit 2,3 Punkte geholt. 476 Tore wurden in all den Spielen erzielt, 171 kassiert.

Was bleibt sonst? Viele Fragezeichen – weil man nicht weiß, was genau man von diesem Mann halten soll, der selten mit Menschlichkeit überrascht hat, aber oft eine Arroganz an den Tag legte, die abstoßend war. Im Februar 2013 zum Beispiel verblüffte er die Öffentlichkeit jedoch, als er einem Mann namens Abel Rodríguez völlig unvermittelt das wohl größte Geschenk seines Lebens machte. Der 41 Jahre alte Mexikaner hatte im Sommer an der UCLA, der University of California in Los Angeles, wo Real Madrid seine Vorbereitung absolvierte, ehrenamtlich während seines Urlaubs geholfen, damit die Stars perfekte Trainingsbedingungen vorfanden. Rodríguez war seit frühester Kindheit Real-Fan und kam so seinen Helden so nahe wie nie zuvor. Noch nie hatte er ein Spiel der Königlichen live gesehen, daher plünderte Rodríguez rund sieben Monate später das Urlaubskonto der gesamten Familie, um es für einen Flug nach Madrid auszugeben. Alle Ersparnisse gingen drauf, hart verdientes Geld, schließlich arbeitete Rodríguez als Putzmann. Er hatte weder ein Ticket noch ein Hotel, lediglich die naive Hoffnung, dass ihn irgendeiner der Real-Stars wiedererkennen und sein Traum in Erfüllung gehen würde.

Und tatsächlich entdeckte José Mourinho Rodríguez, am Tor vor dem Trainingsgelände Valdebebas hockend, und wies seinen Fitnesstrainer Rui Faria, neben dem er im Auto saß, daraufhin an, anzuhalten. Mourinho erinnerte sich an das Gesicht des Mannes, der im Sommer in Kalifornien die Bälle für die Madrider Spieler eingesammelt hatte. „Was macht der Kerl aus L. A. denn hier?", fragte Mourinho Faria. Nachdem er die Antwort kannte, beschloss Mourinho, den Mexikaner für seinen unglaublichen Mut zu belohnen. Er sorgte dafür, dass Rodríguez im Mannschaftshotel von Real wohnen durfte. Am Abend vor dem Clásico lud Mourinho ihn zum Essen ein, bei dem Rodríguez den gesamten Trainerstab kennenlernte. Nach dem Spiel wollte Rodríguez wieder zurück nach L. A. reisen. Doch Mourinho sagte: „Auf keinen Fall. Du kommst mit uns zum nächsten Spiel nach Manchester und arbeitest dort für uns als Zeugwart."
Außerdem versprach Mourinho, sämtliche Kosten des Europaaufenthalts von Rodríguez zu übernehmen. „Diese Menschen haben mich behandelt, als wäre ich ein Teil des Teams. Davon werde ich noch meinen Enkeln erzählen", berichtete Rodríguez später der *Sports Illustrated* über seine unglaubliche Zeit bei den Königlichen, mit denen er zwei Siege erlebte.

Ein anderes Mal, kurze Zeit vor Rodríguez' Überraschungsbesuch, bewies Mourinho eindrucksvoll, wie er sich vor seine Mannschaft stellt. Die hatte gerade eine Schwächephase, spielte selbst im Pokal gegen den Drittligisten Alcoyano ganz schwach und verlor anschließend bei Betis Sevilla mit 0:1. Die Stimmung war angespannt. Die Fans pfiffen Real gnadenlos aus, was dem Selbstvertrauen nicht unbedingt zuträglich war. Daher verkündete Mourinho auf der Pressekonferenz vor dem nächsten Spiel, er werde deutlich früher ins Stadion kommen und alle, die derzeit unzufrieden seien, dürften ihren Unmut gegen ihn richten. „Ich werde 40 Minuten vor dem Spiel in den Innenraum kommen", kündigte er an. „Wenn Sie mich auspfeifen wollen, werde ich da sein. Ich werde es ruhig und demütig hinnehmen. Diejenigen, die pfeifen wollen, bekommen die Gelegenheit dazu. Ich will, dass Sie mich um 21:20 Uhr auspfeifen, und dann will ich, dass Sie das Team unterstützen." Ein paar Tausend kamen wirklich und nahmen die Chance wahr, Mourinho auszupfeifen. Das Spiel gewann Real anschließend mit 2:0 gegen Atlético.

Mourinho kann Mensch sein, er kann als perfekter Abfangjäger fungieren – wäre da nicht dieses übergroße Ego, das immer wieder auf unterschiedlichste Art befriedigt werden muss. So trägt er eine Uhr, eine deLaCour, ein Einzelstück mit Saphirkristallen für über 20.000 Euro, auf deren Rückseite er das Zitat „I am not afraid of the consequences of my decisions" („Ich fürchte nicht die Konsequenzen meiner Entscheidungen") hat eingravieren lassen. Nach seiner Wahl zum FIFA-Trainer des Jahres bestellte er sich 2010 einen Bentley, auf dessen Armaturenbrett er eine kleine Plakette anbringen ließ, in die das Datum 22.5.2010 graviert ist – der Tag des Gewinns der Champions League. Damit es jeder sehen kann.

# KAPITEL 25

# SCHLAFSTÖRUNGEN
## WEGEN MADRID

R eal Madrid macht verrückt. Spieler, die nur kurz dort waren, Spieler, die lange dort waren, und selbst Menschen, denen Madrid nur das Angebot unterbreitet, einer von ihnen zu werden, kann dieser Verein unglaubliche Gewissensbisse bereiten, sodass sie heftigste innere Konflikte mit sich auszufechten haben. So geschah es auch Ottmar Hitzfeld.

Hitzfeld hat Breitners Behauptung widerlegt: Wenn Real Madrid jemanden haben will, „dann fährst du mit dem Fahrrad rüber oder gehst zu Fuß". Ottmar Hitzfeld hat das nicht gemacht. Er hat sich weder aufs Rad geschwungen noch ist er, was laut Google Maps 350 Stunden dauern würde, die 1.780 Kilometer nach Madrid gelaufen. Hitzfeld hat Real Madrid, obwohl es sich gleich zweimal um ihn bemüht hat, abgesagt. Warum das? Wie verrückt kann man sein? Ist es keine Majestätsbeleidigung, wenn einem der beste Klub der Welt Avancen macht und man doch dankend ablehnt?

Hitzfeld war damals, 1997, seit sechs Jahren Trainer von Borussia Dortmund. Er hatte dem Verein, der vor seiner Ära 25 Trainer in 24 Jahren verschlissen hatte, Beständigkeit eingeimpft. In der Vorsaison hatte er den BVB zur Meisterschaft geführt. Mit Vereinschef Gerd Niebaum schien er die perfekte „Ehe" zu führen – die ausgerechnet im verflixten siebten Jahr Risse zeigte. „Wir hatten da etwas aufgebaut. Wir wurden 1995/96 Deutscher Meister. 1997 hätten wir wieder Deutscher Meister werden müssen, weil Dortmund stark in die Zukunft investiert hatte", sagt Hitzfeld. Doch die Mannschaft wurde nicht Deutscher Meister. Niebaum motzte, man sei auf dem Weg „zu einer Durchschnittsmannschaft", stellte den Siegeswillen der Truppe in der Liga infrage. Andreas Möller, so etwas wie der Ziehsohn von Hitzfeld, kritisierte seinen Trainer öffentlich. Dortmund wurde nur Dritter, verpasste damit die Qualifikation zur Champions League, an der damals nur der Meister teilnahm. „Der Präsident war unzufrieden, das Präsidium kam zu mir und sagte: ‚Wir müssen die Champions League gewinnen, um wieder Champions League zu spielen.' Dortmund war finanziell an die Grenze gegangen. Das waren die Nebengeräusche. Ich stand unter Druck."

In genau dieser Situation bekam Hitzfeld einen Anruf von einem Spielervermittler. „Er hat mich gefragt, ob der Präsident von Real Madrid sich bei mir melden dürfe", erinnert sich Hitzfeld, der die Erlaubnis erteilte. Es waren nur noch wenige Tage bis zum Champions-League-Finale, das Dortmund im Münchner Olympiastadion gegen Juventus Turin spielen sollte. Mit nur einer Niederlage war Dortmund durch Europas Königsklasse marschiert, hatte unter anderem Manchester United im Halbfinale ausgeschaltet. „Wenn man weiß, dass gleich der Präsident von Real Madrid anruft, dann wartet man schon mit Anspannung auf den Anruf", verrät Hitzfeld. Der Berater gab die Festnetznummer an Lorenzo Sanz weiter, vereinbarte eine Uhrzeit, zu der Hitzfeld am Telefon wartete. Damals war man noch nicht rund um die Uhr überall via Handy erreichbar. Man verabredete sich zum Telefonieren. „Wir hatten eine Telefon-Nische im Flur", erzählt Hitzfeld. „Da stand ein alter Sessel, ein altes Tischchen, darauf das Telefon. Da saß ich dann." Hitzfeld hatte sich gut auf das Gespräch vorbereitet. „Ich habe mir im Vorfeld des Telefonats schon ein paar Sätze aufgeschrieben, mir Vokabeln rausgesucht, die mir nicht geläufig waren. Ich war schon vorbereitet, wie ich meine Vertragssituation in Dortmund erkläre. Ich wusste ja nicht, was die mich fragen. Das ist ja wie ein Bewerbungsgespräch."

Dann klingelte das Telefon. Hitzfeld schreckte leicht zusammen. Er ließ es einmal klingeln, zweimal, atmete noch einmal kräftig ein und wieder aus, nach dem dritten Klingeln hob er ab. „This is Ottmar Hitzfeld speaking." Eine Viertelstunde dauerte das Telefonat. „Sanz sprach nicht so gut Englisch, ich sprach nicht so gut Englisch. Es war nicht so einfach. Aber es war ein unglaublich emotionaler Moment für mich, mit dem Präsidenten von Real Madrid zu sprechen", gibt Hitzfeld ehrlich zu. Sanz bat um ein persönliches Treffen. Er wollte nach Deutschland kommen. „Ich habe gesagt, dass das geht, aber natürlich nicht vor dem Finale. Ich habe gesagt, dass wir uns Anfang Juni 1997 treffen können."

Sie verabredeten sich für den 4. Juni in Düsseldorf und beendeten das Telefonat. Nachdem Hitzfeld den Hörer aufgelegt hatte, blieb er noch ein bisschen sitzen, schloss die Augen und dachte über das Gespräch nach. „Da Trainer werden zu können ist unglaublich verlockend. Das ist eine riesige Ehre." Schon als Kind war er schließlich Real-Madrid-Fan. „Ich war nie Fan von irgendeiner Bundesligamannschaft. Aber ich war Fan von Real Madrid. Ich habe alles über den Verein aufgesaugt, was man damals über den Verein erfahren konnte." Als Hitzfeld selbst noch Spieler war, absolvierte er sein erstes Spiel im Europapokal der Landesmeister 1971 mit dem FC Basel gegen Real Madrid. „Wir haben uns alles bei Real angeschaut. Die Geschäftsstelle, die Pokale, das Stadion. Für uns war das ein Ausflug, eine Erlebnisreise", sagt Hitzfeld.

Er wog die Situation ab, hinterfragte, was ihn bei Madrid erwarten würde. „Die ganze Welt interessiert sich für Real", weiß er. „Bei Madrid besteht immer die Gefahr, dass die Fans, die Mitglieder, die Journalisten und das Präsidium etwas Spezielles, etwas Außergewöhnliches von den Spielern und ihrem Trainer verlangen. Die Erwartungshaltung an die Mannschaft ist überzogen. Es werden immer überirdische Dinge verlangt. Daher ist die Bewertung nicht immer fair."

Doch das schreckte Hitzfeld nicht ab. Trotz überzogener Erwartungshaltung ist der Trainerjob für ihn viel mehr Traum- als Albtraumjob. „Man gewinnt ja die meisten Spiele. Man hat großartige Aussichten, Meister zu werden, Pokalsieger zu werden, man gehört zu den Favoriten in der Champions League. Klar: Man hat Druck, unglaublichen Druck, man wird vielleicht mal unfair beurteilt. Aber es ist doch viel schlimmer, wenn man bei einer mittelmäßigen Mannschaft Trainer ist, bei einem Abstiegskandidaten, wo die Substanz nicht da ist, wo man Sensationelles leistet, es aber nicht honoriert wird. Wo man die Mannschaft, die Fans bis zum letzten Spieltag motivieren muss. Wo man weiß: ‚Wir sind schwächer als die meisten Gegner.' Bei Real hat man die beste Mannschaft", Spieler, „deren Willen es ist, erfolgreich zu sein. Sie haben einen anderen Stellenwert in der Gesellschaft, werden mehr hofiert. Aber es ist per se nicht schwerer, mit ihnen zu arbeiten. Letzten Endes sind die auch Kumpel, Freunde. Man muss den Stars klarmachen, dass jeder im Team wichtig ist, dass jeder Respekt verdient, dass auch Ersatzspieler wichtig sind. Im Kern ihres Wesens sehnen sie sich auch nach Kameradschaft. Die können auch zusammen feiern, zusammen Blödsinn machen." Wesentlich sei nur, da war sich Hitzfeld sicher, dass eine ständige Erneuerung der Mannschaft stattfindet. „Es ist wichtig, um die Stars anzutreiben, dass immer wieder neue kommen. Um ihnen die vermeintliche Sicherheit zu nehmen: ‚Ich bin Meister, ich spiele sowieso nächste Saison.' Man braucht Leute, die einem den Stammplatz wegnehmen wollen."

Das Interesse von Real reizte Hitzfeld sehr, insbesondere da es damals noch keine milliardenschweren Oligarchen gab, keine Scheichs, also weder Chelsea mit Roman Abramowitsch noch Manchester City mit Mansour bin Zayed Al Nahyan oder Paris Saint-Germain mit Tamim bin Hamad Al Thani, wo mit Geld nur so um sich geworfen wird. „Madrid stand über allem. Real war das Maß aller Dinge." Gleichzeitig wusste Hitzfeld, dass die Mannschaft in Dortmund „keine Einheit mehr" war. „Es war Unruhe."

Das alles blendete Hitzfeld aus, musste er ausblenden. Er verscheuchte die Gedanken an ein mögliches Engagement bei Real Madrid und konzentrierte sich komplett auf das Champions-League-Finale am 28. Mai 1997. Dortmund gewann 3:1. 19 Millionen Deutsche schauten vor dem Fernseher zu. „Dortmund erobert Europa", schrieb die *Times*. Hitzfeld feierte mit seiner Mannschaft, auch wenn er die Ereignisse der vergangenen Wochen nicht vergessen konnte.

„Der BVB kam zu mir, wollte wissen, wie es weitergeht", erzählt er. „Ab da habe ich intensiv über meine Zukunft nachgedacht." Die Dortmunder Zeit hatte Hitzfeld viel Kraft gekostet. Er war nicht mehr glücklich. Gleichzeitig bemühten sich die Königlichen um ihn. „Eigentlich hätte ich der glücklichste Mensch der Welt sein können: Champions-League-Sieger mit einem Angebot von Real Madrid in der Hinterhand. Normalerweise hätte mein Körper vor Glückshormonen platzen müssen. Aber das habe ich nicht gefühlt. Ich war nicht euphorisiert. Ich bin ein Kopfmensch und kein Gefühlsmensch. Ich habe auf meine innere Stimme gehorcht, aber die hat mir kein positives Signal geschickt, die hat geschwiegen", erinnert sich Hitzfeld.

„Bundesligatrainer zu sein", so erklärt er seine Arbeitsphilosophie, „heißt Tag und Nacht zu arbeiten. Immer. Man beschäftigt sich mit seinen Spielern, mit dem Gegner, mit den Medien. Ich bin niemand, der eine Aufstellung binnen weniger Minuten entscheidet, sie niederkritzelt und gut ist. Ich fühle immer in die Spieler hinein. Ich beschäftige mich mit den Ersatzspielern. Wenn man ins Bett geht, geht man mit der Aufstellung ins Bett. Wenn man aufwacht, denkt man an seine Mannschaft. Ich habe mir den Tagesablauf vorgestellt, wie ich in Madrid bin, wie ich ins Training gehe, wie ich mit den Spielern nicht groß kommunizieren kann. Wie ich auf einer Pressekonferenz mit einem Dolmetscher sitze, wie meine Worte verfremdet werden. Wie ich mit einer Mannschaft gespickt mit Weltstars auf dem Platz stehe, mich aber nicht ausdrücken kann." Der Trainerjob koste „ja schon viel Kraft bei einem Spitzenklub in Deutschland – wo es keine Sprachbarriere gibt. Ich habe kein gutes Gefühl für Madrid entwickeln können."

Vor allem die Sprache bereitete ihm Kopfzerbrechen. Hitzfeld ist kein Sprachtalent. Er tut sich schwer, Fremdsprachen zu lernen. „Ich bin überhaupt nicht sprachbegabt. Meine Frau schon, die hat ein gutes Gehör für Sprachen. Aber wenn ich eine Seite Vokabeln lerne, habe ich am nächsten Tag die Hälfte vergessen." Doch Hitzfeld ist ein Trainer, der die Sprache braucht. „Meine Stärke war immer die Kommunikation, die Gespräche mit den Spielern, der Presse. Meine Arbeitsweise basiert auf Vertrauen. Die Spieler können mir immer trauen, können sich immer darauf verlassen, dass ich zu meinem Wort stehe. Ich möchte meine Spieler immer kennenlernen. Man kann sie aber nur kennenlernen, wenn man einen Dialog führt. Mit einem Dolmetscher geht immer etwas verloren. Da kommt das Gespräch nie zu hundert Prozent beim Gegenüber an, wie es gemeint war. Ich habe auch keine Kontrolle darüber, was er weitergibt. Für mich war das gesprochene Wort immer das Wichtigste. Auch in Teamsitzungen, wenn ich die Mannschaft vor Spielen motiviere, da kommt es auf die Aussprache, auf Formulierungen an. Das war immer eine Stärke von mir. Es ist auch etwas anderes, ob ich mit meinen Worten Kritik übe oder ob ich sie über einen Dolmetscher ausrichten lasse. Ich habe keine Kontrolle. Die fehlt komplett. Da hätte es zu viele Unwägbarkeiten gegeben. Mir war nicht wohl."

Außer Hitzfeld und seiner Frau wusste niemand von dem Angebot. „Ich habe immer selbst entschieden, was ich mache. Ich bin mit mir in Klausur gegangen. Ratschläge von Außenstehenden sind ja so gut wie nie objektiv. Wenn ich jemandem gesagt hätte, dass Madrid mich will, hätte jeder gratuliert und bei jedem hätte der Verstand ausgesetzt. Die anderen müssen dort ja nicht leben."

Drei Tage hatte Hitzfeld Bauchschmerzen, schlief schlecht, rang mit sich. „Ich habe mich nachts rumgewälzt", gibt er zu. Auf der einen Seite diese tolle Herausforderung, diese Ehre, Trainer der Königlichen zu sein. Auf der anderen Seite die Angst, der größten Stärke beraubt zu versagen. Immer wieder drehten sich alle Gedanken um diese verflixte Sprache. Hitzfeld fühlte sich gefangen zwischen Vorfreude und Versagensängsten. „Bis ich Spanisch kann, bin ich entlassen. Die Medien sind so präsent. Wenn man bei einem Spitzenklub eine Pressekonferenz geben muss, die Leute können sich gar nicht vorstellen, wie kraftraubend das ist. Jedes Wort wird auf die Goldwaage gelegt. Jedes Wort wird genauestens beachtet. Das ist in der Landessprache schon anstrengend. Aber dann auch noch auf Spanisch, in einer fremden Sprache, die ich nicht beherrschte. Wenn man die Sprache nicht spricht, besteht aber die Gefahr, dass man auseinandergenommen wird, wenn es nicht läuft."

Die Ungewissheit machte Hitzfeld verrückt. Sie lastete auf ihm. „Ich hatte Bauchschmerzen." Vor allem wollte Hitzfeld, als Ehrenmann, Real-Präsident Lorenzo Sanz nicht umsonst nach Deutschland kommen lassen. „Drei Tage nach dem Finale habe ich mich mit der Absicht ins Bett gelegt, nach dem Aufwachen eine Entscheidung zu treffen. Lasse ich mich auf das Treffen mit Sanz ein oder nicht? Ich wollte mich nur treffen, wenn ich auch zu Real Madrid gehe. Wenn ich nicht nach Madrid gehen will, treffe ich mich auch nicht mit ihm."

Hitzfeld hatte Angst, dass Sanz, säße er erst einmal vor ihm, ihn doch noch umstimmen würde. „Es ist zu gefährlich, sich zu treffen. Da besteht immer die Gefahr, dass man überredet wird, wenn der Präsident einem alle Möglichkeiten aufzeigt, einem verrät, wen man alles kaufen darf, wie viel Geld für die neue Saison zur Verfügung steht. Dann kommen die Verlockungen."

Die Nacht war hart. Hitzfeld fand kaum in den Schlaf. Er warf den Kopf hin und her, immer auf der Suche nach einer Position, in der er abschalten konnte, doch er fand sie nicht. „Es fühlte sich so an, als stecke mein Kopf in der Waschmaschine, im Schleudergang." Immer wieder guckte er auf die Uhr. Wieder war eine halbe Stunde vergangen, ohne dass er geschlafen hatte. „Ich wollte mich nicht nur für Madrid entscheiden, um in meinem Lebenslauf stehen zu haben: ‚War mal Trainer bei Real.' Und nach einem Vierteljahr bin ich entlassen. Wenn man irgendwo hingeht, muss man erfolgreich sein", erklärt er, um verständlich zu machen, was in dieser Nacht alles in ihm vorging. Er entschloss sich, sollte er sich mit den Vertretern von Madrid treffen, würde er auf jeden Fall Dortmund informieren. Doch dazu kam es nicht. Am 4. Juni, am Tag des geplanten Treffens, rief Hitzfeld frühmorgens in Madrid an. „Ich habe ihnen abgesagt, wenige Stunden bevor Sanz in den Flieger nach Düsseldorf gestiegen ist. Die hatten damit gerechnet, dass sie mit mir den Vertrag machen."

Die Entscheidung befreite Hitzfeld ein bisschen, mehr aber auch nicht. „Ich wusste ja, dass ich weiterhin hin- und hergerissen war, dass ich nicht zu einhundert Prozent überzeugt war von dem ‚Nein'. Ich war nicht felsenfest überzeugt von meiner Absage. Real Madrid sagt man nicht so leicht ab. Ich war nur zu 50 Prozent sicher. Das war keine eindeutige Sache. Keinesfalls."

Tatsächlich ließ sich Madrid nicht so einfach abwimmeln. Sie waren von Hitzfeld überzeugt. Er war ihr erster Kandidat, ihr Wunschtrainer. „Real hat versucht, mich doch noch zu überreden. Sie haben wieder angerufen, gesagt, dass wir uns treffen müssen. Das war zwei Tage nach meiner Absage. Sie sagten: ‚Wir müssen uns persönlich sehen. Lassen Sie uns doch unseren Plan präsentieren, wen wir kaufen wollen. Sie können jeden Spieler aus Europa haben, den Sie wollen.' Sie wollten mich locken, weichkochen. Ich wollte aber nicht. Die Verlockung war ja da. Es hat mich so viel Kraft gekostet, ihnen abzusagen. Ich wollte mich schützen.

Deshalb bin ich hart geblieben, habe gesagt, es werde auf keinen Fall das persönliche Treffen geben."

Hitzfeld wurde stattdessen Sportdirektor von Borussia Dortmund, das Traineramt übernahm Nevio Scala. „Da habe ich Abstand gewinnen können, mich erholen können. Ich war glücklich über die Entscheidung", sagt Hitzfeld. Er lud seine Akkus wieder auf, lernte einen neuen Blickwinkel auf einen Verein kennen. Im Sommer 1998 kehrte er dann gestärkt wieder auf den Trainerstuhl zurück – bei Bayern München. Mit den Münchnern holte er vier Meisterschaften, gewann zweimal den DFB-Pokal. In der Saison 2000/01 führte Hitzfeld die Mannschaft wieder an die Spitze Europas, gewann die Champions League, später dann auch noch den Weltpokal.

Mitten in dieser Erfolgsgeschichte meldete sich wieder Real Madrid bei Hitzfeld. „Das zweite Angebot kam im Februar 2003. Da war ich bei Bayern München Trainer. Wir waren Tabellenführer, haben später das Double geholt." Ein bevollmächtigter Mittelsmann rief an, inzwischen gab es schon Mobiltelefone. „Das hat mich natürlich gefreut, dass ich wieder angefragt wurde. Ich habe die gleichen Überlegungen wie bei der ersten Anfrage angestellt. Ich konnte immer noch kein Spanisch. Ich habe mich schließlich in den Jahren zuvor auf den Sport, meinen Job als Trainer und nicht auf Sprachen konzentriert." Trotzdem war die Situation eine andere als 1997. „Ich hatte inzwischen zweimal die Champions League gewonnen, war mehrfach Deutscher Meister geworden. Ich gehörte zu den erfolgreichsten Trainern Europas. Da rechnet man eher mit solchen Angeboten. Ich war nicht mehr so überrascht wie sechs Jahre zuvor. Dementsprechend war meine Auseinandersetzung mit dem Thema Real Madrid nicht mehr so emotional." Hitzfeld bat um einen Tag Bedenkzeit. „Da war ich mir aber bereits zu 80 bis 90 Prozent sicher, dass ich es wieder nicht annehmen wollen würde. Ich war auch bei Bayern sehr glücklich. Es hat einfach keinen Sinn gemacht. Am nächsten Tag habe ich abgesagt." Der zweite königliche Korb.

Hitzfeld, der Erfolgstrainer, hatte viele Anfragen im Laufe seiner Trainerkarriere. „30 bis 40 waren es. Ich hatte Angebote aus der ganzen Welt. Die meisten habe ich wirklich binnen kürzester Zeit abgesagt, eigentlich immer sofort. Ich musste gar nicht darüber nachdenken. Nur bei Manchester United habe ich mit mir gerungen. Das Angebot kam noch vor der ersten Madrid-Anfrage. Und eben bei den Madrid-Anfragen. Die Anfrage 1997 war die größte Verlockung, die mir in meiner Trainerkarriere begegnet ist."

Bereut habe er, so betont Hitzfeld mehrfach, es nie, dem Werben Madrids nicht nachgegeben zu haben. Er lacht viel, seine Augen strahlen, wenn er zwischendurch für einen kurzen Moment innehält und seine Erinnerungen still genießt. Hitzfeld wurde nie Trainer von Real Madrid. Den Mythos hat er nur erlebt, wenn er als Bayern-Trainer ins Estadio Bernabéu gereist ist beziehungsweise gegen Madrid gespielt hat. Zwölfmal war dies unter seiner Leitung der Fall. Vicente del Bosque, Carlos Queiroz und Fabio Capello hießen die Trainer der Madrilenen. Dreimal setzte sich Bayern in den K.-o.-Spielen durch, dreimal wurde es von den Königlichen ausgeschaltet.

„Es ist etwas anderes, ob man gegen eine kleine Mannschaft in der Champions League spielt oder gegen einen klangvollen Namen wie Real Madrid. Dementsprechend ist die Konzentration vor so einem Spiel höher, die Spannung größer, die Spieler werden überall angesprochen. Auch die Journalisten interessieren sich nicht sonderlich für viele, viele Gegner. Aber auf Real Madrid sind alle heiß. Jeder Journalist ist motiviert, über Real Madrid zu schreiben. Real Madrid macht alle verrückt. Spiele gegen Real Madrid bleiben in Erinnerung. Das sind Highlights des Lebens."

Hitzfeld blieb nur die Besucherrolle im Bernabéu, für ihn das schönste Stadion der Welt. Am meisten habe er persönlich dort „das Abschlusstraining genossen, das war gefühlsmäßig am intensivsten. Da ist man nicht angespannt. Da kann man jeden Moment auskosten. Man geht durch den Tunnel aus den Katakomben raus, betritt diesen unglaublichen Kessel. Es ist fast ganz leise. Man ist im Kopf noch klar. Man hat noch Platz, um diese Augenblicke aufzusaugen, zu genießen. Am Spieltag selbst platzt einem der Kopf ja fast. Da ist man schon in die Fußballwelt abgetaucht, beschäftigt sich mit tausend Dingen: Wie geht meine Taktik auf? Welchen Eindruck machen meine Spieler? Braucht jemand noch eine Aufmunterung? Ein paar beruhigende Worte? Man ist zu 100 Prozent ausgelastet. Da hat man keine Zeit für Emotionen!"

# KAPITEL 26

# „EIN SCHLECHTES SPIEL, DANN SPIELT KAKÁ"

Allein die Geschichte von Real Madrid muss einen in den Bann des Vereins ziehen. Der Klub hat eine ungeheuerliche Anziehungskraft und kann einem den Kopf verdrehen, wie nicht nur bei Ottmar Hitzfeld deutlich wird.

Selbst ein Zé Roberto, dessen Abenteuer dort nur wenige Monate dauerte, beschreibt seine Zeit bei den Blancos als die wohl prägendste. Und das sagt schon einiges. 248 Pflichtspiele hat er für Bayern München absolviert, dabei 20 Tore erzielt und 62 vorbereitet. Zwischen 2003 und 2008 gewann er jeweils viermal die Deutsche Meisterschaft und den DFB-Pokal sowie zweimal den Supercup. Für Leverkusen spielte Zé Roberto 148 Mal, beim HSV kam er noch auf 72 Pflichtspieleinsätze.

Seine Bilanz bei den Königlichen ist dagegen ernüchternd. Er absolvierte zwischen März 1997 und Dezember 1997 nur neun Spiele, davon sieben als Einwechselspieler. Der schönste Moment in dieser Zeit sei gewesen, als er das königliche Trikot erstmals bei einem Spiel tragen durfte. „Schon als ich es mir in der Kabine übersteifte, bekam ich eine Gänsehaut. Das ist ja nicht so, als wenn man sich morgens irgendein Kleidungsstück anzieht. Das ist nicht irgendein x-beliebiges Stück Stoff. Dieses Trikot wiegt eine Menge. Man spürt den Druck, den man als Spieler hat, weil man nun Real Madrid repräsentiert. Es war sehr emotional für mich. Und damit einzulaufen, das kann man schwer beschreiben, aber man kann es auch nicht vergessen. Als ich im Trikot auf den Platz lief, stockte mir regelrecht der Atem. Da musste ich mich wirklich zusammenreißen. Das war einer der schönsten Momente meiner Karriere."

Im September 1997 stellte Trainer Jupp Heynckes Zé Roberto in der Champions League auf. Vor heimischem Publikum spielte er an der Seite von Clarence Seedorf, Fernando Hierro und Roberto Carlos gegen Rosenborg Trondheim. In der 38. Minute traf er, brachte Real mit 2:1 in Führung. Am Ende gewannen die Madrilenen mit 4:1. Es blieb Zé Robertos einziger Treffer für die Königlichen und sein Minibeitrag zum späteren Champions-League-Triumph. „Ja, bei meinen anderen Klubs habe ich eine deutlich bessere Torquote, weil ich überall mehr Zeit verbracht habe als bei Real Madrid. Ich war ja nur neun oder zehn Monate dort. Das Tor ist aber trotzdem ganz speziell. Es können nicht viele Menschen von sich behaupten, bei so einem wichtigen Klub überhaupt gespielt zu haben. Ich kann es. Und ich kann sogar sagen: ‚Ich habe für Real Madrid ein Tor geschossen.' Deshalb trage ich dieses Tor und diese Zeit für immer in meinem Herzen."

Mesut Özil kennt den außergewöhnlichen Moment, wenn man erstmals das Trikot von Real Madrid überstreift. „Wenn du es zum ersten Mal anziehst, überkommt dich ein Schauer. Ich habe mich sogar ein bisschen erschrocken, wie stark es mich überwältigt hat." Bevor es bei ihm allerdings überhaupt so weit war, bevor er sich für Madrid entschied, gingen unzählige Gedanken durch seinen Kopf – vor allem wegen der ungeheuren Konkurrenz, gegen die er sich bei den Königlichen behaupten musste. „Auf meiner Position spielte da nun mal Kaká." Er wiederholt den Namen. Für seine Verhältnisse, Özil redet sehr leise, schreit er fast: „K-A-K-Á." Er gehe ja nicht nur zu einem Verein, „um dort unter Vertrag zu stehen. Ich wollte zu Real, um zu spielen. Aber da stand Kaká im Weg, der Weltfußballer."

Özil brauchte Zeit, flog in den Urlaub nach Mallorca. Dort wägte er alle Vor- und Nachteile eines Transfers ab. „Natürlich habe ich mich auch mit dem Thema Scheitern auseinandergesetzt. Es wäre ja naiv, wenn ich das nicht gemacht hätte. Als junger Spieler ist es doch so: Es reicht nicht, ein gutes Spiel zu zeigen. Mit dem Abpfiff bedeutet deine Leistung nichts mehr. Zehn gute Spiele sind so schnell vergessen heutzutage. Als Fußballer hast du keinen Leistungskredit. Ein schlechtes Spiel – dann bist du weg. Dann geht es wieder bei null los. Ich wusste: *Ein* schlechtes Spiel, dann spielt Kaká."

Real schwirrte in seinem Kopf umher: der Glanz des weißen Trikots, die großartigen Spieler, die diesen Verein geprägt haben. Er könnte ein weiterer werden, er könnte Spuren hinterlassen – oder scheitern. Sehr selbstreflektiert setzte sich Özil mit Chancen und Risiken auseinander. „So eine Entscheidung darf man nicht blind und spontan treffen. So eine Entscheidung muss schon gut überlegt sein. Ich war ja gegenüber den anderen Real-Spielern ein No-Name, ein Niemand. Ich war ein talentierter junger Spieler, der sich bei der Weltmeisterschaft 2010 gezeigt hat. Ich habe mich bis dahin ja nie auf der ganz großen Bühne beweisen können."

Anfang August traf sich Özil in Madrid mit Mourinho. „Entscheidend für mich war, ob ich wirklich eine reelle Chance bei Real haben würde. Wie José Mourinho mit mir plant. Ob er mir ein gutes Gefühl geben kann. Deshalb hatten wir ein langes Gespräch. Vor dem Gespräch war ich zwar von Real angetan, hatte aber auch gehörigen Respekt. Mourinho hat mich überzeugt. Im Gespräch hat er mir die Angst genommen, dass der Schritt zu groß sein könnte. Ich habe danach das Gefühl gehabt, dass ich zu diesem Trainer passe, dass der Trainer zu mir passt. Ich habe das Gespräch zwei Tage sacken lassen, habe mir zwei Tage Bedenkzeit erbeten."

Schon vorher und auch hinterher flogen zwischen Mesut Özil und Sami Khedira, der bereits als Neuzugang von Real Madrid feststand, die Textnachrichten nur so hin und her. Khedira erinnert sich: „Mesut meldete sich bei mir und löcherte mich per SMS, wie es denn in Madrid so sei. Ehrlich gesagt war ich selbst noch ziemlich damit beschäftigt, die Größe des Vereins, diese wahnsinnige Anziehungskraft für Fans und Medien, zu verarbeiten. ‚Der Verein ist wirklich groß', schrieb ich ihm. ‚Ein riesiger Schritt.' Ich schrieb aber auch, dass, wenn José Mourinho einen wollte, einem dies ‚absolute Sicherheit' geben würde. ‚Wenn Mourinho dich will, wird er dich fördern. Er gibt mir jeden Tag das Gefühl, wichtig zu sein.'"

Khediras Antworten bestärkten Özil noch mehr, sodass er zu einem Entschluss kam: „Dann habe ich meinem Berater gesagt: ‚Du kannst alle anderen Angebote absagen. Ich gehe zu Real. Ich gehe zu Mourinho.'"

Als Özil dort ankam, merkte er erst, was es heißt, ein Königlicher zu sein. „Ich habe gewusst, dass Real Madrid einer der größten Vereine der Welt ist. Aber man macht sich davon ja keine Vorstellung, was das heißt. Man muss Real spüren. Jeder redet von der großen Geschichte. Aber das sind nur Worte. Die wahre Größe begreift man erst, wenn man Teil dieses Monsters ist, dieses monströsen Vereins, der dich verschlingen kann. Bei der Weltmeisterschaft in Südafrika waren 20 Fans vor unserem Mannschaftshotel. Sobald wir mit Real Madrid unterwegs waren, wurden wir von Tausenden Fans belagert. Ich war überrascht von dem Hype, den Madrid auslöst. Das zeigt diese Wertschätzung, die Real auf der ganzen Welt erfährt. Kein Verein macht die Menschen so verrückt wie Real Madrid.“

Und kein Verein verlangt so viel von seinen Stars. „Ich habe bei Madrid gelernt, was es heißt, erfolgsbesessen zu sein“, sagt Özil. „In Madrid laufen nur Menschen rum, die niemals verlieren wollen. Die sind wahnsinnig. Die tun alles für den Erfolg. Da lehnt sich niemand auch nur einen Tag zurück. Ich habe mir von Ramos und Ronaldo abgeschaut, was wirklicher Wille ist. Wie man sich quälen kann. Wehe, Ronaldo hat beim Torschusstraining mal nicht getroffen. Dann hat der schlechte Laune bekommen. Der hat sich geärgert, wenn ein Übersteiger nicht geklappt hat. Bei Real Madrid will jeder immer Erfolg. Da brennt jeder für den Sieg. Da gibt es nicht nur 80 Prozent Einsatz. Da gibt es kein Training mit angezogener Handbremse. Dort sind die erfolgsbesessensten Fußballer der Welt versammelt und pushen sich gegenseitig.“

Özil gewöhnt sich an Madrid, den Druck, die Erwartungshaltung, das perfekte Umfeld. Er wird Stammspieler, wird zwischenzeitlich als „Prinz vom Bernabéu“ verehrt. In der Kabine sitzt er zwischen Marcelo und Benzema. Zwischen 2010 und 2013 macht er 159 Spiele, schießt 27 Tore, bereitet 81 vor. „Ich war drei Jahre in Folge der beste Torvorlagengeber." Dann kommt Gareth Bale für 100 Millionen Euro von Tottenham, für Özil gibt es offenbar keinen Platz mehr. Es macht den Anschein, als habe Florentino Pérez einen neuen Artisten für seinen Zirkus gefunden, der Özil ersetzt, dass die Attraktion Bale Özil von jetzt auf gleich überflüssig mache.

Tatsächlich aber war ein Disput zwischen Özils Vater Mustafa und Präsident Pérez der Grund, dass Özil Madrid verließ. Nach drei Jahren verhandelte der Vater, der Özil inzwischen als Berater vertrat, wegen einer vorzeitigen Vertragsverlängerung mit dem königlichen Big Boss, natürlich zu verbesserten Konditionen. „Der Grund, warum mein Vater mehr Gehalt für meine vorzeitige Vertragsverlängerung bei Real Madrid gefordert hat, ist ganz einfach: weil es um Wertschätzung geht. Wie in jedem normalen Job auch. Wenn jemand gute Leistung bringt, soll er auch entsprechend entlohnt werden. Wenn sich ein Auszubildender durch Fleiß, Ehrgeiz und Sonderschichten zu einer Fachkraft entwickelt, die einen Betrieb weiterbringt, hat er es verdient, dass sein Gehalt angehoben wird. Wenn ein Fußballer reifer wird, sich taktisch verbessert und dazu beiträgt, dass die Dominanz der Übermannschaft Barcelona gebrochen wird, wenn er zudem permanent auf höchstem Niveau spielt, dann kann es nicht sein, dass er nach wie vor wie ein Neuling bezahlt wird. Eine Vertragsverlängerung muss für beide Seiten lohnenswert sein, das war die Botschaft, die mein Vater Florentino Pérez überbringen sollte. Das war unsere Ausgangsposition für die Verhandlungen und nichts anderes. Es ging nicht um Gier. Es ging lediglich um eine gerechte Bezahlung."

Doch Wertschätzung spürten die Özils beim ersten unterbreiteten Angebot nicht. „Daraus mache ich Real überhaupt keinen Vorwurf. Es gehört dazu, in dieser Verhandlungsphase unterschiedliche Ansichten zu haben und sich dann im Laufe weiterer Gespräche anzunähern. Einer gibt etwas nach, der andere packt etwas drauf – bis beide glücklich sind."

Doch anstatt sich anzunähern und glücklich zu werden gerieten Mustafa Özil und Pérez im Laufe der Verhandlungen aneinander. Es lag wohl auch daran, dass der Fußballer-Vater noch nicht so weit war, um als Berater auf Augenhöhe mit dem großen Manager zu verhandeln. „Die Situation war aber für meinen Vater neu. Er bewegte sich plötzlich auf einem Gebiet, auf dem er nicht, wie erhofft, Profi war, der für alle Situationen die perfekte Lösung parat hatte. Er hatte noch nicht Dutzende Verhandlungen mit den größten Vereinsmanagern geführt und dementsprechend fehlte ihm, das muss man im Nachhinein ehrlich zugeben, die Abgeklärtheit, angemessen mit so einem provokanten Angebot umzugehen. Deshalb bewahrte er auch leider keinen so kühlen Kopf, wie es wahrscheinlich wichtig gewesen wäre", gibt Özil heute zu und erklärt weiter, was aus seiner Sicht schiefgegangen ist: „Mein Vater kann ein furchtbarer Sturkopf sein. Manchmal ist das gut. Gegenüber einem Mann wie Florentino Pérez, der erwartet, dass die Menschen nach seiner Pfeife tanzen, war Sturheit aber nicht angebracht. Und es war schon gar nicht richtig, dass mein Vater wutschnaubend das Büro verließ und die Tür zu Pérez' Geschäftszimmer hinter sich laut krachend ins Schloss warf. Mit diesem Auftritt schüchterte er den königlichen Macher nicht ein, sondern forderte ihn nur heraus, sodass nun zwei Sturköpfe auf Betriebstemperatur waren. Jeder wollte dem anderen zeigen – so jedenfalls meine Wahrnehmung –, wer der Stärkere ist."

Anfangs war Mesut Özil überzeugt, dass das Sturkopf-Duell nur von sehr kurzer Dauer sein würde, dass die beiden sich so schnell, wie sie aneinandergeraten waren, auch wieder versöhnen würden. Schließlich wollten eigentlich beide Parteien das Gleiche: eine Verlängerung des Vertrags. „Ich konnte nicht ahnen, dass das Sturkopf-Duell kein kleines Geplänkel mehr unter Männern, sondern inzwischen derart festgefahren war, dass es tatsächlich Konsequenzen für mich hatte. Bei dem Big Boss meines Vereins war ich in Ungnade gefallen, obwohl ich nichts gemacht hatte. Mir drohte ein Platz auf der Tribüne. Plötzlich musste ich handeln, im Sinne meiner Karriere. Nicht mehr zu spielen kam überhaupt nicht infrage – vor allem, wenn diese Entscheidung nicht auf Leistungskriterien beruhen würde."

Deshalb ging Özil nach London, zunächst schweren Herzens: „Tatsächlich stellte mein Wechsel von Real Madrid zu Arsenal London die schwerste Entscheidung meines Lebens dar. Als ich Bremen verließ, wusste ich zu einhundert Prozent, dass der Schritt richtig war. Die Mission Werder war abgeschlossen. Doch nun stand ich kurz davor, eine Stadt zu verlassen, in der ich mich unglaublich wohlfühlte. Ich liebte es, ins Bernabéu einzulaufen. Ich liebte es, wenn ich mein königliches Trikot überstreifen durfte. Ich hatte das Gefühl, von den Fans getragen zu werden. Und vor allem fühlte ich, dass meine Mission ganz und gar nicht abgeschlossen war. In meinem Kopf steckte eigentlich noch der Wunsch, mit Real Champions-League-Sieger zu werden. Und ich wollte mithilfe meiner Mitspieler von Real Madrid zum Weltfußballer aufsteigen. Die Reise mit Real war noch nicht am Ende. Aber ich wollte partout nicht wie eine ins Trudeln geratene Rakete durch das spanische Fußballuniversum irren und dabei womöglich abstürzen."

Also ging Özil, der erfahren musste: „Wenn du Real Madrid verlässt, merkst du erst, was diesen Klub so besonders macht. Du gewöhnst dich ja auch schnell an gewisse Dinge. Wenn du mehrere Jahre bei Real bist, kommt dir das Drumherum irgendwann schon fast normal vor. Wenn du dann aber von Real Madrid weggehst, musst du dich erst mal daran gewöhnen, dass alles wieder eine Nummer kleiner ist – mindestens eine Nummer."

Nuri Sahin weiß nur zu gut, was Mesut Özil meint. Auch er war bei Real Madrid, unterschrieb im Sommer 2011 einen 6-Jahres-Vertrag. Es hätte alles perfekt für ihn werden können, ein königlicher Traum. Doch es wurde ein sportlicher Albtraum, wie er schlimmer nicht hätte sein können.

Sein Abenteuer, welches er voller Vorfreude anging, fing mit einer ersten Ernüchterung an – über das Trikot. Wie alle seine Vorgänger freute er sich auf seinen neuen Dress, dieses besondere Stück Stoff, dieses Trikot aller Trikots. Doch als er das neu designte Exemplar sah, löste es zunächst überhaupt keine Begeisterung bei ihm aus. „Die hatten so komische goldene Streifen", erinnert sich Sahin, „und einen Kragen, der einfach nur hässlich war. Ich hatte davon geträumt, ein klassisches, weißes Trikot anzuziehen. Und stattdessen bekam ich eines, das mich entsetzte." Beinahe widerwillig zog der Neu-Madrilene es an. „Und von einer auf die nächste Sekunde war mein Entsetzen wie weggewischt. Ab dem Moment, als ich drinsteckte, dachte ich, ich würde schweben. ,Junge, irgendwas hast du in deinem Leben richtig gemacht', habe ich mir gesagt."

Als Sahin wenig später, mit Klamotten und Schuhkartons bepackt, aus der Kabine der Königlichen ins Freien treten wollte, rannte er beinahe Zinédine Zidane über den Haufen. „Ich war beladen wie ein Packesel. Mit dem Rücken und Hintern voran drückte ich die Tür auf. Als ich mich umdrehte, stand ER vor mir. Eigentlich bin ich niemand, der nervös wird. Es gibt auch kaum Menschen, für die ich wirklich schwärme. Aber diese unerwartete Begegnung mit Zinédine Zidane haute mich völlig um. Von ihm hatte ich als Kind geträumt. Über ihn habe ich als Jugendlicher Bücher und Zeitungsartikel verschlungen. Einmal war ich in Dortmund bei einem Spiel als Balljunge, bei dem Zidane über den Rasen schwebte. Ich habe nur ihn beobachtet – und quasi nichts vom Spiel mitbekommen. Und nun stand er wie aus dem Nichts vor mir und begrüßte mich. Ich stand vor ihm wie ein Schulkind."

Sahin fehlten die Worte. Sein Mund war trocken, zu trocken zum Sprechen. Erst nach wenigen Sekunden hatte er sich gesammelt. Hektisch schaute er nach links und nach rechts auf der Suche nach einem Platz, um seine Sachen abzustellen. Erst dann schüttelte er dem einstigen Idol die Hand und fand die Sprache wieder.

Wenige Tage später flog Sahin mit Real zur Vorbereitung nach Amerika, seine erste Trainingseinheit überhaupt mit den Königlichen. Trainer José Mourinho ließ viel im konditionellen Bereich arbeiten, aber immer mit Ball. Mourinho war zufrieden mit Sahins erstem Auftritt. Das schrieb er dessen Berater Reza Fazeli auch per SMS.

Doch Zeit, sich darüber zu freuen, hatte Sahin nicht. Denn gleich in der zweiten Trainingseinheit, die nachmittags stattfand, verletzte er sich. Er verdrehte sich das Knie, eine schmerzhafte Bänderdehnung. Schnell wurde klar, dass es nicht mit einer kürzeren Pause getan wäre, sondern dass er gleich mehrere Wochen ausfallen würde. „Wenn man irgendwo neu ankommt, holt man sich Respekt durch Leistung. Das ist überall so, bei jeder Mannschaft auf der Welt. Du kannst noch so nett sein, noch so lustig, noch so sympathisch – das ist alles zweitrangig. In einer Fußballmannschaft zählt nur ein Aufnahmekriterium. Du wirst nur akzeptiert, wenn du Leistung bringst. Dieses Gesetz gilt in jeder Kabine. Und genau dieser Chance wurde ich nun beraubt." Sahin war am Boden zerstört. „Ich hatte nicht mal die Chance, Teil dieser geilen Mannschaft zu werden." In der folgenden Nacht schlief er schlecht. Wie oft hatte er sich zuvor im Geiste die ersten Tage mit den neuen Kollegen in den buntesten Bildern ausgemalt! Er war so motiviert, so begeistert. „Doch statt mich über den ersten Tag zu freuen, war es ein Albtraum", gibt Sahin zu.

Auch anschließend konnte er kaum Kontakt zu den Real-Stars knüpfen. „Weil unsere Trainingszeiten völlig unterschiedlich waren. Ich habe trainiert, wenn die anderen mit ihren Einheiten fertig und die Physiotherapeuten frei waren. Wir haben also komplett zeitversetzt geschuftet. Da war es nicht besonders einfach, sich wenigstens menschlich näherzukommen. Es war superschwer, sich zu beschnuppern."

Das erste Ligaspiel der Saison absolvierte Madrid bei Real Saragossa. Anschließend spielten die Königlichen daheim gegen Getafe. Sahin saß auf der Tribüne und sah seinen Mannschaftskollegen zu, wie sie den zweiten Sieg holten. „Das war Folter für mich, mit Schmerzen auf der Tribüne zu hocken und nichts tun zu können. Am liebsten hätte ich mich irgendwo verkrochen."

Nach elf verpassten Ligaspielen und vier Champions-League-Begegnungen wurde Sahin Anfang November 23 Minuten vor dem Ende gegen Osasuna gebracht. Erst im April des nächsten Jahres war er allerdings so weit, von Beginn an zu spielen. Gegen Sporting Gijón stand Sahin in der Startelf. „Ich sah vor dem Anpfiff zu meinem Bruder hinauf, der auf der Tribüne hockte, und strahlte ihn an. Zum ersten Mal von Beginn an im Estadio Bernabéu – das war der Moment, in dem ich ein Königlicher wurde", sagt Sahin.

Doch die Freude wurde schnell getrübt. Nachdem Sergio Ramos der Ball im eigenen Strafraum an die Hand gesprungen war, gab es Elfmeter für Gijón, den Miguel de las Cuevas verwandelte. Real lag daheim hinten. Sahin konnte es gar nicht fassen. Jetzt spielte er endlich von Beginn an und nun musste er mit seinem Team auch noch einem Rückstand hinterherrennen.

Sieben Minuten später glich Madrid allerdings schon wieder aus. Gonzalo Higuaín köpfte eine Flanke von Ramos ins Tor. Dann, kurz vor der Halbzeit, bekam Real einen Freistoß zugesprochen. Ronaldo legte sich den Ball bereit, als Sahin all seinen Mut zusammennahm und ihn fragte, ob er schießen dürfe. Der Superstar hatte nichts dagegen und machte Sahin Platz. „Ich dachte mir nur, dass der jetzt auf jeden Fall reingehen muss." Der Ex-Dortmunder nahm Anlauf, hob den Ball mit viel Gefühl über die gegnerische Mauer. Langsam senkte er sich – und krachte, nur Zentimeter zu hoch, gegen die Latte.

Wenig später pfiff der Schiedsrichter die erste Halbzeit ab. Als Sahin in die Kabine kam, war Mourinho bereits dort. „Nuri, du gehst raus", sagte er knallhart. „Wir bringen Benzema." Keine Begründung. Keine weitere Erklärung. Nichts. Sahin konnte es nicht fassen. „Ich war gut. Ich war doch voll im Spiel drin. Will der mich verarschen?", fragte er sich. Ronaldo bedeutete ihm mit Blicken und dezenten Gesten, ruhig zu bleiben und die Entscheidung hinzunehmen.

Ehe er sich weiter den Kopf zerbrechen konnte, riss ihn Mourinho aus seinen Gedanken. „Mit einem Mal stand er am Kühlschrank und zog die

Tür auf. Es schepperte und klirrte unheimlich. Er griff nach einer Powerade-Flasche und warf sie auf den Boden. Dann hockte er sich daneben und stellte mit den Flaschen unser System nach. Wir hatten mit einem 4-2-3-1 begonnen. Nun wollte er mit nur einem Defensiven vor der Viererkette spielen und stattdessen mit zwei Stürmern angreifen." Völlig überdreht schob Mourinho auf dem Boden hockend die Flaschen hin und her. Er erklärte Ángel Di María, der ebenfalls eingewechselt wurde, wie er zu laufen hatte. Dann bekam Benzema eine Erklärung für die gewünschten Laufwege. „Obwohl ich frustriert und enttäuscht war und eigentlich beschlossen hatte, sauer auf Mourinho zu sein, flashte er mich mit dieser Art von Halbzeitansprache total", gibt Sahin zu. „Das war so plakativ, so ehrlich, so lebendig, so willensstark, wie er da im Anzug hockte, mit der puren Lust auf eine geile zweite Hälfte."

Madrid gewann mit 3:1. Der eingewechselte Ángel Di María bereitete das 2:1 vor, Benzema, der für Sahin gekommen war, traf zum 3:1. Nach dem Spiel kam Mourinho zu Sahin und sagte: „Du hast eigentlich gut gespielt. Aber ich musste dich opfern. Der zweite Stürmer war wichtig."

Dann verletzte sich Sahin wieder. Insgesamt musste er drei große Rückschläge hinnehmen. „Das kannte ich vorher nicht. Ich hatte mir während meiner Zeit bei Dortmund einmal einen Teilriss des Innenbands zugezogen. Da haben mir die Ärzte vom ersten Tag an ein gutes Gefühl gegeben und mir war klar, dass es irgendwann wieder vollständig verheilt sein würde. Doch bei Madrid jagte ein Rückschlag den nächsten. Das hat mich mental kaputt gemacht."

Als Sahin erstmals bei den Ärzten von Real Madrid vorstellig wurde, waren sie für ihn noch keine Vertrauenspersonen. „Ich kannte die ja gar nicht. Und die kannten meinen Körper auch überhaupt nicht. Zudem", so muss Sahin ganz ehrlich zugeben, „waren die Standards bei den spanischen Ärzten auch nicht mit denen aus Deutschland zu vergleichen. Aber ich konnte ja nicht als Neuling sagen: ‚Mit denen arbeite ich nicht. Ich vertraue nur meinen deutschen Ärzten.' Das wäre eine Ansage gewesen, die ich nicht hätte bringen können." Wahrscheinlich wäre es aber besser gewesen, sie zu bringen. „Ich hätte zu Dr. Braun fliegen müssen, nach Dortmund, und zu meinem Physio, der mich, seit ich 16 Jahre bin, betreut. Die sind wie Familie. Da hätte ich mich im Nachhinein besser aufgehoben gefühlt."

Am Ende blieb Sahin keine sechs Jahre in Madrid. Er spielte lediglich viermal in der Liga, viermal in der Champions League und durfte zweimal in der Copa del Rey auflaufen: 641 Spielminuten im Trikot der Königlichen, etwas mehr als zehn Stunden. „Es hat mich fertiggemacht, dass ich kaum den wahren Nuri zeigen konnte."

Sahin hat Verständnis für alle Kritiker, die seine Zeit in Madrid allenfalls müde belächeln. „Es ist selbstverständlich, dass niemand meine Zeit in Madrid als Erfolg bewertet – sportlich gesehen. Dazu sind die Fakten auch zu klar. Aber: Ich hoffe, dass alle Kritiker nachvollziehen können, warum ich damals den Schritt von Dortmund weg gewagt habe. Dass die Leute verstehen, warum ich das Angebot angenommen habe. Ich habe Dortmund und Jürgen Klopp geliebt. Eigentlich wollte ich beide für nichts auf der Welt aufgeben. Aber ich musste Real Madrid ausprobieren. Ich hätte es mir nicht verziehen, hätte ich es nicht probiert. Real ist der Nabel der Fußballwelt. Wie viele Menschen haben für diesen Verein gespielt? Ich schon! Mir kann niemand den Moment nehmen, als ich im Bernabéu eingelaufen bin. Ich wollte als Kind unbedingt dieses Trikot anziehen. Ich habe so oft vor diesem Fantrikot gestanden und wollte es kaufen. Letztlich musste ich es nicht kaufen. Es war mein Vereinstrikot. Dem Kind in mir haben diese zehn Spiele eine Wahnsinns-Befriedigung gegeben. Mein Fußballer-Traum wurde wahr. Das Kind in mir ist zu 100 Prozent befriedigt."

# KAPITEL 27

# DIE AUSSERGEWÖHNLICHE
## STRAHLKRAFT VON MADRID

anchmal lohnt es sich, aus ganz ungewöhnlichen Blickwinkeln auf Real Madrid zu schauen. Denn erst dann zeigt sich, welch außergewöhnlichen Stellenwert der Verein hat.
106 Jahre lang hatte Schalke 04 nichts, aber auch wirklich gar nichts mit Real Madrid zu tun gehabt – und dann holte es im Sommer 2010 eine der größten Real-Legenden. „Raúl war unser strahlendster Transfer überhaupt", kommentiert Clemens Tönnies, der Schalke-Boss, den Sensationsdeal 2010. „Die Raúl-Verpflichtung hat viel für das Selbstwertgefühl von Schalke getan. Die Tatsache, dass ein Spieler seiner Klasse von den Königlichen zum Kumpel-und-Malocher-Klub gegangen ist, hat Schalke einen erheblichen Imagegewinn beschert. Er hat uns – wenn man es ganz pathetisch ausdrücken will – ein bisschen königlichen Glanz verliehen." Felix Magath, damals Schalker Trainer, gesteht: „Für jeden Spieler, der bei Real Madrid gespielt hat, ist jeder andere Verein ein Abstieg. Wir konnten Raúl nichts Gleichwertiges bieten." Und er schwärmt ebenfalls: „Es war ein Transfer für die ganze Liga, eine Auszeichnung für Deutschland."

Raúl ist der Vorzeigekönigliche schlechthin. Laut Florentino Pérez hat er „Reals Legende maßgeblich geformt". Als Jesús Gil y Gil, Präsident von Atlético Madrid, 1992 beschloss, die Jugendabteilung wegen Geldsorgen zu schließen, obwohl diese gerade Meister mit ihrer U15 geworden war, sicherte sich Real Madrid den 14 Jahre alten Raúl. Drei Jahre später berief Jorge Valdano den 17-Jährigen erstmals in den Profikader der Königlichen. Als Raúl es seiner Familie beim Mittagessen mitteilte, zitterte der Vater so sehr, dass er die Suppe kaum mit dem Löffel zum Mund führen konnte. Dieser Moment, so erzählt Raúl noch Jahre später, sei der schönste seiner Karriere gewesen.

Im ersten Spiel, gegen Real Saragossa, wurde er für den legendären Emilio Butragueño eingewechselt. Jünger war in der langen Vereinsgeschichte von Madrid bis dato niemand bei seinem Debüt gewesen. Dreimal schoss Raúl am leeren Tor vorbei. „Eine Woche haben mich die Kritiker nur beleidigt", erinnert sich Valdano, der Raúl im nächsten Spiel wieder brachte. Dieses Mal verzückte er alle. 740 Pflichtspiele absolvierte Raúl insgesamt für die Königlichen, trug das Trikot mit der Nummer 7 noch eleganter, als Butragueño es jemals tat. Sie nannten ihn „El Ángel de Madrid", den „Engel von Madrid". „Er rennt allem nach, was sich bewegt. Er ruht sich erst aus, wenn er sein Ziel erreicht hat: den Sieg. Er brennt auf gigantische Herausforderungen und hat die Gene eines Gewinners", schwärmte sein Entdecker Valdano. Aus Dankbarkeit darüber, ihm vertraut und ihn in der ersten Mannschaft Madrids etabliert zu haben, gab Raúl seinem erstgeborenen Sohn den Namen seines Förderers – Jorge. Auch zwei weitere Söhne – Raúl hat vier – sind nach ehemaligen Real-Stars benannt: Hugo Sánchez und Héctor Rial.

Für Pelé ist Raúl „technisch so begabt wie ein Brasilianer". Und Sir Alex Ferguson sagte nach einem Spiel gegen den Engel der Königlichen schlicht: „Ich bin stolz, dem besten Fußballspieler der Welt begegnet zu sein."

Dreimal gewinnt er mit Real Madrid die Champions League, sechsmal die Meisterschaft, zweimal den Weltpokal. Mit 71 Treffern ist er lange Zeit Madrids Rekordtorschütze in der Champions League. Dann landet er auf Schalke. Dies geschah aber nicht, weil man auf Schalke plötzlich überlegt hat: „Komm, lass uns mal den Raúl holen", sondern aufgrund einer unglaublichen Verkettung diverser Umstände. Anders wäre ein Ex-König auf Schalke auch nicht denkbar gewesen.

Es war ein Deal, auf den Trainer Magath selber nie gekommen wäre. Die Kausalkette, die Raúl auf Schalke ermöglicht hat, ist folgende: Weil

Christoph Metzelder verletzt war, fuhr er zur Reha zu Professor Bernhard Segesser nach Basel. Weil auch Bernd Hollerbach verletzt war und ebenfalls dort behandelt wurde, lernten sich die beiden kennen und schätzen. Hollerbach wurde nach seiner aktiven Karriere Co-Trainer von Felix Magath. So konnte er seinem Chef vorschlagen, Metzelder zu verpflichten. Und weil dieser zu Wolfsburg sollte, aber dann auf Schalke landete, konnte Metzelder Magath vorschlagen, Raúl zu verpflichten – vier Zufälle, die zum Königstransfer des Malocher-Klubs geführt haben.

Metzelder erklärt: „Bernd Hollerbach habe ich viele Jahre zuvor in der Reha bei Professor Segesser in Basel kennengelernt. Da war er noch Spieler. Irgendwann wechselte er in den Trainerbereich, wurde Assistent von Felix Magath. Dann rief er mich an, da waren sie gerade beide mit Wolfsburg auf Meisterschaftskurs. Ich war in meinem zweiten Jahr bei Real Madrid. Weil Wolfsburg das Wintertrainingslager in Spanien absolvierte, trafen wir uns im Januar in Madrid und sprachen darüber, ob ich zu Wolfsburg wechseln wolle. Damals war ich aber noch skeptisch, ob es richtig wäre, Madrid zu verlassen. Bernd Schuster war gerade gefeuert worden, Juande Ramos, unter dem ich deutlich mehr spielte, erst seit kurzer Zeit im Amt. Ich hatte eigentlich nicht vor, aus Madrid zu flüchten. Ich wollte mein letztes Jahr in Madrid noch machen. Doch so konkret wurden meine Verhandlungen in dem Moment mit Magath ohnehin nicht. Unser Kontakt brach sogar kurzfristig ab – was ich mir anfangs nicht erklären konnte. Erst als bekannt wurde, dass Magath sich selbst veränderte, Wolfsburg verließ und zu Schalke ging, verstand ich, warum ich nach dem anfänglichen Interesse plötzlich nichts mehr von ihm hörte."

Wolfsburg wurde mit Magath und Hollerbach Meister, Metzelder mit Real Zweiter. Magath und Hollerbach wechselten zu Schalke 04, Metzelder bekam mit Manuel Pellegrini wieder einen neuen Trainer. „Im Herbst rief Felix dann wieder bei mir an und fragte: ‚Kannst du dir vorstellen, nach Schalke zu kommen?'" Wieder trafen sie sich, dieses Mal im Januar 2010. Magath war mit seinen Schalkern in Cádiz. Nahe Gibraltar bereiteten sich die Gelsenkirchener im Luxushotel Barrosa Palace auf die Rückrunde vor. 670 Kilometer sind es bis Madrid. Magath stieg in den Zug, fuhr heimlich viereinhalb Stunden ins Landesinnere. Ab hier weichen die Erzählungen von Metzelder und Magath leicht voneinander ab.

Die Version von Magath lautet: „Dort haben wir uns mündlich geeinigt, dass Christoph im Sommer nach Schalke kommt. Am Ende des Gesprächs, als wir alles besprochen hatten, fragte er mich dann, ob wir auch einer Verpflichtung von Raúl offen gegenüberstehen würden. Ich habe ihn nur entgeistert angeschaut und gefragt: ‚Was soll denn Raúl in Gelsenkirchen?'" Metzelder habe ihm verraten, dass der Real-Stürmer sehr unzufrieden in Madrid sei. Seine Zeit als königlicher Stammspieler sei vorbei. „Er will noch mal spielen, denkt über einen Wechsel nach", so Metzelder.

Auf der Rückfahrt nach Cádiz ist Magath tief in Gedanken versunken. Während der Alta Velocidad Española, der spanische Hochgeschwindigkeitszug, an Toledo vorbei nach Córdoba rauscht, stellt er sich Dutzende Fragen und beantwortet sie sich selber.

„Wohin kann ein Raúl gehen, wenn er sich noch in der Lage fühlt, zu spielen, aber keine Rolle mehr bei Madrid spielt?"

„Er kann natürlich nach Amerika oder in die Emirate gehen!"

„Spanien scheidet aus. Er kann schließlich nicht Real verlassen und einfach so für irgendeinen anderen spanischen Klub antreten. Undenkbar!"

„Ob er der Typ für England ist? Ich glaube nicht."

„Italien ist auch nicht mehr so reizvoll, wie es mal war."

„Auf hohem Niveau bleibt eigentlich nur Deutschland."

„Technisch muss man sich bei einem Raúl überhaupt keine Sorgen machen. Der kann alles. Aber wie steht es um seine Kondition? Er war ja schon länger raus. Das könnte ein Problem sein."

Während der Rückreise habe er sich immer mehr mit dem Gedanken angefreundet und Metzelder wenig später mitgeteilt, dass er sich, wenn Raúl sportlich tatsächlich noch mal angreifen wolle, ihn gut auf Schalke vorstellen könne. „Als ich in den Zug gestiegen bin, war es ein Hirngespinst", sagt Magath. „Beim Aussteigen fand ich die Idee gut. Aber ich habe Christoph auch gesagt, dass ich nicht glaube, dass wir ihn irgendwie bezahlen können."

In der Erinnerung von Metzelder war der Ablauf folgender: „Nachdem Felix und ich über meinen Wechsel klar waren, erzählte er mir, dass Kevin Kuranyi Schalke sehr wahrscheinlich verlassen werde, wohl Richtung

Russland. Er fragte mich, ob ich eine Idee habe, welcher Spieler ihn ersetzen könne. Ob es einen Spanier gebe, der Schalke weiterhelfen könne? Da musste ich erst einmal schmunzeln, weil die Preise in Spanien extrem hoch waren. Das sagte ich ihm auch deutlich. ‚Ihr könnt von Real Madrid eigentlich keinen bezahlen. Aber es gibt einen, der bei mir in der Mannschaft unzufrieden ist: Raúl! Der hat unter Pellegrini gar keine Lust mehr, wird von ihm phasenweise gedemütigt. Der wechselt ihn permanent erst ab der 70. Minute ein. Ich glaube nicht, dass sich so ein Spieler, so eine Ikone, das noch lange bieten lässt. Der wäre theoretisch zu haben.‘ Was mich dann total überrascht hatte, war, dass Felix sagte: ‚Ja, frag ihn mal, ob er sich vorstellen könnte, zu Schalke zu kommen.‘ Ich bin dann zurück, habe Raúl am nächsten Tag nach dem Training im Kraftraum angesprochen. ‚Ich gehe nächstes Jahr zu Schalke, kannst du dir das auch vorstellen?‘ Tatsächlich konnte er. Durch die Weltmeisterschaft 2006 kannte er viele Stadien in Deutschland, er wusste über das Land Bescheid und meinte nur zu mir: ‚Lass mich mal etwas nachdenken.‘“

Raúl ist bereit, sich mit Magath zu treffen. Er will den Mann kennenlernen, der ihm womöglich eine neue Perspektive bieten kann. Also reist Magath wieder nach Madrid. Nun sind die Erinnerungen von Magath und Metzelder wieder deckungsgleich.

Das Restaurant, das Raúl für das Treffen vorgeschlagen hat, ist eigentlich nur abends geöffnet. „Mittags war da kein Mensch außer uns“, sagt Magath, der Metzelder bittet, beim Gespräch dabei zu sein. „Ich habe so wenige Spanischkenntnisse, dass es für das Bestellen eines Kaffees reicht, eventuell auch noch für ein Stück Fleisch, aber nicht um ein gutes Gespräch über Fußball zu führen. Deshalb war Metzelder auch dabei. Der musste das Fußballspezifische dolmetschen.“

Metzelder kommt extra aus seinem Urlaub eingeflogen. „Ich hatte mir morgens beim Kaugummikauen am Flughafen den halben Zahn abgebrochen und musste deshalb unseren Mannschaftsarzt von Madrid anrufen, damit der mir noch schnell einen Termin beim Zahnarzt besorgt. Er hat sich ein bisschen gewundert, dass ich zu der Zeit in Madrid war, hat es zum Glück aber nicht weiter hinterfragt.“ Das Treffen selbst sei, so Metzelder, „eine sensible Situation“ gewesen. „Wenn Raúl in ein Restaurant geht, stehen beim Verlassen immer Fotografen vor der Tür. Das ist bei jedem Real-Spieler so. Sobald die irgendwo aufkreuzen, informiert irgendjemand die Medien und dann geht der Trubel los. Das wäre in unserem Fall überhaupt nicht gut gewesen. Dazu war die Situation noch zu vertraulich."

Manchmal richtet sich Magath im Gespräch auch direkt an Raúl, dann auf Englisch. „Wir haben nicht über Zahlen gesprochen, sondern lediglich, wie eine mögliche Zusammenarbeit aussehen kann. Da ich ja nicht nur Sportvorstand war, sondern auch Trainer, konnte ich ihm das auch sehr gut beantworten, meine Vorstellungen von der Zusammenarbeit darlegen." Magath verspricht Raúl zudem, dass er, wenn er kommt, „sich zu einhundert Prozent darauf verlassen kann", dass Magath „alles dafür tun werde, ihm die richtige Wertschätzung zukommen zu lassen". Das sei, so Magath, „für mich verpflichtend, solch einen Ausnahmespieler wie Raúl am Ende einer so großen Karriere nicht in eine Situation zu bringen, wo alles in Schutt und Asche geht. Das war für mich bindend, diese Karriere zu einem zufriedenstellenden Ende zu bringen. Ich habe es als meine oberste Aufgabe gesehen, dass dieser Wechsel, sollte er denn zustande kommen, für ihn nicht zum Schaden ist. Dass seine Karriere nicht beschädigt wird durch diesen Schritt." Am Ende verlässt Magath das Restaurant mit einem guten Gefühl. „Er hat mir den Eindruck vermittelt, als wäre er bereit, das zu machen. Ich hatte auch das Gefühl, dass wir eine Basis gefunden haben. Ich konnte es trotzdem nicht glauben. Es erschien mir nach wie vor viel zu irreal." Entscheidend für Raúl war allerdings, dass er noch einmal Champions League spielen kann. „Das war ausschlaggebend", sagt Magath.

Metzelder fasst das Treffen so zusammen: „Raúl hatte sich extrem mit dem Thema Schalke beschäftigt. Der wusste, wo das Stadion liegt, wo es Jugendmannschaften für seine Söhne gibt. Wo es eine internationale Schule gibt. Wo er leben kann. Er war Feuer und Flamme. Dann gingen wir auseinander und die Chance, ihn zu bekommen, war relativ hoch. Es gab nur zwei Probleme. Er hatte noch einen Vertrag, musste irgendwie ablösefrei rauskommen. Und es war von vornherein klar, dass es sich zeitlich ziehen würde, dass es bis zum Trainingsauftakt bei Schalke keine Lösung geben würde, dass er bis dahin nicht aus seinem Vertrag rauskommen könnte." Die nächsten Wochen musste Magath also wieder warten. „Ich bin da schon ein bisschen ins Schwitzen gekommen."

Raúl, dessen Vertrag ja noch über den Sommer hinaus lief, hatte gesagt, dass er selber mit Real sprechen werde. „Wir selbst haben zu keinem Zeitpunkt Kontakt mit Real aufgenommen." Magath respektierte den Wunsch, wenngleich ihn das Warten ein wenig wahnsinnig machte. Immer wieder wählte der Schalker Trainer die Nummer von Metzelder. „Nicht täglich, aber oft. Ich wollte ja wissen, wie es aussieht. Christoph hat mich dann immer beruhigt und gesagt, dass er kommen werde."

Magath hoffte, dass Raúl bereits Anfang Juli mit ins erste Trainingslager nach Borkum fahren würde, allerspätestens aber in der zweiten Vorbereitungsphase im Schloss Pichlarn im österreichischen Irdning dabei wäre. „Die Idee war", sagt Magath, „dass er im Juli mit uns trainiert. Er war konditionell nicht auf dem Niveau wie die anderen Spieler, weil er bei Real keine Hauptrolle mehr gespielt hat. Dann ist es ja so, dass Spieler in so einer Situation nicht mehr knallhart trainieren, dass sie nicht täglich Sondertraining mit dem Konditionstrainer machen. Ich habe gehofft, dass er zur Vorbereitung kommen kann. Das hat sich von seiner Seite aus verzögert."

Doch Magath konnte nichts machen. „Von unserer Seite war alles klar. Aber sonst waren uns die Hände gebunden. Ich war verdammt angespannt. Und ich habe immer noch nicht zu glauben gewagt, dass Raúl für Schalke spielt." Das merkte auch Metzelder. „Als es Ende Juni Anfang Juli immer noch hieß, er kommt nicht, er kommt nicht, er muss noch auf die Freigabe warten, da wurde Felix nervös – auch aufgrund der Trainingssteuerung."

Erst im Juli konnte er sich entspannen, als Ginés Carvajal, Raúls Berater, zu weiteren Gesprächen nach Düsseldorf kam. „Da haben wir über Zahlen gesprochen", erzählt Magath. Morgens hatte er noch auf Borkum seine Mannschaft im ersten Trainingslager auf die kommende Saison vorbereitet. „Die Mannschaft hat Seilspringen gemacht", erinnert sich Metzelder. „Ich war mit dabei. Direkt danach ging es mit Felix und Ronny Gersch [Assistent des Vorstands Sport, der Autor] mit einer kleinen Propellermaschine von der Nordseeinsel nach Düsseldorf." Von dort hatte das Trio es nicht mehr weit zum Treffen mit Carvajal. Es sind nur ein paar Hundert Meter vom Flughafenterminal bis ins Maritim Hotel Düsseldorf, wo sie sich getroffen haben – wo nun auch ich fünf Jahre später mit Metzelder sitze. „Hier saßen wir. Hier haben wir den Vertrag von Raúl zu Ende verhandelt. Das war das erste Mal in meiner Karriere, dass ich bei finanziellen Vertragsverhandlungen am Tisch saß."

Metzelder war „ein bisschen Berater, ein bisschen Manager, ein bisschen Dolmetscher, ein bisschen Freund – wobei ich keinen Cent verdient habe. Ich habe einfach nur geholfen, um die Sensation perfekt zu machen. Ich hatte einfach Spaß daran." Magath redet deutsch. Metzelder übersetzt für Carvajal. Jetzt geht es um Details. Das Gehalt, das die Gelsenkirchener dem Stürmer bieten können, sei „seinen Fähigkeiten, seinem Namen und seiner Reputation nicht angemessen" gewesen, gibt Magath zu.

Inzwischen war auch Raúls Frau Maria del Carmen Redondo nach Düsseldorf gekommen, um sich Häuser für die Familie anzuschauen. „Erst ab dem Moment war ich mir zu fast 100 Prozent sicher, dass er kommt", sagt Magath, der selbst nicht bei der Häuserschau dabei sein konnte. Aber er stellte ihr Christine Hahn zur Seite, eine langjährige Sekretärin vom VfB Stuttgart, die mit Timo Hildebrand zusammen war und ihn nach Valencia begleitete.

Am Montag, den 26. Juli, war Raúl dann endlich da. Um kurz vor Mitternacht landete er mit einem Privatflugzeug in Düsseldorf. Raúl schwärmte von der Bundesliga. „Was mich gereizt hat, war die Aussicht, zu spielen, und das auf hohem Niveau. Die Bundesliga ist eine der wichtigsten Ligen in Europa." Und die Bundesliga schwärmte von ihm. „Glückwunsch an alle, die es geschafft haben, Raúl zu Schalke zu holen", sagte sogar Jürgen Klopp, damals Trainer beim ärgsten Rivalen Borussia Dortmund.

Raúl selbst hatte Großes vor. „Es wäre das Einfachste gewesen, bei Madrid zu bleiben. Doch ich habe da 16 Jahre verbracht. Das ist ein ganzes Fußballerleben. Wir hatten Lust auf etwas Neues. Und wenn nicht jetzt, wann dann? Ich habe ein Real-Herz und wünsche dem Klub nur das Beste. Aber jetzt bin ich hier und werde alles versuchen, um diesen tollen Klub noch ein wenig größer zu machen, als er ohnehin ist."

Manchmal habe er, so gibt Metzelder zu, „da hinten dringestanden in der Schalker Abwehr, von dort zugesehen, wie Raúl da vorne die Tore gemacht hat, und habe bei jedem Treffer gedacht: Wie geil ist das, dass der Kerl hier spielt." Es sei, so Metzelder, „bis heute eine absolute Sensation, dass dieser Spieler zwei Jahre auf Schalke gespielt hat."

Raúl wurde zur absoluten Bereicherung für Schalke. „Der hat ihnen internationales Renommee gebracht", sagt Metzelder abschließend. „In den zwei Jahren ist Schalke weltweit auf der Karte der großen Vereine erschienen. Wir haben es gemerkt, bei internationalen Spielen, bei Champions-League-Spielen. Wir genossen eine so große Aufmerksamkeit, weil er da war. Die Kamerateams waren fokussiert auf den besten Stürmer der Champions League. Schalke macht sich oft kleiner, als es ist. Das merke ich immer, wenn es um den verpassten Titel 2001 geht. Noch heute sieht man sich vor allen Dingen in der Opferrolle. Und plötzlich kommt jemand, der Hoffnung auf Titel und Siegermentalität verbreitet. Das hat das ganze Umfeld angesteckt." Ähnlich äußert sich auch Clemens Tönnies, der mächtige Schalke-Boss. Er sagt rückblickend. „Ein Superstar, der nicht alternd war. Ein brillanter Mann. Mit ihm hatten wir zwei Erfolgsjahre. Er hat unser Spiel geprägt – mit einer erarbeiteten Autorität. Er hat gewirkt, aber nicht geherrscht."

Als Raúl Real Madrid verließ, hatte er 68 Tore in allen Europapokalwettbewerben erzielt. Eine Chance, Filippo Inzaghi zu überbieten, sah er als Bankdrücker bei den Königlichen nicht mehr. Auch daher wechselte er zu Schalke. „Das war ein Grund mehr, in der Champions League spielen zu wollen, eine Extra-Motivation", gibt er zu. Am 20. Oktober 2010 war es dann so weit. Schalke besiegte den israelischen Meister Hapoel Tel Aviv mit 3:1, Raúl traf zweimal, erzielte seine Europapokaltore 69 und 70, die ihn zum alleinigen Rekordtorschützen machten – zumindest zwischenzeitlich. Inzwischen sind Cristiano Ronaldo und Lionel Messi an ihm vorbeigezogen.

98 Pflichtspiele absolvierte Raúl für Schalke, traf dabei 40 Mal. Er führte die Gelsenkirchener bis ins Halbfinale der Champions League und zum DFB-Pokalsieg in Berlin gegen Duisburg. „Der DFB-Pokal ist etwas Besonderes, aber Raúl hat natürlich schon ganz andere, viel bedeutsamere Pötte in die Luft gehalten. Trotzdem hat der gefeiert wie verrückt", erinnert sich Tönnies.

Einmal kam er nach einem Spiel in die Kabine, in der er Raúl völlig abgekämpft auf seinem Platz sitzen sah. „Wem muss einer wie Raúl noch etwas beweisen? Niemandem! Normalerweise ist es doch so: Im Sport bist du heute der Größte, aber schon morgen vergessen. Die Batterie, die

Ruhm speichert, ist noch nicht erfunden. Nur bei ganz wenigen vergeht der Glanz nie – etwa bei Franz Beckenbauer. Der Kaiser bleibt ewig der Kaiser. Und Raúl bleibt ebenso auf ewig geachtet."

# KAPITEL 28

# ALS TRAINER VON MADRID WIRD MAN ENTLASSEN –
## MEIST INNERHALB SEHR KURZER ZEIT

Auf Mourinho folgte im Sommer 2013 Carlo Ancelotti – ein ganz anderer Typ Mensch, ein Mann, der aufmerksam ist, höflich, immer korrekt gekleidet, meist mit maßgeschneiderten Anzügen. Er ist leise und kommt bei seiner Arbeit ohne wilde Verschwörungstheorien aus, ohne jegliche Polemik, ohne seine Finger in die Augen anderer Leute zu stechen. Sein Erregungszustand lässt sich am ehesten an seiner linke Augenbraue ablesen. Ganz selten zuckt sie. Wenn Ancelotti jemanden mag, schreibt er unter seine E-Mails „Ich schicke Dir eine Umarmung". Das ist keine Floskel, er meint es so.

Ancelotti kommt aus Reggiolo, dem landwirtschaftlichen Herzen Italiens. Sein Vater, ein Bauer, brachte ihm schon früh bei, Parmesan herzustellen. „Es mag sich seltsam anhören", schrieb Ancelotti in seiner Autobiografie „The Beautiful Games of an Ordinary Genius", „aber Landwirtschaft hat viel mit dem Fußball gemeinsam. Der Bauer melkt die Kuh, macht aus der Milch den Käse, er muss ihn reifen lassen, dann versucht er ihn zu verkaufen und erst am Ende wird er bezahlt für sein Arbeitsjahr. Man braucht Ruhe, Geduld und Planung." Ancelotti liebt Parmaschinken, Tortellini und Rotwein. „Ich kann fressen wie ein Pferd – und wenn ich es tue, ist keiner glücklicher als ich."

Er war ein genialer Spieler. Zwischen 1979 und 1987 lenkte er das Mittelfeld des AC Rom, führte die Mannschaft einmal zur Meisterschaft und viermal zum Pokalsieg. Nach seinem Wechsel zum AC Mailand folgten zwei weitere Meistertitel sowie in den Jahren 1989 und 1990 der Gewinn des Europapokals der Landesmeister. In beiden Jahren gewann Ancelotti auch den Weltpokal.

Er war ein Vorzeigeprofi mit Hang zur Selbstironie. Im Terence-Hill-Streifen „Niemand haut wie Don Camillo" von 1983 mimte er einen fiesen Fußballer. Bei einem Spiel zwischen den Mannschaften von Pfarrer Don Camillo und Bürgermeister Giuseppe Bottazzi, die beide verfeindet sind, lief Ancelotti auf, um den besten gegnerischen Spieler kaputtzutreten. Ancelotti ist ein großer Filmfan. Er liebt „Der Pate" mit Marlon Brando als Don Vito Corleone. Ancelotti sieht sogar Parallelen. Der Film sei „so hart wie das Fußballgeschäft".

Seine erste Trainerstation war die italienische Nationalmannschaft, die er als Assistent von Arrigo Sacchi auch bei der Weltmeisterschaft 1994 in den USA betreute. Italien kam bis ins Finale, unterlag dort allerdings Brasilien im Elfmeterschießen. Über die Zwischenstationen AC Reggiana, AC Parma und Juventus Turin landete Ancelotti beim AC Mailand, wo er aus Filippo Inzaghi und Andrij Schewtschenko ein kongeniales Sturmduo formte. Zweimal holte die Mannschaft den Champions-League-Titel, 2003 und 2007. Zudem stand sie 2005 im Finale, unterlag dort allerdings Liverpool, nachdem Mailand bereits mit 3:0 geführt hatte. 2010 wurde Ancelotti englischer Meister mit Chelsea, 2013 französischer Meister mit Paris Saint-Germain. Er arbeitete unaufgeregt unter Narzissten wie Silvio Berlusconi, unter Oligarch Roman Abramowitsch und Scheich Nasser Al-Khelaifi. In seiner Autobiografie heißt es: „Mein Hintern ist erdbebenresistent. Die Trainerbänke unter mir haben schon alle Ausschläge auf der Richterskala ertragen müssen."

Trotz aller Ruhe und Geduld kann er aber auch einmal sauer werden. „Ich habe schon eine Flasche durch die Kabine geworfen. Kann mich an einen Fußtritt an die Wand erinnern", gab Ancelotti einmal seine ganz seltenen Wutausbrüche gegenüber *SPORT BILD*-Autor Raimund Hinko zu. „Die Reaktion, die aus dem Herzen rauskommt, ist nicht kontrollierbar. Und wenn ich fluche, dann auf Italienisch."

Arrigo Sacchi, der ehemalige italienische Nationaltrainer und Lehrmeister von Ancelotti, beschrieb den Italiener in einem Interview mit dem *Sport-Informations-Dienst* so: „Er ist nicht nur intelligent und sehr menschlich. Er stellt sich voll in den Dienst des Klubs und prägt eine Mannschaft zutiefst. Wie wenige andere Trainer hat er ein Talent als Psychologe, was ihm erlaubt, bestens mit den Spielern umzugehen." Ancelotti kenne, so Sacchi weiter, keine Schwierigkeiten. „Man könnte ihm elf Torhüter als Spieler geben und er würde mit ihnen gewinnen. Er besitzt die Ausgewogenheit und die Ruhe, die typisch für Personen aus Familien sind, die das Land bearbeiten. Er ist ironisch und selbstironisch. Selten begeht er Kommunikationsfehler. Ancelotti gibt keine Befehle, er überzeugt. Er hat Sensibilität, Fantasie und riesige Kenntnisse im Fußballbereich, die er mit seinen großartigen internationalen Erfahrungen bereichert hat. Es ist schwierig, einen besseren Trainer zu finden."

Bereits zweimal hatte sich Florentino Pérez um den Italiener bemüht. Nun hatte es geklappt, worüber sich Madrids Präsident öffentlich vor Freude überschlug. Ancelotti wusste dies allerdings sehr richtig einzuordnen, wie man in seinem bemerkenswerten Buch „Quiet Leadership – Wie man Menschen und Spiele gewinnt" nachlesen kann. „Er sagte mir viele freundliche Worte, aber ich wusste auch, dass derselbe Pérez während seiner beiden Amtszeiten als Präsident für die Einstellung und Entlassung von neun Trainern in zwölf Jahren verantwortlich war. Ich hielt von Anfang an die Augen offen – das bringt der Job so mit sich. Madrid ist kein Klub, bei dem man Wurzeln schlagen sollte. Die Zeit, um sich anzupassen, die Schonzeit und die Zeit für nachhaltigen Erfolg, sind noch komprimierter als sonst im Spitzenfußball." Madrid stehe niemals still, man sei immer nur „Teil des Projekts".

Ancelottis wichtigste Aufgabe war es zunächst, nach dem Zuchtmeister Mourinho – dem Meister der Manipulation und der psychologischen Spiele, der zwar weiß, wie er Fußballer zu behandeln hat, dabei den Menschen aber oft vergisst – wieder Ruhe in die Mannschaft zu bringen. „Viele Spieler waren verunsichert", bemerkte Ancelotti, der Madrid nach seiner grundsätzlichen Maxime führte: „Ich glaube, dass eine Führungskraft nicht herumbrüllen oder mit eiserner Faust regieren muss, um ihre Autorität zu behaupten. Es ist wirkungsvoller, Macht und Einfluss indirekt auszuüben. Ich bin der Meinung, dass Spieler ihr Bestes geben, wenn sie sich wohlfühlen – und nicht, wenn sie sich unwohl fühlen." Seine Art kam bei den Spielern an. „Für mich", so Cristiano Ronaldo in einem für Ancelottis Buch verfassten Gastbeitrag, „war die Atmosphäre, die er schuf, eine seiner genialsten Leistungen."

Schnell stellte sich der Erfolg nach Ancelottis Kurskorrekturen ein. Er etablierte ein neues Spielsystem, ein 4-3-3, sodass er Gareth Bale, den Linksfuß, auf die rechte Außenbahn setzen konnte. So konnte Ronaldo seine angestammte linke Außenbahn behalten. Ancelotti gelang es sogar, Isco, dem zweiten Stareinkauf der Königlichen, beizubringen, auch Defensivaufgaben zu übernehmen. Das Ergebnis: Madrid gewann die Copa del Rey, erreichte zudem das Champions-League-Finale gegen Atlético Madrid in Lissabon, sodass Real wieder einmal den Traum von „La Décima", dem zehnten Europapokal-Triumph, träumen durfte. Seit zwölf Jahren versuchen sie es bereits erfolglos. „Wir jagen diesen Pokal seit vielen Jahren. Ich spüre diesen Druck, seit ich nach Madrid gekommen bin", bekennt Ronaldo.

Nach 36 Minuten ging Finalgegner Atlético in Führung. 57 Minuten blieb es dabei. Das Spiel lief bereits drei Minuten über die reguläre Zeit. Der 95-Saisontore-Sturm um Ronaldo, Bale und Benzema traf und traf einfach nicht. Dann flog eine Ecke in den Strafraum, die letzte Aktion der Nachspielzeit. Atléticos Abwehrbollwerk verlor Sergio Ramos aus den Augen, der frei stehend den Ball mit dem Kopf ins Tor wuchten konnte. „Wir waren schon tot", gab Sami Khedira nach dem Spiel zu. Doch diese Last-Minute-Rettung veränderte alles und versetzte Atlético den Todesstoß. Das Bollwerk, das so lange so gut gehalten hatte, brach komplett auseinander. „Dieses Tor hat uns erledigt", sagte Atléticos Juanfran.

In der 111. Minute köpfte Bale einen von Torwart Courtois abgewehrten Ball ins Tor. In der 116. Minute erhöhte Marcelo auf 3:1 und in der letzten Minute der Nachspielzeit war es Ronaldo, der einen Elfmeter zum 4:1-Endstand verwandelte. „Man kann sagen, dass wir Glück hatten. Man kann aber auch sagen, dass wir es bis zum Ende versucht haben", sagte Ancelotti nach dem Schlusspfiff.

Nach dem Spiel saß der gemütliche Mann bis in die frühen Morgenstunden am Tisch und sah seinen Helden dabei zu, wie sie ausgelassen feierten. Isco tanzte und spritze gleichzeitig mit einer Wasserflasche herum. Dazu brüllte er aus voller Kehle „Campeones, Campeones". Ancelotti trommelte mit seinen Händen im Takt dazu – ein Höchstmaß an Erregung für ihn.

„Ich bin ruhig, weil das mein Charakter ist", erklärte Ancelotti. „Du musst dich den Spielern so präsentieren, wie du nun mal bist. Ich betrachte es in meinem Job als sehr wichtig, die nötige Kaltschnäuzigkeit zu haben, um sowohl die Siege als auch die Niederlagen richtig einordnen zu können." Er sei in seiner Position unabdingbar, diese Kaltschnäuzigkeit zu haben. „Trainer von Madrid zu sein bedeutet, eine wichtige Position im Weltfußball innezuhaben. Aber es heißt auch, eine große Verantwortung gegenüber den Millionen von Fans zu haben", sagt Ancelotti und erklärt, worauf es weiterhin ankommt: „Große Champions zu trainieren ist eine Verpflichtung dahingehend, dass du dafür sorgen musst, dass sie im perfekten Zustand sind, um ihr Bestes geben zu können. Aber es ist auch eine Freude, Spieler zu treffen, die mit der Ernsthaftigkeit eines Ronaldo an die Sache herangehen. Das ist ein großes Glück für jeden Trainer."

Die Arbeit eines Trainers an sich unterscheide sich nicht großartig, ganz gleich, welchen Verein man trainiere. „Was sich ändert, ist die Verantwortung, die mit Sicherheit in einem großen Verein höher ist." Trotzdem habe er es nie als Druck empfunden. „Mir gefällt meine Arbeit wirklich sehr. Ich liebe den Fußball und darum ist das für mich nicht anstrengend. Es stimmt, dass ein hoher Druck herrscht, viele Entscheidungen zu treffen sind, aber am Ende überwiegt immer die Liebe zu diesem wunderschönen Sport."

Mit dieser Liebe und Kaltschnäuzigkeit führte Ancelotti, ein leidenschaftlicher Lachsangler übrigens, Real Madrid im August 2014 gleich zum nächsten Titel. Gegen den FC Sevilla holte Real den UEFA Super Cup. Im Dezember folgte auch noch der Sieg bei der FIFA-Klub-Weltmeisterschaft.

In der Saison 2014/15 war Real Madrid 15 Spieltage lang ununterbrochen Tabellenführer. Eine zwischenzeitlich drohende Unruhe meisterte Ancelotti auf bemerkenswerte Weise. Als er Anfang Januar 2015 beim FC Valencia Gareth Bale in der 71. Minute vom Platz holte, für ihn Jesé brachte und Madrid erstmals nach 13 Ligasiegen in Folge wieder verlor, hieß es, Pérez sei außer sich angesichts der Auswechslung. Er empfinde es als

Affront gegen sich, dass sein Lieblingsspieler ausgewechselt worden sei. „Wer Bale rausnimmt, greift mich an", soll Pérez gesagt haben. Und Bales Berater Jonathan Barnett beschwerte sich bei Pérez über die Position seines Schützlings. Er wolle und müsse zentraler spielen, so die Forderung des Agenten. Pérez nahm die Beschwerde zum Anlass, Ancelotti zu sich zu zitieren. „Was machen wir jetzt?", fragte der Präsident – und bekam von seinem Trainer zu hören: „Nichts! In dieser Phase der Saison ist es unmöglich, seine Position zu verändern, weil ich dann das ganze Spielsystem umstellen und noch viel mehr Spieler hätte hin und her schieben müssen." Außerdem machte Ancelotti keinen Hehl daraus, dass er sich darüber ärgere, dass der Spieler diese Kritik nicht direkt bei ihm vorgetragen hatte, sondern die Beschwerde auf diesem Weg losgeworden sei.

Am nächsten Tag knöpfte sich Ancelotti Bale vor. „Ihr Berater hat mit dem Präsidenten gesprochen. Warum sind Sie nicht zu mir gekommen, um mit mir darüber zu sprechen, was Sie wollen?" Dann erklärte Ancelotti, was er zuvor schon dem Präsidenten gesagt hatte: dass er unmöglich das System ändern könne, da es nicht nur eine Position betreffe, sondern das ganze Team. „Ich redete Klartext mit ihm. Ich sagte ihm, dass wir im Sommer, in der Vorbereitung für das nächste Jahr, ein paar Sachen ausprobieren könnten, um seine Position zu ändern, aber nicht jetzt."

Bale verstand es, zumindest behauptete er es. Das Verhältnis zwischen Ancelotti und Pérez aber war ab diesem Zeitpunkt nicht mehr dasselbe, zumal sich Pérez immer wieder in die Belange des Trainers einzumischen versuchte. Er warf Ancelotti vor, er lasse nicht hart genug arbeiten. Das Argument, dass qualitativ hochwertiges Training wichtiger sei als stundenlange Beschäftigung mit weniger Intensität, ließ Pérez nicht gelten. Dass die Ergebnisse der Blutuntersuchungen nahelegten, es eher ruhiger anzugehen, interessierte den Präsidenten ebenso wenig. Es ist auch gut möglich, dass sich Pérez daran störte, dass Ancelotti ihm generell nicht viel Beachtung schenkte. So schrieb der Italiener in „Quiet Leadership": „Ich verbringe nicht sehr viel Zeit mit dem Präsidenten. In der Regel rede ich mit dem Geschäftsführer – und der muss dann mit dem Präsidenten klarkommen."

Am 26. Spieltag verlor Real Platz 1 an Barcelona – und konnte ihn nicht mehr zurückerobern. 30 Mal siegten die Madrilenen, schossen 118 Tore. Doch sechs Niederlagen und zwei Unentschieden in der Liga waren zu viel: kein Titel, Platz 2. In der Champions League verlor Madrid insgesamt weitere zweimal, schied letztlich im Halbfinale gegen Juventus Turin aus – wieder kein Titel. Und auch in der Copa del Rey schied der Triple-Sieger der Vorsaison frühzeitig aus. Eine Niederlage und ein Unentschieden gegen Atlético Madrid bedeuteten das Aus im Achtelfinale. Wettbewerbsübergreifend macht das insgesamt neun Pleiten.

„Am Ende zählen Titel, das ist mir klar", sagt Toni Kroos über diese, seine erste Saison. „Die haben wir nicht geholt, wenn man mal vom Super Cup und der Klub-WM absieht. Aber ich hake die Saison deshalb nicht als komplett schlecht ab. Wir haben lediglich zwei Punkte weniger als Barcelona, die eine unglaublich starke Endphase hatten. Wir hatten einen deutlich besseren Punkteschnitt als zum Beispiel viele Meister aus anderen europäischen Ligen – aber wir sind trotzdem eben nur Zweiter. Deshalb war es keine ganz schlechte Saison von uns. Dabei bleibe ich. Wir hatten sogar die Chance, ins Champions-League-Finale einzuziehen, haben sie nur leider verpasst. Die Saison war nicht optimal, aber noch einmal: nicht ganz schlecht."

Aber das reiche trotzdem, so Kroos, „um als Trainer bei Real entlassen zu werden. Das ist schade. Denn ich hatte zu Carlo Ancelotti wirklich ein sehr, sehr gutes Verhältnis. Ich habe unglaublich gerne mit ihm zusammengearbeitet. Er war schon einer der Trainer, die mich am meisten beeindruckt haben." Seine Begründung: Sobald der Erfolg in Gefahr sei, so Kroos, „wird es unruhiger im gesamten Verein. Aber Carlo hat sich von der Grundhektik, die den Verein manchmal überfallen hat, nicht anstecken lassen. Er hat Ruhe ausgestrahlt in jeder Situation, egal ob es gut lief oder nicht gut lief. Er hat sich niemals verändert. Er war der gleiche Trainer nach einer Niederlage wie nach einem Sieg. Das finde ich beeindruckend, weil es viele Trainer gibt, die sich nach Niederlagen verändern, wo der Charakter umschwenkt. Carlo hat in jeder Situation eine unglaubliche Souveränität ausgestrahlt, die der Mannschaft auch Sicherheit gegeben hat."

Am 25. Mai 2015 verkündete Real die Entlassung von Ancelotti. „Ich werde mich sehr kurz fassen", sagte Präsident Pérez zu Beginn der tatsächlich nur neun Minuten dauernden Erklärung, die er vor den Medienvertretern abgab. „Bei Real sind die Anforderungen maximal. Wir sind nicht bei Real Madrid, um leichte Entscheidungen zu treffen, sondern um die besten zu treffen für eine Institution von weltweiter Referenz." Welche Fehler Ancelotti, der übrigens die höchste Siegquote aller Real-Trainer hatte, gemacht habe, konnte Pérez, der Mann mit der ausgeprägten Hire-and-Fire-Mentalität, nicht benennen Er wisse nur, dass „es Zeit für neue Impulse" sei.

Der Rauswurf von Ancelotti kam für Kroos nicht sonderlich überraschend. „Vor dem letzten Spiel", das Madrid mit 7:3 gegen Getafe gewann, „hat er eine Ansprache gehalten, die man als Abschied interpretieren konnte. Er hat zwar nicht die Worte ‚Auf Wiedersehen' verwendet, aber es war eine Rede, die eine klare Tendenz hatte." Ancelotti bestätigt seine vorzeitige Abschiedsrede: „Es war keine emotionale Ansprache. Ich habe mich einfach bei den Spielern bedankt und auch beim Staff für die fantastische Arbeit in den letzten zwei Jahren. Wir haben zusammen eine tolle Gruppe kreiert, mit großer Hochachtung voreinander und gegenseitigem Respekt, und ich glaube, dass gerade das uns erlaubt hat, vieles zu gewinnen." Er glaubt, dass die Entscheidung, ihn zu entlassen, nach dem verlorenen Halbfinale gegen Juventus gefällt worden ist. „Das habe ich gespürt." Sein Fazit nach zwei Jahren Madrid: „Es war eine kurze Erfahrung, aber eine fantastische. Ich bin glücklich, sie erlebt zu haben, auch weil La Décima zu gewinnen der Traum eines jeden war, und das macht mich sehr stolz." Ein schlechtes Wort verliert er über Real Madrid nicht.

„Als Trainer von Real Madrid wird man entlassen. Und zwar meist innerhalb sehr kurzer Zeit", diese Lektion hat Christoph Metzelder aus seiner Zeit bei Real Madrid mitgenommen. Dieses Selbstverständnis müsse man haben, ehe man den Job antrete. „Überspitzt formuliert: Du musst jedes Jahr das Triple holen – sonst bist du weg. Das ist der unausgesprochene Deal, den man als Trainer eingeht. Als Trainer von Real Madrid trete ich in der Gewissheit den Job an, dass er nur von kurzer Dauer ist. In der Zeit muss ich maximalen Erfolg haben, um einen Fußabdruck in der Geschichte von Real Madrid zu hinterlassen."

Reiner Calmund, der langjähriger Fußballmanager, bringt es so auf den Punkt: „Wenn du da als Trainer landest, kannst du eine Flasche Champagner köpfen. Dann bist du im Fußballhimmel angelangt. Dann kann dir nichts mehr passieren. Wenn die dich rausschmeißen, dann gehört es zum guten Stil, wenn man sieht, wen die schon alles rausgeschmissen haben."

# KAPITEL 29

# AUS DEM CHAOS ZU „LA UNDÉCIMA"

uf Ancelotti, den sie in Madrid wegen seines ruhigen Gemüts „El Pacificador", den Friedensstifter, nannten, folgte Rafael Benítez. Den hatte die britische Boulevardpresse während seines Liverpool-Engagements „The fat spanish waiter" getauft, den „fetten spanischen Kellner". Diskreditierend, aber zumindest während seiner Zeit in Madrid tat Benítez auch nichts, um sich einen besseren Ruf zu erarbeiten. Im Gegenteil: Seine Bilanz von Sommer 2015 bis Januar 2016 war so schlecht, dass eigentlich jede Zeile über ihn Platzverschwendung ist. Benítez hat sich keinen Platz in der Geschichte Madrids verdient.

Der Mann, der selber nie ein großer Fußballer war, machte alles falsch, was man nur falsch machen konnte. Während Ancelotti sich perfekt darauf verstand, seine Stars bauchzupinseln, damit sie Leistung bringen, spielte sich Benítez als Oberlehrer auf. Cristiano Ronaldo wollte er erklären, dass er Defensivarbeit zu verrichten habe. Dann kam er noch auf die Idee, Ronaldos Anlauf vor einem Freistoß korrigieren zu wollen. So brachte er erst Ronaldo und im Laufe der Saison die halbe Mannschaft gegen sich auf. Erstmals musste Benítez in seiner Trainerkarriere eine so große Zahl von Stars lenken – und er versagte auf ganzer Linie. Er engte die Mannschaft ein, nahm ihr die Freiheit, die Luft zur kreativen Entfaltung.

Die Benítez-Truppe stümperte durch die Saison, verlor gegen Atlético Madrid und Barcelona jeweils mit 0:4. Zudem passierten peinlichste Wechselfehler. Im Ligapokal gegen Cádiz brachte Benítez Denis Tscheryschew, obwohl dieser gesperrt war. Der Russe war in der Vorsaison auf Leihbasis beim FC Villarreal. Dort sah er im Halbfinalrückspiel gegen Barcelona seine dritte Gelbe Karte, die eine Sperre für den Wettbewerb nach sich zog. Da Villarreal ausschied, nahm er die Sanktion automatisch mit in die nächste Saison. Doch bei Madrid behaupten sie, davon nichts gewusst zu haben.

„Benítez ist einer der besten Trainer der Welt", lobte Präsident Pérez bei dessen Vorstellung und war sich sicher: „Mit dir starten wir eine neue Etappe." Im Frühherbst bezeichnete er seinen Coach als „den besten aller Trainer". Auf einer Pressekonferenz nach der Clásico-Pleite sagte er: „Niemand in der Vereinsführung zweifelt Benítez an. Wir müssen ihm Zeit geben, wir hatten viele Verletzungen von wichtigen Spielern. Bei Real Madrid haben Trainer in der Regel drei Jahre."

Es war Schutz für einen, der massiv strauchelte. Aber hinter der Rückendeckung steckte Kalkül. Denn im Hinterkopf schwebte Pérez etwas ganz anderes vor. Er dachte ernsthaft darüber nach, dass Benítez der Trainer sein könnte, der Ronaldo nach sieben Spielzeiten aussortiert. Der den Überfußballer so mürbe macht, dass er sich im Sommer 2016 verkaufen ließe. Bis 2018 liefe der Vertrag von Ronaldo noch. Eine hohe Ablöse jenseits der 70 Millionen Euro wäre nur noch im Sommer 2016 zu erzielen gewesen.

Hinter verschlossenen Türen war der Ronaldo-Verkauf, auch wenn der Verein es wohl nie öffentlich bestätigen wird, Thema bei Madrid. Das wusste auch sein Agent Jorge Mendes, auch wenn er Anfang 2016 bei den Global Soccer Awards öffentlich fabulierte: „Cristiano ist der beste Spieler aller Zeiten. Und ich bin mir sicher, dass er die nächsten vier, fünf, sechs, sieben Jahre bei Real Madrid spielen und seine Karriere dort beenden wird. Er wird seine Schuhe an den Nagel hängen, wenn er 40 Jahre ist." Beratergeschwätz, das nur der Steigerung des Marktwerts diente. Denn auch Mendes, ein ausgewiesener Fachmann, wusste, dass Ronaldos Spielweise ihren Tribut fordert. Dass Ronaldos Körper nach all dem Powerfußball verletzungsanfälliger ist. Dass Ronaldo nur noch einen Megavertrag abschließen würde, ehe sein Stern zu sinken beginnt.

Mendes agierte wie ein Marktschreier, der seinen Klienten geschickt anbot. Mit seiner Behauptung, Ronaldo werde bis zu seinem 40. Lebensjahr spielen, wollte er zeigen: Der Junge hat noch viele Jahre vor sich. Die vermeintliche Unverkäuflichkeit bei Real Madrid sollte den Preis hochtreiben, damit sich Interessenten noch intensiver, sprich mit noch höheren Ablösesummen, um ihn bemühen.

Pérez konnte sich gut vorstellen, die Ablöse zu kassieren, auch weil Real nur mit großen Einnahmen große Ausgaben stemmen kann. Der Verein zahlt aktuell Ablösesummen in Raten über mehrere Jahre. Vor allem wollte Pérez gegenüber den Fans nicht derjenige sein, der Ronaldo vom Hof gejagt hat. Das sollte doch bitteschön Benítez machen, der ohnehin bei den Fans untendurch war.

Einen Superstar zu degradieren ist eine der schwierigsten Amtshandlungen überhaupt. Große Spieler haben großen Kredit bei den Fans. Wenn sie nicht selber irgendwann einsehen, dass ihr Stern sinkt, kommt es zwangsläufig zu Reibereien und Streit. Sie akzeptieren ihre Rolle auf der Ersatzbank nicht, machen Stimmung gegen den bösen Trainer, der sie nicht mehr für die Startelf vorsieht. Unzufriedene Superstars können ein ganzes Team aufwiegeln.

Wie groß die Angst davor ist, einen Über-Spieler auszusortieren, zeigte sich bei Miguel Muñoz, eigentlich ein Mann mit riesigem Standing bei Real Madrid. Er war der erste Torschütze der Königlichen im Europapokal der Landesmeister. Am 8. September 1955 erzielte er in der 74. Minute die 1:0-Führung gegen den Schweizer Meister Servette Genf. Nach dem Sieg im Pariser Prinzenparkstadion am 13. Juni 1956 war Muñoz als Kapitän auch derjenige, der die erste europäische Trophäe entgegennahm. Auch ein Jahr später führte er die Mannschaft im Finale gegen Florenz als Kapitän aufs Feld. 1958 beendete Muñoz seine Karriere und wurde Trainer der zweiten Mannschaft von Real Madrid. Nach nur einem Jahr bat ihn Präsident Santiago Bernabéu, die erste Mannschaft zu übernehmen, wo er plötzlich, gerade einmal 37 Jahre alt, frühere Mitspieler wie Di Stéfano und Gento dirigierte. Am Ende seiner ersten Saison gewann Madrid das bereits erwähnte Jahrhundertspiel 1960 in Glasgow gegen Frankfurt. Damit war es Muñoz gelungen, nicht nur als Spieler, sondern auch als Trainer den Europapokal der Landesmeister zu gewinnen.

In den darauffolgenden vier Jahren holte Real Madrid immer die Meisterschaft. Er war also Meisterspieler und Meistermacher, auf internationalem Parkett ein Erfolgsgarant. Doch als Präsident Bernabéu ihn darum bat, den inzwischen 38 Jahre alten Di Stéfano auszusortieren, überkam ihn die Panik. Er sollte dem größten Fußballer in der Geschichte Madrids erklären, dass seine Zeit abgelaufen war. Muñoz wollte das nicht. Seine Furcht davor war anfangs sogar so groß, dass er Bernabéu seine Kündigung präsentierte. Lieber wollte er aufhören als Di Stéfano, der noch dazu sein Freund war, auszusortieren. Doch Bernabéu nahm Muñoz' Kündigung nicht an. Nachdem Real Madrid 1964 das Finale des Europapokals der Landesmeister im Wiener Praterstadion mit 1:3 gegen Inter Mailand verloren hatte, nutzte er die Gunst der Stunde, den schwächelnden Di Stéfano auszusortieren.

Nun also spielte Pérez gedanklich durch, wie er Ronaldos Ende bei den Königlichen einläuten könnte. Immerhin könnte man mit den Einnahmen aus seinem Verkauf wieder einmal einen Umbruch einleiten – so die internen Überlegungen Ende 2015. Der Plan, der in den Köpfen der Bosse gereift war, sah vor, bis zu sechs neue Stars zu holen. Hinter den Kulissen wurden bereits erste Gespräche geführt. Doch dann drohte die FIFA, Real Madrid mit einer Transfersperre für Sommer 2016 und Winter 2016/17 zu belegen. Der Verein dürfe, so schien es lange Zeit, während zwei Transferperioden keine neuen Stars verpflichten. Damit wäre der geplante Umbruch hinfällig und der angedachte Ronaldo-Verkauf damit zumindest akut vom Tisch gewesen.

Real legte aber Revision ein und hoffte, die Sanktion nach hinten verschieben zu können, sodass die Transfersperre erst ab frühestens Winter 2016/17 greifen würde. Doch da nicht sicher war, dass die FIFA dem zustimmen würde, brauchte Pérez Benítez auch nicht mehr zu schützen. Negative Schlagzeilen wegen einer drohenden Transfersperre und ein Trainer, mit dem die Fans unzufrieden sind, beides gleichzeitig war nicht zu akzeptieren. Also wurde Benítez nach nur sieben Monaten gefeuert. Der „fette spanische Kellner" hatte ausgedient. Und Pérez durfte wieder einmal einen neuen Trainer vorstellen, den mittlerweile zehnten in seinen beiden Amtszeiten.

Die Medien fielen über ihn her: „Der Plan von Real Madrid ist, dass es keinen sportlichen Plan gibt", schrieb *Marca*. „Genauso wie das Projekt daraus besteht, dass es kein Projekt gibt. Der Plan ist Florentino Pérez. Das Projekt auch. Geht es so weiter, ist er bald auch Trainer. Zehn hat er verschlissen in seinen beiden Etappen als Präsident – seit jenem unheilvollen Tag, als er Vicente del Bosque wegen einer Mischung nichtiger Gründe entließ." Und über den Neuen, Zinédine Zidane, urteilte *El Mundo*: „Die Erfahrung von Zidane bei der zweiten Mannschaft ist Nebensache. Die Ernennung des Franzosen ist in Wirklichkeit die Wahl einer Ikone, nicht eines gewöhnlichen Trainers. Zidane ist zudem einer der ersten Galaktischen, die mit der Ära Pérez verknüpft sind, und einer der meistgeschätzten Fußballer des Präsidenten, sein Liebling, eine Art von Fetisch."

Als ich in Madrid war, bei dem Oberboss der Königlichen, den ich namentlich nicht nennen darf, habe ich ihn gefragt, ob es in seinem Sprachjargon angesichts des Trainerverschleißes überhaupt das Wort „Geduld" gebe. Seine Antwort: „Es ist ein sehr schwerer Job und das zeigen die nackten Zahlen. In den letzten zehn Jahren haben fast alle Topklubs zig Trainer gehabt. Das ist kein Madrid-Phänomen, sondern es hat sich im Weltfußball etwas verändert."

Um als Königlicher zu bestehen, müsse man vier Gewalten bändigen. „Der Cheftrainer bei Real Madrid ist ein Herr, der sich inmitten von vier Mächten befindet, die allesamt auf ihn wirken und ihn beeinflussen. Zum einen gibt es die Mannschaft und das Verhältnis zwischen dem Trainer und ihr, das für eine weitere Zusammenarbeit ausschlaggebend ist. Dann ist da die Presse. Sie ist tagtäglich da und prägt die öffentliche Meinung. Carlo Ancelotti war zum Beispiel fantastisch zur Presse. Er hat ihr gegenüber immer einen angenehmen Ton angeschlagen und hatte stets auf alle Fragen eine Antwort. Aber der Trainer muss oft der Mannschaft gegenüber Entscheidungen fällen, die der Presse nicht zupasskommen. Er muss manchmal gegenüber der Presse Dinge vertreten, die der Mannschaft so nicht gefallen. Er muss die Balance gegenüber Mannschaft, Verein und Medien finden. Und es gibt die Fans, die wichtig sind und über deine Arbeit richten. Wenn du inmitten dieser vier Gewalten stehst und dich auf eine Seite schlägst und die tägliche Arbeit schiebt dich hin und her, dann wird es schwierig. Irgendwann entfernst du dich von einer oder mehreren Fraktionen. Man braucht dafür eine starke Persönlichkeit und man muss das machen, was man für richtig hält."

Kein einziger Trainer habe bei Madrid „eine titellose Saison überlebt. Heute nicht und auch 1903 nicht", sagt der mächtige Spanier auf der anderen Seite des Tisches ohne große Regung. „Real hat fünf Europapokale hintereinander gewonnen – mit vier verschiedenen Trainern." Ich erinnere an Jupp Heynckes, der gehen musste, obwohl er Madrid zum Champions-League-Sieg geführt hatte – und ernte nur ein müdes Lächeln. „Frag doch mal bei Bayern nach. Mit denen hat Jupp Heynckes sogar das Triple gewonnen und trotzdem musste er gehen."

Immerhin atmeten die Stars von Real Madrid auf, als sie erfuhren, dass Zidane ihr neuer Trainer werden würde. „Sein Charisma ist sehr wichtig für uns. Er ist einer der Größten der Geschichte. Wenn er spricht, will jeder aufsaugen, was er sagt", schwärmte Mittelfeldstar Luka Modrić. „Er besitzt große Erfahrung und ist sehr überzeugend, wenn er mit uns redet. Zidane ist sehr prägnant, er kommt auf den Punkt und verliert keine unnötigen Worte."

Cristiano Ronaldo schrieb über den Trainerwechsel in seinem Gastbeitrag zu Ancelottis „Quiet Leadership": „Als Zinédine Zidane Benítez ablöste, machte er das Training nicht viel anders als Carlo. Zizou wusste, dass für ihn als Spieler Carlos Einheiten unterhaltsam und lehrreich gewesen waren, also wandte er ähnliche Methoden an. Zizou ist ein cleverer Bursche und er hat eine Menge Ideen aus seiner Zeit als Spieler wie auch als Assistent von Carlo übernommen. Und am wichtigsten: Er bemüht sich, die gleiche Stimmung herzustellen, wie sie bei Carlo herrschte."

Genauso bewertete auch Real-Legende Jorge Valdano die Situation. In einem Interview mit der *Süddeutschen Zeitung* sagte er voller Bewunderung für Zidane: „Er hat zwei Jahre lang Reals zweite Mannschaft trainiert. Mir verlangt diese Geduld Hochachtung ab. Sie ist umso erstaunlicher, als er eine Weltfigur war. Er hätte von der ersten Minute an einen Erstligisten trainieren können. Stattdessen forschte er. Nach seiner Karriere begab er sich auf die Suche. Er war bei Real zuerst José Mourinho nahe und hat sich wieder von ihm entfernt. Dann verstand er es, Carlo Ancelotti zu beobachten, der seinen Sensibilitäten eher entspricht und von dem er viel gelernt hat." Entsprechend schnell habe er mit seiner Art auch Erfolg gehabt. „Als Zidane bei Real anfing, war Madrid in einem Stadium gereizter Verkrampfung. Die löste er mit Intelligenz." Benítez sei gescheitert, so Valdano, „weil er als Freund der Kontrolle eine Mannschaft mit natürlichem Hang zur Freiheit befehligen sollte. Benítez und Real, das war der Clash gegensätzlicher Empfindungen. Das Publikum wurde aggressiv. Dann kam Zidane, umkränzt vom Glorienschein des faszinierenden Spielers, der er war, und verwandelte einen Teufelskreis ins Gegenteil, in einen ‚circulus virtuosus'."

Auch Toni Kroos atmete nach dem Trainerwechsel auf. „Anderthalb Jahre, so kann ich sagen, habe ich mich voll entfalten können", so die Bilanz seiner Zeit unter Carlo Ancelotti. „Ein halbes Jahr nicht so sehr." Damit meint er die Zeit unter Benítez. Es sei, so Kroos, „wahrscheinlich eine genauso große Aufgabe, Real Madrid auf der menschlichen Ebene zu managen, wie das Sportliche." Und genau da stimmte es bei Benítez nicht. Zu der Zeit unter ihm habe es „insgesamt nicht so gepasst, die ganze Mannschaft hatte ein paar Schwierigkeiten am Anfang dieser Saison. Das hat der Klub korrigiert und wir haben uns dann mit Zidane in der Rückrunde verbessert, auch ich persönlich. Benítez hat vieles vorgegeben, es war viel Theorie und Taktik, aber in der Praxis stellte sich das dann manchmal anders dar. Bei Carlo Ancelotti hatte ich eine klare Position und die Freiheiten, die ein Spieler wie ich braucht. Ich glaube, ich kann ganz gut selbst entscheiden, was ich mit dem Ball anfange. Für mein situatives Spiel ist es wichtig, dass ich mich frei fühlen kann. Mit Zizou ist es ähnlich wie mit Ancelotti." Der gebe „klare Anweisungen, aber weniger wie ein Lehrer, nicht von oben herab. Weil alle wissen, dass er selbst mindestens auf demselben Niveau gespielt hat, nimmt man ihm alles ab. Er ist nicht der Typ, der emotional ausrastet, kein Lautsprecher, aber er weiß sich deutlich auszudrücken", erklärt Kroos, der das in einem Gespräch mit der *Süddeutschen Zeitung* noch konkretisierte: „Viele Trainer können Videos studieren und ein Spiel vorbereiten. Aber Genialität ist für mich, wenn ein Trainer weiß, wie er im Spiel reagieren muss, falls etwas Unvorhergesehenes passiert oder falls der Spielstand Handeln nötig macht."

Stück für Stück ändert sich die Stimmung bei Madrid. Die Weltuntergangsstimmung weicht – zumindest vorerst. Zidane startet mit einem 5:0 gegen Deportivo La Coruña. Es folgt ein 5:1 gegen Sporting Gijón. Von den ersten 15 Spielen verliert Madrid unter Zidane lediglich ein Spiel, schlägt dann den Erzrivalen Barcelona in dessen Stadion, wobei die Königlichen sogar einen Rückstand drehen.

Doch dann verliert die Truppe von Zidane mit 0:2 in Wolfsburg. Bereits nach 25 Minuten führen die Gastgeber mit zwei Treffern. Real hat dem nichts entgegenzusetzen. Real sei „das Gespött Europas", findet die Zeitung *Sport*, während *El Mundo Deportivo* von einem „Desaster, Fiasko und einer Katastrophe" schreibt. „Schlecht. Schlecht. Schlecht", urteilt *AS*. „Dieses Real ist ein Tango. Heute ein Schwur, morgen ein Verrat. Die Abwehr war nur Schrott." Für den *Corriere della Sera* steht sogar fest: „Ein Real Madrid ohne Seele bricht zusammen. Wolfsburg versenkt Real, seine Geschichte und seine Arroganz. Die Champions League schaut nicht auf den Adel. Die volkstümlichen Wolfsburger, Söhne der Stadt und des Volkswagen-Geldes, misshandeln die nobelste Dame Europas." Besonders Cristiano Ronaldo gerät ins Kreuzfeuer der Kritik. *BILD* titelt „Ätsch, Ronaldo". Die *Gazetta dello Sport* fragt: „Cristiano Ronaldo? Nein, danke. Julian Draxler ist viel besser." Und auch die *Sun* meint, dass „Ronaldo floppt". Sechs Tage später sichert sich Real Madrid den Einzug ins Champions-League-Halbfinale – dank dreier Tore von Cristiano Ronaldo, der daheim gegen die Wolfsburger in der 16., 17. und 77. Minute zuschlägt.

Die letzten sechs Ligaspiele gewinnt Madrid alle, sodass es noch Vizemeister wird, mit 90 Punkten, knapp hinter Barcelona. In der Champions League erreichen die Königlichen das Finale gegen Atlético Madrid. „In der Liga sind wir zwar noch auf einen Punkt an Barcelona herangekommen", urteilt Toni Kroos, „aber dafür können wir uns am Ende nichts kaufen." Er weiß: „Damit es nach dem Urteil der Öffentlichkeit eine gute Saison wird, müssen wir dieses letzte Spiel gewinnen. So ist halt das Selbstverständnis von Real Madrid: Der größte Klub muss auch das Größte gewinnen."

Doch an Atlético Madrid sind bereits die Ballbesitzgiganten Barcelona und Bayern München gescheitert. Die Mannschaft von Diego Simeone liebt es, eine Art Treibjagd auf den Ball zu veranstalten. Im Spiel ohne Ball blüht sie auf, kennt in ihrem Guerilla-Stil kein Pardon. Gleichzeitig hat sie eine der stabilsten Verteidigungen aller europäischen Spitzenteams, die in der Primera División lediglich 18 Gegentreffer zugelassen hat. Selbst Real-Legende Valdano verneigt sich vor dieser Mannschaft und diesem Trainer. „Diego Simeone hat es geschafft, dass die Spieler ihm seit vielen Jahren kompromisslos folgen. Er schickt sie zu immer neuen Opfergängen und sie gehen sie mit Entzücken. Simeone hat das Team, die Presse und die Fans mit seinen Ideen durchtränkt. Er hat eine Bewegung geschaffen, die Atlético etwas Verlorenes zurückgab: Stolz und Grandezza."

Im Finale von Mailand muss Simeone allerdings bereits nach ganz kurzer Zeit seine Taktik über den Haufen werfen. Toni Kroos zirkelt einen Freistoß punktgenau aus halblinker Position mit viel Effet in die Mitte. Gareth Bale verlängert mit dem Kopf in den Strafraum, wo Sergio Ramos eine Winzigkeit im Abseits steht und dem Ball vor Atlético-Torwart Jan Oblak die entscheidende Richtungsänderung gibt – die Führung.

Ausgerechnet Sergio Ramos, der Mann, der bereits vor zwei Jahren Atléticos Traum vom Champions-League-Sieg platzen ließ. Der Mann, der sich die Zahlen „92:48" auf seinen linken Arm hat tätowieren lassen, die Minute und die Sekunde des damaligen Last-Minute-Ausgleichs. Nun ist es nach 14:26 Minuten so weit und die Königlichen führen, sodass sich Diego Simeone von seiner ursprünglichen Taktik verabschieden muss, weil Toni Kroos, Luka Modrić und Casemiro, das zentrale Mittelfeld Madrids, fortan das Spiel der Blancos nicht mehr so offensiv aufziehen. Das ist sehr schlecht für Atlético, weil es ihm weniger liegt, ein Spiel aktiv zu gestalten. Es ist aber auch schlecht für einen Real-Star, Cristiano Ronaldo, der deshalb kaum noch stattfindet.

In der 45. Minuten vergibt Antoine Griezmann Atléticos Großchance auf den Ausgleich, als er einen Elfmeter nur an die Latte des königlichen Kastens donnert. Das Gebälk erzittert und der Ball prallt einen Meter vor der Torlinie auf. Anschließend vergeben Reals Karim Benzema und Gareth Bale beste Möglichkeiten und verpassen es, das Finale vorzeitig zu entscheiden. In der 72. Minute wechselt Zinédine Zidane zur Überraschung aller Toni Kroos aus. 94 Prozent seiner Pässe hat er bis dahin an seine Mitspieler gebracht, lediglich zwei waren beim Gegner gelandet. Er war ein wesentlicher Faktor im Spiel der Blancos gewesen. Die *Marca* wertete diesen taktischen Zug des Trainers als „fraglichste Entscheidung Zidanes", da Kroos „das ganze Spiel über prächtig war wie in seinen besten Tagen beim FC Bayern. Kroos ist eine Uhr mit Ball am Fuß." Das ganze Spiel über war er ein sicherer Ballverteiler, der auch dann die Ruhe weghatte, wenn es um ihn herum hitzig wurde. „Kroos hat das Mittelfeld von

Real Madrid mit viel Eleganz geführt", befand *La Vanguardia*. Und *AS* schrieb: „Kroos zeigte eine fabelhafte Inszenierung. Er beschleunigte und bremste das Spiel, wie er es sollte. Er ist der wesentliche Stratege von Real Madrid. Sein rechter Fuß ist ein Handschuh."

Doch kaum ist Kroos draußen, gleicht Atlético aus. Der eingewechselte Yannick Carrasco trifft zehn Minuten vor dem Ende mit seinem Anschlusstreffer. 1:1 nach Ablauf der regulären Spielzeit, Verlängerung wie schon 2014. Doch dieses Mal bringt sie keinen Gewinner hervor, sodass nach weiteren spektakulären 30 Minuten das Elfmeterschießen die Entscheidung bringen muss.

Den Münzwurf, bei dem es darum geht, wer als Erstes zum Elfmeterpunkt schreitet, gewinnt Atlético. Sie entscheiden, Real den Vortritt zu lassen. Bereits im Viertelfinale hatten sie gegen PSV Eindhoven im Elfmeterschießen antreten müssen und waren damals so nervenstark gewesen, erfolgreich hinterherzuschießen. Die Wahl des Tores, auf das geschossen werden muss, geht folglich an Sergio Ramos, der selbstverständlich den Kasten vor den eigenen Anhängern wählt.

Als erster Schütze tritt Lucas Vázquez an. Kurzer Anlauf, Schuss in die rechte Ecke, Tor, verhaltener Jubel, so als habe er gerade nichts Besonderes gemacht. Auch Marcelo und Bale, Real-Schützen Nummer 2 und 3, schießen nach rechts – und treffen. Von Atlético wählen Griezmann und Gabi die linke Seite und treffen, Saúl Ñíguez schießt nach links – und trifft. Sergio Ramos zielt nach rechts und ist ebenfalls erfolgreich. Dann tritt Juanfran an, der wie alle seine Vorgänger die linke Seite des Tores anpeilt, allerdings ein paar Zentimeter zu weit Richtung Pfosten zielt, an dem der Ball abprallt – der erste Fehlschuss.

Cristiano Ronaldo steht bereit. 16 Tore hat er in der Champions-League-Saison erzielt. Er schießt, wie könnte es anders sein, nach rechts – und trifft. „Elfmeter sind immer eine Lotterie. Aber ich habe dem Trainer gesagt, dass ich den fünften schießen will, weil ich sicher war, dass ich treffe. Und so ist es gekommen. Ich wusste, dass der fünfte der entscheidende ist. Ich hatte eine Vision. Ich habe gesehen, dass ich das Siegtor schießen würde", behauptet Ronaldo hinterher.

Für ihn ist es der dritte Champions-League-Sieg, der zweite mit Real Madrid. Für Zidane ist es der dritte mit den Blancos. Einmal hat er ihn als Spieler geholt, einmal als Co-Trainer, nun als Trainer. Gewohnt bescheiden erklärt der Franzose hinterher, dass er „contento", zufrieden, sei. Pérez ist da etwas überschwänglicher: „Zidane weiß, dass er einer von denen ist, die die Legende von Real genährt haben. Er ist der ideale Trainer für Real. Zidane hat einen Vertrag bis 2018 und er wird im Amt bleiben."

Der abermals geschlagene Simeone muss zugeben: „Niemand erinnert sich an die Mannschaft, die verloren hat. Wir sind gescheitert. Fußball ist Schicksal und das Schicksal war auf der anderen Seite."

Auf der anderen Seite steht auch Toni Kroos, der zum zweiten Mal den Champions-League-Titel geholt hat. „Es war die letzte Chance, einen Titel zu holen, den größten Titel zu holen, und wenn du das dann erreichst, nach einer Saison, wo es mal auf, mal ab ging, dann ist das schon unfassbar. Wir haben Madrid stolz gemacht."

Madrid hat von seinem Gewohnheitsrecht Gebrauch gemacht, und „La Undécima" geholt, den elften Triumph in der Königsklasse. Ein paar Stunden, Tage und Wochen hält dieses Gefühl des Stolzes an – doch dann wird wieder nach neuen spektakulären Siegen, ungeheuerlichen Rekorden und großen Triumphen verlangt beim größten Klub Europas, dem Verein mit der enorm kurzen Halbwertzeit von Gefühlen der Glückseligkeit. Kommt Madrid einmal auch nur kurz aus dem Tritt, geht gleich das, wie es in Spanien heißt, „runrún", das Geraune, los, zunächst auf der Ehrentribüne, dann im ganzen Stadion. Und schlimmstenfalls wird aus dem Geraune eine Staatskrise und Madrid wird wieder einmal den Trainer entlassen oder teuer einkaufen – oder beides.

# KAPITEL 30

# EIN NEUES KLEID
## FÜRS BERNABÉU

**D**as Bernabéu ist ein Madrider Wahrzeichen, fast vergleichbar mit dem Big Ben in London, der Freiheitsstatue in New York oder dem Eiffelturm in Paris. Knapp eine Million Menschen pilgern jährlich zum Estadio Santiago Bernabéu. Touren durch den Wallfahrtsort für Fußballfans aus der ganzen Welt sind täglich, außer am 1. Januar und am 25. Dezember, buchbar. „Wenn man weiß, dass in einer Stadt eine Firma ansässig ist, die nationale Grenzen überschritten hat und für die Welt irgendetwas bedeutet – Coca-Cola zum Beispiel –, dann ist das eben eine Touristenattraktion. In den USA bin ich auch nach Vicksburg gefahren, wo die erste Coca-Cola-Flasche abgefüllt wurde. Dort wurde die Legende geboren. Und unsere beginnt hier", erklärt Emilio Butragueño.

Alfredo Di Stéfano sagte einmal vor seinem Tod über die historische Dimension, die bei Spielen im Bernabéu mitschwingt: „Manchmal habe ich den Eindruck, dass selbst große europäische Mannschaften, wenn sie gegen Real spielen, noch immer gegen Puskás, Gento und mich antreten. Sie haben Riesenrespekt, weil sie immer gegen die Geschichte von Real spielen."

Ganz falsch kann er damit nicht liegen, gab doch einmal der frühere Bayern-Profi Giovane Élber zu: „Es ist schon etwas anderes, ob man gegen Real Madrid oder gegen Arsenal oder Manchester United spielt. Das beginnt schon in der Kabine, in der es ganz besonders riecht." Er selbst habe in der Kabine gesessen und ganz tief eingeatmet. „Weil ich diese besondere Luft atmen wollte. Ich wollte den Geruch von Real Madrid aufsaugen und hätte ihn am liebsten nie wieder freigesetzt."

Jorge Valdano ist sich sicher, dass das Bernabéu ein Stadion ist, „das die Charakterschwachen verschlingt". Im November 1984 verlor er mit Real Madrid im UEFA-Cup-Achtelfinale im Constant-Vanden-Stock-Stadion gegen den RSC Anderlecht zunächst mit 0:3, eigentlich eine aussichtslose Hinspiel-Klatsche. „Wir waren ausgetanzt worden wie nie", sagt Valdano. In den darauffolgenden 14 Tagen bis zum Spiel betrieben Offensivstar Juan Gómez González, kurz Juanito, und Linksverteidiger José Antonio Camacho Gehirnwäsche bei ihren Mitspielern. Vor und nach jeder Trainingseinheit klapperten sie ihre Mitspieler ab und fragten: „Wie geht das Rückspiel aus? Los, sagt es uns!" Ungläubige Blicke oder halbherzige Antworten duldeten die beiden nicht. Sie drängten ihre Mitspieler, voller Überzeugung zu brüllen: „WIR GEWINNEN!" Für den Rest waren dann die 93.000 Zuschauer im Bernabéu zuständig. Mit ihren Gesängen und Anfeuerungsrufen schüchterten sie die Belgier tatsächlich so sehr ein, dass die Blancos sie mit 6:1 überrollten und das sicher geglaubte Ausscheiden verhinderten.

Ein Jahr später wiederholte sich das Phänomen. Real Madrid traf im Achtelfinale auf Borussia Mönchengladbach. Frank Mill traf zu Hause gegen die Königlichen, Uwe Rahn gleich zweimal, José Antonio Salguero unterlief ein Eigentor und Ewald Lienen erzielte den Treffer zum 5:1-Endstand. Wieder stand Madrid vor dem Aus. Doch erneut schafften sie die Wende. 93.000 Fans ließen die Gladbacher erschaudern. Gleichzeitig pushten sie ihre Madrilenen zu unglaublichen Heldentaten. Bereits nach 18 Minuten hatte Valdano zweimal getroffen. Es folgten zwei Treffer von Santillana. Wieder einmal waren die Charakterschwachen im Bernabéu verschlungen worden.

„Wir haben unsere Auswärtsspiele hoch verloren. Doch ganz gleich, wie vernichtend unsere Niederlagen in der Fremde waren, im Bernabéu-Stadion haben wir sie jedes Mal wieder wettgemacht. Wir haben unsere Stärke aus der riesigen Euphorie bezogen, die das Publikum uns entgegenbrachte. Das ist die geheime Macht des Bernabéu-Stadions, die den Gegner immer wieder einschüchtert", erläutert Valdano.

Als Mesut Özil zwei Jahrzehnte später das Bernabéu betrat, nahm er den Moment folgendermaßen wahr: „Ich wusste, dass Real Madrid einer der größten Vereine der Welt ist. Aber man macht sich davon ja keine Vorstellung, was das heißt. Ich kann es dir auch kaum beschreiben, weil es so unwirklich ist. Wenn du zum ersten Mal in dieses Stadion kommst, kommst du dir so winzig vor. Ganz ganz klein." Arjen Robben erinnert sich an ein sehr anspruchsvolles Publikum. „Du musst immer Leistung bringen. Du darfst nie nicht funktionieren. Die Fans sind sehr kritisch. Es geht ihnen nicht nur um das Ergebnis. Sie wollen auch schönen Fußball sehen. Wenn du deine Leistung nicht bringst, hast du sofort ein Problem. Die Fans wollen Spektakel. Ich habe es erlebt, dass wir geführt haben, nach einer schlechten Vorführung, und dann gab es zur Halbzeit auf dem Weg zur Kabine Pfiffe. Ein Sieg allein zählt nicht. Die wollen mehr sehen als nur Tore." Valdano kann nur zustimmen: „Das Publikum ist halt große Spiele gewöhnt und schwer zu begeistern." Der brasilianische Ronaldo, der in 177 Spielen für Real Madrid 104 Tore erzielt hat, hat das Bernabéu einmal mit einer Frau verglichen, die „jeden Tag erobert werden" muss und „für die man jeden Tag das Beste geben muss. So musst du auch mit dem Bernabéu umgehen. Wenn wir dort spielen, müssen wir unser Bestes geben und eine Show abliefern." Denn das sei das, was die Leute erwarten.

Ständig wurde das Bernabéu im Laufe der Jahrzehnte verändert. Es wurde verbessert, vergrößert, dann aufgrund von Sicherheitsbestimmungen wieder verkleinert. Zur WM 1982 wurde es auf 90.000 Plätze aufgestockt. 1992 hatten dann nach einer Vergrößerung sogar 106.500 Zuschauer Platz. Wegen neuer Richtlinien der UEFA musste es 1996 auf 74.300 Plätze reduziert werden. 2000 erfolgte dann die Aufstockung auf 80.354 Plätze. Aktuell beträgt die Kapazität 81.044 Plätze. Jedenfalls gehört das Estadio Santiago Bernabéu zu den 5-Sterne-Elite-Stadien Europas.

Vor jedem Spiel wird die Himno del Centenario gespielt, die von Plácido Domingo zum 100-jährigen Geburtstag komponiert wurde. Nach dem Spiel läuft die klassische Hymne, bereits 1903 geschrieben und einst von José de Aguilar gesungen.

Und dann gibt es noch den Gänsehautmoment in der siebten Minute bei jedem Heimspiel im Bernabéu, wenn es aus Zehntausenden Kehlen schallt: „Illa, illa, illa, Juanito maravilla, se ve, se siente, Juanito está presente." Zwischen 1977 und 1987 spielte Juanito als Außenstürmer für die Königlichen. In 401 Spielen erzielte er 153 Treffer. Er war kein außergewöhnlich begnadeter Fußballer, hatte aber, und das rechneten ihm die Fans von Madrid immer sehr hoch an, einen unbändigen Siegeswillen. Er konnte es nicht ertragen, Real Madrid verlieren zu sehen. Wenn das doch passierte, brannten Juanito die Sicherungen durch. Wenn es ihm nicht mehr gelang, Niederlagen durch seinen Kampfgeist abzuwenden, leistete er sich gedemütigt und frustriert Tätlichkeiten, bis hin zu Spuckattacken. 1987 trat er im Europapokalhalbfinale gegen Bayern auf Lothar Matthäus ein, der am Boden lag. Die UEFA sperrte ihn daraufhin für fünf Jahre. „Ich war in meiner Karriere als Fußballer schon immer eine Person mit zwei Ichs. Ich verfluche dieses irrationale Ich", gab er zu. Trotz allem liebten ihn die Madrilenen.

Fünf Jahre nachdem er Real Madrid verlassen hatte, verunglückte Juanito im Alter von nur 37 Jahren bei einem Unfall tödlich. Er arbeitete mittlerweile als Trainer bei CP Merida. Abends war er nach Madrid gefahren, um seinen Ex-Verein im UEFA-Pokal gegen Torino Calcio zu sehen. Auf der Rückfahrt dann der schreckliche Unfall: Juanito schlief auf dem Beifahrersitz. Manuel Ángel Jiménez, Physiotherapeut bei Merida, saß am Steuer, als ein vorausfahrender Lastwagen Holzladung auf der Autobahn verlor. „Nach der Partie war Juan noch bei uns in der Kabine. Er machte einen fröhlichen Eindruck und berichtete uns von seinen ehrgeizigen Trainerplänen. Seine Vorstellungen klangen großartig. Wir sprachen eine Weile und dann ging er – für immer", sagte Vicente del Bosque. Ihm zu Ehren, dem Vorzeige-Kämpfer von Madrid, der die Nummer 7 trug, singen sie im Estadio Bernabéu: „Illa, illa, illa, Juanito das Wunder, man kann es sehen, man kann es fühlen, Juanito ist anwesend."

Dieses Stadion ist über mehrere Jahrzehnte mythisch aufgeladen worden. In ihm wurden große Helden geboren, große Titel gefeiert, große Spiele gewonnen. Eigentlich soll es seit mehreren Monaten wieder renoviert werden, noch schicker, moderner und glänzender gemacht werden. Eigentlich sollte bis 2018 noch einmal ein Quantensprung erfolgen. „Wir wollen, dass das Stadion eine Ikone wird, ein Weltsymbol. Wir wollen ein Santiago Bernabéu, das sich zum besten Stadion der Welt entwickelt und in dem der Fan die besten fußballerischen Erfahrungen hat", hatte Präsident Florentino Pérez am 31. Januar 2014 verkündet. An dem Tag präsentierte er stolz das Modell der künftigen, neuen Spielstätte der Königlichen. Zuvor hatte Pérez einen knallharten Architektenwettbewerb stattfinden lassen. Die besten Baukünstler der Welt waren eingeladen, ihre Version des künftigen Estadio Bernabéu zu entwerfen.

Zunächst, als das Bauprojekt offiziell ausgeschrieben wurde, hatte Pérez festgelegt, dass sich nur Architekten um diesen Stadionausbau bewerben dürfen, die Pritzker-Preisträger sind, also solche, die den sogenannten Nobelpreis der Architektur gewonnen haben. Er wollte von Beginn an nur Personen am Verhandlungstisch sitzen haben, die für wunderbare Architektur stehen – die Ronaldos des Bauens. Pérez möchte, dass Madrid das, was es im Sport ist, auch in der Architektur darstellt: absolute Weltspitze.

Zu den Bewerbern gehört Norman Robert Foster, ein britischer Architekt, der 1990 von Königin Elisabeth II. als Ritter in den Adelsstand erhoben wurde und der sich mit Rafael de La-Hoz zusammengeschlossen hat. Foster entwarf unter anderem den Commerzbank Tower in Frankfurt und auch die Kuppel auf dem Reichstagsgebäude in Berlin. Auch das Schweizer Architekturbüro Herzog & de Meuron, das das Pekinger Nationalstadion für die Olympischen Spiele 2008 und die Münchner Allianz Arena entworfen hat, will in Kooperation mit Rafael Moneo das königliche Bauprojekt ergattern. Und auch Populous & Estudio Lamela, die vor allem in Abu Dhabi mit prämierten Hochhausprojekten aufgefallen sind, gehören zu den Kandidaten.

Auf der Grundlage der ersten Vorgaben von Madrid fanden sich zunächst nur drei Bewerber. Erst dann kam Real der Gedanke, Bewerber zuzulassen, die sich außer durch prächtige Architektur vor allem beim Bau von Fußballstadien ausgezeichnet haben – wie GMP, von Gerkan, Marg und Partner. Ein deutsch-spanisches Team um Architekt Volkwin Marg war plötzlich mit im Wettbewerb. Einst hatte der sich um den Bau des Olympiastadions für die Spiele 1972 in München beworben. Mit seinem Entwurf wurde er Zweiter. Dafür baute GMP den Berliner Flughafen Tegel mit seinem sechseckigen Hauptterminal, das im November 1974 eröffnet wurde. „Das war der Anfang unserer Karriere", berichtet Marg.

Für die Fußballweltmeisterschaft 2006 wurden gleich drei Stadien von GMP entworfen – die Berliner, die Kölner und die Frankfurter Arena. Auch bei der WM 2010 in Südafrika und 2014 in Brasilien steht Stadionkunst von GMP. Mehr als 20 Fußballarenen kann das Architektenteam um Marg mittlerweile vorweisen.

Seit dem 28. Juni 2012 beschäftigt sich GMP mit dem Stadionprojekt von Real. Zunächst hat Madrid dem Team, wie allen anderen Bewerbern auch, die groben Wünsche mitgeteilt, zum Beispiel was das ganze Projekt maximal kosten darf, dass ein Luxushotel in das Stadion integriert sein soll sowie ein Parkhaus. Anhand dieser Vorgaben begann das deutsch-spanische Team, fertigte zunächst sechs unterschiedliche Ansätze und skizzierte und visualisierte sie am Rechner.

Binnen kürzester Zeit einigten sich Volkwin Marg und die übrigen GMP-Architekten, darunter unter anderem Hubert Nienhoff, Markus Pfisterer und Martin Glass, auf einen Entwurf, arbeiteten einen Monat bis zur ersten Präsentation. In größter Geheimhaltung wurde gezeichnet, skizziert und gerechnet. GMP schwebte eine schließbare Arena vor. Der Grund dafür ist nicht, dass es in Madrid pausenlos regnen würde, sondern dass akustisch dann viel mehr möglich und die Raumwirkung eine ganz andere ist. Statt eines klassischen Videowürfels, wie er zum Beispiel im Frankfurter Stadion hängt, wollen sie im neuen Estadio Santiago Bernabéu eine 360-Grad-LED-Videokonstruktion. Auch von außen sind Videoprojektionen möglich.

Meist schickt Präsident Pérez jemanden vor, der als Ansprechpartner für die Architekten zur Verfügung steht und der auch die Umsetzbarkeit der vorgeschlagenen Projekte prüft. Eine Präsentation, bei der auch Pérez persönlich dabei war, bleibt Marg in besonderer Erinnerung. „Mitten in der Besprechung fragte er mich, wie viele Kinder ich habe. ‚Fünf‘, sagte ich. ‚Und neun Enkel.‘ Dann forderte er mich auf, ihre Namen und das Alter aufzuschreiben." Als die Besprechung zu Ende war, kam eine Assistentin von Pérez und überreichte Marg Tüten mit 14 Real-Trikots, allesamt beflockt mit den Namen der Marg-Kinder und -Enkel. „Damit habe ich ein ganzes Weihnachtsfest bestritten", sagt Marg. „Ich hatte damit einen großen Auftritt vor den Enkeln."

Mehrfach präsentierten das GMP-Team und seine spanischen Partner ihre Idee vom künftigen Stadion. Die Voraussetzungen sind nicht einfach.

Die Architekten sind durch die Bedingungen vor Ort stark eingeschränkt. „In der Architektur gelten folgende Erfahrungen: Erstens gibt es nichts Schwierigeres als Umbauen. Neu Bauen ist immer einfacher als Umbauen", bricht es Marg herunter. „Umbauen führt bei Privathäusern oft zur Ehescheidung. Noch schwieriger wird es, wenn der Umbau auch noch bei laufendem Betrieb stattfindet. Also: Wenn die Eheleute während der Arbeiten im Haus leben beziehungsweise wenn während der Arbeiten auch noch die Fußballspiele im Stadion weitergehen müssen. Und wenn es dann, zu guter Letzt, auch kaum noch Bauplatz gibt, dann wird das für den Architekten und die Baufirmen zur schwierigen Aufgabe, das Unmögliche möglich zu machen. Bei Madrid kommen alle diese Kriterien zusammen. Umbauen bei laufendem Spielbetrieb ohne großen Platz – eine größere Herausforderung gibt es nicht." Es gebe, so meint Markus Pfisterer, „fast kein Stadion, bei dem der Bauplatz schon so ausgefüllt ist wie in Madrid. Hier hat man bis zum Fußgängerweg stellenweise 50 Zentimeter Raum bekommen, meistens nur wenige Meter, um etwas Neues zu kreieren."

GMP hat sich als deutsches Architekturbüro anfangs nur Außenseiterchancen eingeräumt. Die Konkurrenten pflegen sehr enge Beziehungen zu Spanien. Lord Norman Foster ist sogar in dritter Ehe mit einer Spanierin verheiratet, und zwar nicht mit irgendeiner, sondern mit Elena Ochoa, eine der wichtigsten Kunstkennerinnen, Galeristinnen und Verlegerinnen Spaniens. Sie gilt als Star der Branche. Spanien liebt Ochoa. Am Abend vor der ersten Präsentation wurde im spanischen Fernsehen eine Dokumentation über Foster ausgestrahlt. Später erfahren Populous & Estudio Lamela, die beste Kontakte zum spanischen Königshaus haben, mediale Unterstützung. Was denn die Deutschen überhaupt bei dem Projekt verloren hätten, wird in einigen Madrider Medien gefragt, insbesondere weil GMP mit Partnern arbeite, L35 und Ribas y Ribas, die zum Teil aus Katalonien kommen.

Im Januar 2014 fuhren Marg und seine Kollegen, so wie sie es seit 20 Jahren machen, für drei Tage zum Skifahren nach Saalbach-Hinterglemm, als sich Real meldete und darum bat, für eine Pressekonferenz am 31. Januar 2014 eine Rede vorzubereiten. Statt die 200 Pistenkilometer abzufahren, blieben die Architekten auf der Hütte, keinesfalls siegessicher.

Denn Marg hat schon hautnah erlebt, wie es sich anfühlt, auf der Ziel-geraden zu verlieren. „Wir hatten uns damals auch darum beworben, die heutige Allianz Arena zu bauen. Lange lagen wir mit unserem Konzept in Führung. Dann wurden wir gebeten, nach München zu kommen. Ich war sehr siegesgewiss. Als der Gewinner, Herzog & de Meuron, verkündet wurde, war ich zur Salzsäule erstarrt. Man bildet sich ein, dass man es ist. Und dann ist man es nicht. Das hat uns damals kalt erwischt. Da hilft es dann auch nicht, wenn einen Franz Beckenbauer versucht aufzubauen. Das ist zwar nett, macht aber die Niederlage nicht erträglicher."

Marg, Nienhoff und ihre Kollegen gehen davon aus, dass auch die übrigen Konkurrenten vor Ort anwesend sein werden. Doch sie sind es nicht. „Wir haben erst geglaubt, dass wir gewinnen, als Volkwin Marg neben Florentino Pérez auf der Bühne stand", sagt Glass. Im Juli 2014 wurde der Vertrag unterschrieben, gemäß dem GMP, L35 und Ribas y Ribas Madrids künftiges Wohnzimmer bauen.

„Wir haben", sagt Architekt Marg, dem Ronaldos Vergleich vom Bernabéu mit einer Frau gefällt, „für diese Frau ein elegantes, neues Kleid entworfen." Und er sagt auch: „Wir wollen diesen Mythos nicht nur bewahren, wir wollen ihn weiterschreiben. Es ist ja nicht so, dass Santiago Bernabéu zum ersten Mal verändert wird. Mythos ist keine Konstante, Mythos ist nicht plötzlich da. Ein Mythos entsteht in der Zeit, er wächst, braucht Jahre, braucht Ereignisse. Das Stadion verbindet sich mit einer sagenhaften Legende, die wir mit unserem Stadion fort-schreiben werden."

Circa 400 Millionen Euro soll das Stadion kosten. Gedeckt werden die Baukosten mit den Ölmillionen der International Petroleum Investment Company, einer regierungseigenen Investmentgesellschaft aus Abu Dha-bi, die eine langfristige Partnerschaft mit Real abgeschlossen hat. Doch gebaut wurde lange Zeit überraschenderweise nicht. Real Madrid benötigt für die Erweiterung städtisches Land, rings um das Stadion herum. Es ist gegen tendenziell wertlose Flächen, die Madrid außerhalb der Stadt besitzt, getauscht worden. Der Europäische Gerichtshof schaltete sich ein. Im Februar 2015 kippte ein Madrider Gericht den bis dahin gültigen Bebau-ungsplan. Real musste die Genehmigungsfähigkeit neu verhandeln – ein Prozess, der sich bis ins Jahr 2016 hinein hinzog. GMP musste warten, wie es weitergeht, nicht dass sie wieder, wie schon bei der Allianz Arena in München, kurz vor dem Ziel doch noch verlieren.

Martin Glass erklärt: „Man ist als Architekt zwangsläufig notorischer Optimist. Dieser Beruf verlangt höchsten Einsatz und Motivation, ist aber neben den Erfolgen auch von mindestens genauso vielen Niederlagen geprägt. Bauprojekte sind per se immer langwierige Prozesse und wenn man sich dabei von jedem Auf und Ab erschüttern lässt, wird man nicht glücklich im Leben. Daher glauben wir natürlich unbeirrt an dieses tolle Projekt! Für den Bau des Kölner Doms benötigte man über 600 Jahre, da wäre es vermessen, sich nach einigen Monaten von Komplikationen entmutigen zu lassen."

Er sollte recht behalten. Im Sommer 2017 sollen die Bauarbeiten nun tatsächlich beginnen – mit geänderten Bauplänen. Die Ampel ist nach langer Rotphase wieder auf Grün gesprungen. Dem neuen Bernabéu steht nun nichts mehr im Wege.

Zum Hauptgang gibt es für Florentino Pérez Spargel mit Seeteufel. Er hätte auch ein Filet Mignon nehmen können, so wie Uli Hoeneß, der schräg gegenüber sitzt. Aber der Präsident von Real Madrid hat sich nach dem Spargelsalat und anschließendem Wildlachs dazu entschlossen, beim Fisch zu bleiben. Er trinkt stilles Wasser, dazu ein Glas Torre Muga. Der 2011er-Jahrgang gilt als hervorragend. 18 Monate reifte der in Barriques aus französischer Eiche und weitere sechs Monate in Holzgefäßen. 129 Euro kostet die Flasche in der „Käfer-Schänke". Eigentlich wird der Rioja zu Ibérico-Schinken, Wild, Rindfleisch oder geschmortem Lammfleisch empfohlen. Pérez aber mag ihn ganz offensichtlich auch zum Fisch.

1.079 Tage sind mittlerweile vergangen, seit ich die Worte „Der Bayern-Untergang" und „Fiasko statt Finale" in meinen Laptop getippt hatte. 1.079 Tage ohne weiteres direktes Kräftemessen zwischen Real Madrid und Bayern München in einem Pflichtspiel. Doch nun ist es wieder so weit. Im Viertelfinale der Champions League 2016/17 treffen die beiden Mannschaften erneut aufeinander. Eine Essenseinladung des FC Bayern für die Gästemannschaft am Spieltag ist obligatorisch. Auch die Bosse von Arsenal London, das in der Runde zuvor besiegt worden ist, wurden zum Mittagessen empfangen. Karl-Heinz Rummenigge und Florentino Pérez tauschen Höflichkeitsfloskeln aus.

Als das Mittagessen nach eineinhalb Stunden vorüber ist, verlassen Europas führende Fußballbosse das „Käfer" zu verschiedenen Zeitpunkten durch verschiedene Ausgänge, jedenfalls Karl-Heinz Rummenigge und Uli Hoeneß. Die Madrider Führungsriege um José Ángel Sánchez und Emilio Butragueño nutzt den Haupteingang, ebenso wie Pérez, der allerdings, ehe er in die bereits wartende Limousine einsteigen kann, noch aufgehalten wird. Prof. Dr. Dieter Mayer, seit November 2016 Vizepräsident des FC Bayern, und Walter Mennekes, der zweite Vizepräsident, stoppen ihn und bitten um ein Foto als Andenken. Sie nehmen Pérez in ihre Mitte und lächeln in die Kamera. Selbst Männer in ihrer Position scheinen stolz darauf zu sein, in ihrem Freundeskreis erzählen zu können, den mächtigen Madrider Präsidenten getroffen und mit ihm zu Mittag gegessen zu haben. Für Pérez geht es anschließend zunächst einmal zurück ins Hilton, wo er natürlich in Zimmer 1103 residiert, in der 145 Quadratmeter großen Präsidentensuite, in der auch schon Herbert Grönemeyer, Whitney Houston oder der Rapper 50 Cent nächtigten.

Die Deluxe-Zimmer der Spieler sind deutlich kleiner: 30 Quadratmeter groß, ein 42 Zoll großer Fernseher hängt dort. Die meisten Spieler sind auf der 14. Etage untergebracht, etwa Sergio Ramos, der in Raum 1416 schläft, gleich daneben, 1418, ist das Zimmer von Madrids alles überstrahlendem Superstar, der unter dem Namen Dossantosronaldo/Cristiano eingecheckt wurde. Toni Kroos hat das Zimmer 215 bekommen.

Grundsätzlich sind im Hilton während des Real-Aufenthalts sämtliche Ein- und Ausgänge gesperrt, selbst der Personal-Raucherbereich sowie die gesamte Tiefgarage, sodass niemand ins Hotel gelangen kann. Mitarbeiter sind angewiesen, sich keine Autogramme zu holen. Außerdem wird hausintern ein striktes Selfie-Verbot mit den Spielern ausgesprochen. Nur Festangestellte dürfen während des Aufenthalts von Madrid arbeiten. Aushilfen werden nicht einbestellt. Zudem herrscht Anwesenheitspflicht für alle Manager des Hilton.

Acht Stunden nach dem Mittagessen erlebe ich ein sehr ähnliches Bild wie am 29. April 2014: hängende Köpfe bei den Bayern-Stars, strahlende Gesichter bei den Real-Helden, wenn auch nicht so extrem wie drei Jahre zuvor. Immerhin steht nach dem 1:2 aus Sicht des FC Bayern noch das Rückspiel in Madrid aus.

In der hintersten Ecke der Mixed Zone, dort, wo ich einst mein Foto mit Cristiano Ronaldo gemacht hatte, hat sich dieses Mal Kevin Kurányi, der Ex-Fußballprofi, der mit Stuttgart und Schalke insgesamt dreimal haarscharf am Meistertitel vorbeischrammte, positioniert, außerdem ein paar Freunde von Rafinha, dem Bayern-Profi. Nachdem der geduscht hat, gesellt er sich zu der Runde und wartet gemeinsam mit ihnen auf Marcelo, den Königlichen, um ihn mit Kurányi und seinen Freunden abzulichten. Ein Bayern-Star als Fanfotograf.

Eine Woche später steht Real Madrid, nachdem es auch das Rückspiel gegen die Bayern im Bernabéu gewonnen hat, im Halbfinale der Champions League. Dieses Mal war das Ausscheiden aus Bayern-Sicht sportlich kein „Untergang" und ebenso wenig ein „Fiasko". Ein unumstritten überragender Cristiano Ronaldo, der in beiden Spielen zusammen fünf Treffer erzielte, war zu stark für die Bayern.

„Wenn du diesen Verein kennst, musst du ihn lieben", hatte Manolo, der Restaurantbesitzer und Madrid-Fan, mir einst erklärt. Heute verstehe ich, was er meint. Irgendwie ist dieser unglaubliche Verein wie Naomi Campbell, das erfolgreiche und beständige Supermodel. Als ich einmal von Madrid zurückflog, bekam ich zufällig ein *Zeitmagazin* in die Hand, in dem ein Porträt über das erste farbige Model auf dem Cover der französischen *Vogue* war. Darin hieß es: „Models haben gewöhnlich keine Macht, sie tragen Kleider, ohne sie zu besitzen. Manchmal werden sie behandelt wie Gegenstände. Nicht so Naomi Campbell. Sie ist legendär reizbar. Das wohl unberechenbarste und gleichzeitig mächtigste Model der Welt. Sie ist nie verschwunden."

Madrid wird auch nie verschwinden. Die Königlichen werden bleiben, weiter Titel hamstern und weiter für Schlagzeilen sorgen wie kein anderer Verein der Welt. Hala Madrid!

**Carlo Ancelotti, Chris Brady, Mike Forde,** „Quiet Leadership – Wie man Menschen und Spiele gewinnt", Albrecht Knaus Verlag, Mai 2016, sowie „The Beautiful Games of an Ordinary Genius", Rizzoli, Oktober 2010.

**Sven Astheimer,** „Florentinos Strickmuster", *Frankfurter Rundschau*, Juli 2002.

**Rüdiger Barth & Giuseppe Di Grazia,** „Es lebe der König", *Stern*, Juli 2003.

**David Beckham,** „Beckham", Riva, Dezember 2013.

**Matthias Brügelmann,** „Ohne Ball bin ich ein Nichts", *BILD*, Februar 2001.

**Javier Cáceres,** „Fußball ohne Tore ist wie ein Tag ohne Sonne", *Süddeutsche Zeitung*, Februar 2008, sowie „Ideen sind flexibler als Füße", *Süddeutsche Zeitung*, Mai 2016.

**Luca Caioli,** „Ronaldo: Die Geschichte eines Besessenen", Die Werkstatt GmbH, August 2016.

**Deutsche Presse Agentur,** „Alfredo Di Stéfano und seine besten Sprüche", Juli 2014.

**Ali Farhat,** „Lauf! Mach sie fertig Kopita!", *11 FREUNDE-SPEZIAL: Die Königsklasse*, Mai 2016.

**Reto Fehr,** „Der erste Skandal des Clásicos", *20 Minuten*, April 2011.

**Kai Feldhaus & Peter Wenzel,** „Ich will die Schale endlich nach Schalke holen", *BILD*, August 2010.

**Fifa.com,** „Miguel Munoz, the man who dropped Di Stefano's Madrid", Mai 2013.

**Giuseppe Di Grazia,** „Könige des Fußballs", *Stern*, Dezember 2001.

**Anne Grüttner,** „Wenn Florentino Pérez etwas wirklich will, dann schafft er es auch", *Handelsblatt*, Februar 2008.

**Raimund Hinko,** „Schalke wird dieses Mal härter für uns", *SPORT BILD*, Februar 2015.

**Kerry Hau & Filip Knopp,** „111 Gründe, Real Madrid zu lieben: Eine Liebeserklärung an den großartigsten Fußballverein der Welt", Schwarzkopf & Schwarzkopf Verlag, September 2014.

**Anna Kemper,** „Der Mythos Real Madrid – ganz in weiß", *11 Freunde*, Heft #142 09/2013.

**Nils Kern,** Real Total, „Vom Campo de la Estrada bis zum O'Donnell Stadion".

**Thomas Kilchenstein,** „Wir waren doch Hobbykicker", *Frankfurter Rundschau*, August 2008.

**Andreas Lehner,** „Die Seele der Bayern räumt den Schreibtisch", Spox .com, November 2009.

**Ralf Ludger & Wiegand Schulz,** „Wir wollten ein zweites Real Madrid werden", *Süddeutsche Zeitung*, Februar 2000.

**Nick Metcalfe,** „Golden Years: Real Madrid special – as the Spanish giants attempt to win a TENTH European Cup against their city rivals Atletico, Sportsmail looks back at their previous nine wins in pictures", *Daily Mail*, Mai 2014.

**Stefanie Müller,** „José Angel Sánchez: Der Fußball-Alchemist", *Handelsblatt*, Dezember 2001.

**Udo Muras,** „Der teuerste Fußballer der Welt", *Welt*, Juli 2000.

**Günter Netzer,** „Aus der Tiefe des Raumes: Mein Leben", Rowohlt, Mai 2004.

**Nikolaus Nowak,** „Die Rückkehr des Verräters", *Welt*, Oktober 2000.

**Bertín Osborne,** „En la tuya o en la mía", *Lal*, Februar 2016.

**Alex Raack,** „Die Europapokalsiege von Real Madrid – Nicht real, nicht menschlich!", 11 Freunde.de, Mai 2014.

**Real Madrid** 2013 – 2014, Annual Report.

**Marcel Reif & Christoph Biermann,** „Aus spitzem Winkel: Fußballreporter aus Leidenschaft", Kiepenheuer & Witsch, Februar 2004.

**Santi Retortillo,** „Die größten Teams aller Zeiten: Real Madrid 1956-60", Uefa.com, Juni 2015.

**Stefan Rommel,** „Die Geschichte einer Feindschaft – Das Manifest des Hasses", Spox.com, Dezember 2007.

**Stefanie Rosenkranz,** „Zinedine Zidane", *Stern*, Mai 2006.

**Robert Schmitt,** „Königlich und galaktisch – Die Geschichte von Real Madrid", Baltic Sea Press, Mai 2013.

**Philipp Selldorf,** „Der größte Klub muss auch das Größte gewinnen", *Süddeutsche Zeitung*, Mai 2016

**Spielverlagerung.de,** „In-Depth-Spieleranalyse: Alfredo Di Stéfano", Juli 2014.

**Ron Ulrich,** „Mehr als ein Spiel", *11 Freunde*, März 2015.

**Ralf Wiegand,** „Zu den Bällen", *Süddeutsche Zeitung*, Dezember 2002.

**Julien Wolff,** „José Mourinho: Die Biografie", Riva, August 2016.

**Jupp Wolff,** „Traum-Fußball der Zauberer aus Madrid", *Hamburger Abendblatt*, Mai 1960.

**Klaus Zeyringer,** „Fußball – Eine Kulturgeschichte", S. Fischer, 2014.

**Zinédine Zidane & Dan Franck,** „Der mit dem Ball tanzt", Bombus-Verlag, März 2005.

Kürzlich saß ich beim Sommerfest meines Verlags mit einem befreundeten Autoren-Kollegen zusammen und wir sprachen nach etlichen Gläsern Wein über die zunehmenden Schwierigkeiten bei Danksagungen. Wir sprachen über die Last, dass man beim Schreiben dieser letzten Buchzeilen viel mehr verkehrt als richtig machen könne. Weil jedes Wort genauestens inspiziert wird, die Reihenfolge, wem wann an welcher Position gedankt werden muss, hinterfragt wird. Wem dankt man wie ausführlich? Wurde jemand vergessen? Irgendwann witzelten wir darüber, dass man natürlich auch dem Hundepsychologen danken müsse, weil er dafür gesorgt habe, dass kein Hintergrundgekläffe den Schreibfluss störte. Ebenso der Putzfrau, die alles blitzeblank gemacht, aber um Manuskripte und Rechercheergebnisse aufmerksam herumgefeudelt hat, ohne das kreative Chaos zu zerstören.

Nun, Monate nach dem Sommerfest, befällt mich tatsächlich eine bleierne Trägheit in den Fingern. Das Manuskript ist fertig, mehrere Dutzend Male zur Kontrolle gelesen. Ich könnte gelöst sein. Fröhlich! Ich bin fertig, muss nur noch diese letzten Zeilen tippen, doch weil ich mir lange einrede, dass sie ungewöhnlich sein müssen, noch nie da gewesen, kreativ und sinnlich zugleich, halte ich mich stundenlang mit sinnlosen Internetrecherchen auf, in der Hoffnung, die Inspiration für tolle Worte zu finden.

Bis mir plötzlich einfällt, was Pep Guardiola einmal sagte: dass es beim Bedanken nicht darauf ankomme, seine Worte möglichst blumig zu verpacken, sondern darauf, dass man sie ehrlich und aufrichtig meine. Wenn dies der Fall sei, sei ein schnödes „Danke" völlig ausreichend. Dem will ich nicht widersprechen.

Von daher: Danke an Mario Volpe, meinen wichtigsten Berater bei diesem Buch, ein Real-Madrid-Freak, ein Insider mit einem unglaublichen Netzwerk. Er hat mich schon vor Jahren schwer damit beeindruckt, wie er mit Andrés Iniesta oder Vicente del Bosque WhatsApp-Mitteilungen einfach so hin- und herschickte. Es war die beste Entscheidung, die ich treffen konnte, ihn neben seiner Arbeit für *Sky* für mein Buch zu gewinnen. Danke, dass Du mir Dein Netzwerk geliehen hast, Danke für Deine Übersetzungshilfen, Danke für Deine Zeit und Mühen. Es war mir eine große Ehre und hat sehr viel Spaß gemacht.

Danke an Djuro Ivanisevic, dass Du mir den Kontakt zu Carlo Ancelotti hergestellt hast.

Danke an Paul Breitner, Günter Netzer, Uli Stielike, Toni Kroos, Arjen Robben, Mesut Özil, Nuri Sahin, Bodo Illgner, Ottmar Hitzfeld, Christoph Metzelder, Jörg Butt, Clemens Tönnies, Felix Magath, Stephan Schröder, Predrag Mijatović, Carlo Ancelotti, Aitor Karanka, Cándido Gómez, Zé Roberto, Reiner Calmund, Tomás Roncero, Volkwin Marg, Martin Glass, Hubert Nienhoff, Manolo Sanchís, Markus Pfisterer und Sepp Blatter für Ihre/Eure Zeit, die interessanten Geschichten und Einblicke, die ich dank Ihnen/Euch bekommen habe.

Danke an Elena de la Fuente, die mir ebenfalls mit ihrem Netzwerk in Spanien geholfen hat.

Danke an meine lieben früheren Sportchefs Walter Straten, Jörg Althoff und Fritz Hautsch, die mir dieses Buchprojekt erlaubt haben und mir jederzeit mit Tipps und Anregungen – sei es für das Buch oder auch sonst – zur Seite standen.

Danke an Lars Schultze-Kossack, den ich täglich (keine Übertreibung) mit SMS bombardiert habe (Inhalt: „Make it real"), bis er aus der Idee für ein Buch über Real Madrid ein echtes Projekt gemacht hat.

Danke natürlich auch an Sebastian Grebe, der sofort von diesem Buch begeistert war und es veröffentlicht, sowie Claus Rosenkranz und Egbert

Neumüller, meine fantastischen Lektoren, die mich auf dem Weg zum fertigen Buch stark unterstützt haben.

Danke auch an Anna Kemper für ihre klasse Reportage über Real Madrid, die mich inspiriert hat. Danke ohnehin an *11 Freunde*, wo ich in jeder Ausgabe höchsten Lesegenuss finde.

Danke an Kerry Hau und Filip Knopp, denen es gelungen ist, mit ihrem Buch „111 Gründe, Real Madrid zu lieben" eine großartige Liebeserklärung zu verfassen, in der ich viele wertvolle Hinweise gefunden habe.

Ebenso kann ich nur jedem Fußballfan die großartigen Bücher „Ronaldo: Die Geschichte eines Besessenen" von Luca Caiolo sowie die Autobiografie „David Beckham" (Riva) ans Herz legen.

Mein vorletzter Dank gilt meinen Eltern und meiner Oma. Ich weiß, dass ich aus Eurer Sicht 643 Kilometer zu weit weg von Euch wohne. Ihr könnt Euch aber sicher sein, dass ich täglich an Euch denke und weiß, dass ich es ohne Eure Unterstützung nie geschafft hätte, beruflich hier zu landen. Hättet Ihr mich nicht so gefördert und mich zu Selbstvertrauen ermutigt, wäre ich wahrscheinlich nicht so weit weg.

Und nun, ganz zum Schluss, noch ein ganz dickes Dankeschön an meine Frau Christina. Ich hatte ihr bereits nach meinem letzten Buch versprochen, dass ich erst einmal eine Pause einlegen und nicht wieder in jeder freien Minute vor dem Laptop hocken und an meinen freien Tagen reisen, recherchieren und schreiben werde. Doch ich konnte nicht anders. Es ging nicht, weil das Schreiben meine Leidenschaft ist. Und sie hat es mir verziehen, mich unterstützt und bestärkt, weiterzumachen.

Und weil ich keinen Hundepsychologen habe, war es das jetzt. Nicht originell – aber ehrlich, aufrichtig und aus tiefstem Herzen.

*Danke Euch allen. Ihr seid großartig!*